Nachhaltiges Arbeits- und Sozialrecht in der alternden Gesellschaft in Japan und Deutschland

Schriften zum deutschen und europäischen Recht der Arbeit und der Sozialen Sicherheit

Herausgegeben von
Stefan Greiner, Gregor Thüsing und Raimund Waltermann

Band 21

PETER LANG

Hajime Wada / Raimund Waltermann (Hrsg.)

Nachhaltiges Arbeits- und Sozialrecht in der alternden Gesellschaft in Japan und Deutschland

Symposion am 17. und 18. Februar 2017 an der Rheinischen Friedrich-Wilhelms-Universität Bonn

PETER LANG

Bibliografische Information der Deutschen Nationalbibliothek
Die Deutsche Nationalbibliothek verzeichnet diese Publikation in der Deutschen Nationalbibliografie; detaillierte bibliografische Daten sind im Internet über http://dnb.d-nb.de abrufbar.

ISSN 1861-678X
ISBN 978-3-631-76069-7 (Print)
ISBN 978-3-631-76611-8 (E-PDF)
ISBN 978-3-631-76612-5 (E-PUB)
ISBN 978-3-631-76613-2 (MOBI)
DOI 10.3726/b14590

Peter Lang – Berlin · Bern · Bruxelles · New York · Oxford · Warszawa · Wien

Diese Publikation wurde begutachtet.

www.peterlang.com

Inhaltsverzeichnis

Vorwort

In Japan und in Deutschland altern die Gesellschaften im internationalen Vergleich besonders ausgeprägt. Die veränderte Altersstruktur der Bevölkerung wird große Auswirkungen in Gesellschaft und Wirtschaft haben. Es wird für Japan und Deutschland nicht leicht sein, diese Auswirkungen in der globalisierten Welt zu meistern.

Will man die Alterung der Gesellschaft bewältigen, richtet sich der Blick auch auf das Arbeitsrecht und das Sozialrecht. Die Alterung der Gesellschaft ist im Hinblick auf die Systeme der sozialen Sicherheit vor allem für die Altersvorsorge bedeutsam, sie betrifft aber auch die anderen Zweige der sozialrechtlichen Absicherung. Das Arbeitsrecht ist gefragt, wenn es darum geht, wie die Erwerbstätigkeit Älterer nach dem Erreichen der rentenversicherungsrechtlichen Altersgrenze gestaltet sein sollte. Längeres Arbeiten wird in Zukunft aus mehreren Gründen nötig sein. Berufsarbeit in höherem Alter wird mehr Bedeutung bekommen.

Im Zusammenhang mit der Alterung der Gesellschaft erhält auch im Arbeitsrecht und im Sozialrecht der Gesichtspunkt der Nachhaltigkeit besonderes Gewicht. Ein auf Nachhaltigkeit ausgerichteter Rechtsrahmen erhöht die Chancen, die mit der sich verändernden Altersstruktur verbundenen Nachteile aufzufangen. Der Gesichtspunkt der Nachhaltigkeit des Rechtsrahmens spielt im arbeitsrechtlichen und sozialrechtlichen Diskurs in Politik und Wissenschaft bisher eine untergeordnete Rolle.

Die Tagung, deren Vorträge in diesem Band (zum Teil mit Nachtrag der weiteren Entwicklung) versammelt sind, war dem Ziel gewidmet, rechtsvergleichend das Arbeitsrecht und das Sozialrecht in Japan und in Deutschland unter dem Gesichtspunkt der Nachhaltigkeit in den Blick zu nehmen. Das Symposion geht auf die Idee von Professor *Hajime Wada* zurück, der in Japan ein Forschungsprojekt betreut, das dem Thema „Nachhaltiges Arbeitsrecht" gewidmet ist. Vielleicht kann dieser Band mit dazu beitragen, dass auch in Deutschland der Gesichtspunkt der Nachhaltigkeit im Arbeitsrecht und im Sozialrecht in Politik und Wissenschaft mehr als bisher in das Blickfeld kommt.

Die Tagung hat gezeigt, wie sehr der rechtsvergleichende Blick und die Zusammenarbeit von japanischen und deutschen Wissenschaftlerinnen und Wissenschaftlern Erkenntnisgewinn fördern kann. Sie ist Teil eines fruchtbaren Austauschs zwischen japanischen und deutschen Arbeits- und Sozialrechtlern, an dem die Japanisch-Deutsche Gesellschaft für Arbeitsrecht und die Deutsch-Japanische Gesellschaft für Arbeitsrecht großen Anteil haben. Den Referentinnen und Referenten und allen Beteiligten sei für ihre Mitwirkung nochmals herzlich gedankt. Großer Dank gebührt Herrn Wiss. Mitarb. *Fabian Odenthal*, in dessen Händen die Organisation des Symposions und der Herstellung dieses Tagungsbands lag.

Nagoya und Bonn, im Januar 2018

Hajime Wada
Raimund Waltermann

Professor Hajime Wada

Universität Nagoya

Einführung

Als jemand, der sich seit Langem der Forschung des deutschen Arbeitsrechts widmet, ist es mir eine große Ehre und Freude, dass es uns gelungen ist, dank der Unterstützung und Zusammenarbeit zahlreicher deutscher und japanischer Wissenschaftler, das Symposium zum deutsch-japanischen Rechtsvergleich zu veranstalten.

Ich möchte kurz erläutern, wie das heutige Symposium zustande gekommen ist:

Das von Herrn Professor Waltermann anlässlich des 68. Deutschen Juristentags im September 2010 vorstellte Gutachten mit dem Titel „Abschied vom Normalarbeitsverhältnis?" war auch für uns japanische Wissenschaftler sehr stimulierend. Die Lektüre des Gutachtens hat damals den Anstoß für den Forschungsaustausch zwischen mir und Herrn Professor Waltermann gegeben. Wir haben Herrn Professor Waltermann danach zwei Mal nach Japan eingeladen, wo er zum Thema seines Gutachtens und zum Mindestlohn Vorträge hielt und gemeinsam mit uns diskutiert hat. Diese Diskussionen haben uns bewusst gemacht, dass eine breiter und tiefer angelegte rechtsvergleichende Forschung zwischen Deutschland und Japan notwendig ist. Dies hat letztendlich zum heutigen Symposium geführt.

Das Thema des Symposiums „Nachhaltiges Arbeits- und Sozialrecht in der alternden Gesellschaft in Japan und Deutschland" wurde in Absprache mit Herrn Professor Waltermann festgelegt. Japan und Deutschland haben viele Gemeinsamkeiten im Hinblick auf die gesellschaftlichen Probleme, die Systeme und den rechtlichen Rahmen. So schreitet in beiden Ländern der demografische Wandel rasch voran. 2015 lag der Anteil der Personen im Alter von 65 Jahren oder älter an der Gesamtbevölkerung (= Altenquote) in Japan bei zirka 26 % und damit weltweit auf Rang 1, Deutschland lag mit zirka 21 % auf Rang 4. Diese Zahlen verdeutlichen, dass die Altenquote in Japan im internationalen Vergleich mit Abstand am höchsten ist. Die Gesamtfruchtbarkeitsziffer liegt in Japan bei 1,42, in Deutschland bei 1,40; beide belegen damit die untersten Ränge unter den Industriestaaten. In England liegt die entsprechende Ziffer bei 1,93, in Frankreich bei 1,99 und in den USA bei 1,86.

Hinsichtlich der Arbeitnehmerrente wird in beiden Ländern das Umlageverfahren angewendet, bei dem die Renten der älteren Generation von der aktiven

Generation finanziert werden. Darüber hinaus verzeichnen beide Länder auch eine niedrige Lohnersatzquote (= Verhältnis der Rente zum Arbeitsentgelt der aktiven Phase) (Statistik von 2014). Der OECD-Durchschnitt liegt bei 52,9 %, in Japan liegt der Wert bei 35,1 %, in Deutschland bei 37,5 %. Das Sozialversicherungssystem Japans basiert grundsätzlich auch auf dem Bismarckschen Modell der Sozialversicherung, aber auch heute noch ähneln sich die Systeme sehr.

Darüber hinaus gibt es noch viele weitere Gemeinsamkeiten, wie z. B. das Vorhandensein einer Altersgrenze, den Anstieg der Beschäftigten im Niedriglohnsektor, das System des gesetzlichen Mindestlohns etc.

Natürlich lassen sich bei den angeführten Punkten auch viele Unterschiede zwischen den Systemen unserer Länder feststellen. So gilt der gesetzliche Mindestlohn in Deutschland beispielsweise flächendeckend, während in Japan jede der 47 Gebietskörperschaften (Präfekturen) einen eigenen Mindestlohn festsetzt, was zu einem erheblichen regionalen Gefälle geführt hat. Zur Festlegung des Betrags wird in Japan zum Vergleich das Niveau der Sozialhilfeleistungen herangezogen – einen entsprechenden Mechanismus gibt es in Deutschland jedoch nicht. Doch auch wenn man diese Unterschiede berücksichtigt, zeigen sich bei den Problemen viele Gemeinsamkeiten, daher ist es äußerst sinnvoll, gemeinsam nach Lösungen zu suchen.

Ich würde mich freuen, wenn wir im Symposium diese Aspekte beleuchten könnten und möchte mich abschließend bei allen Teilnehmern herzlich bedanken.

Das Symposium wurde durch finanzielle Unterstützung von “Grants-in-Aid for Specially Prompoted Research” von JSPS (Japan Society for the Promotion Science) und den Lehrstuhl von Professor Waltermann an der Universität Bonn ermöglicht.

Professor Dr. Raimund Waltermann

Rheinische Friedrich-Wilhelms-Universität Bonn

Begrüßung/Einführung

Magnifizenz, lieber Herr Kollege Hoch,
verehrte Kolleginnen und Kollegen aus Japan,
meine sehr verehrten Damen und Herren,

dieses Symposion, zu dem ich Sie herzlich begrüße, geht auf die Idee unseres japanischen Kollegen Professor *Hajime Wada* zurück. *Hajime Wada* ist Professor für Arbeitsrecht an der Staatlichen Universität Nagoya, und er ist Vorsitzender der Japanisch-Deutschen Gesellschaft für Arbeitsrecht, die seit vielen Jahren in einem fruchtbaren Austausch mit ihrer deutschen Schwester, der Deutsch-Japanischen Gesellschaft für Arbeitsrecht, steht. *Hajime Wada* betreut in Japan ein Forschungsprojekt, das dem Thema „Nachhaltiges Arbeitsrecht“ gewidmet ist.

Der Frage der Nachhaltigkeit auch des deutschen Arbeits- und Sozialrechts im Rechtsvergleich mit Japan und mit Beachtung der in Japan bereits gewonnenen Erkenntnisse nachzugehen, liegt nah. *Hajime Wada* hat mich in den letzten Jahren in diesem Zusammenhang zu Vorträgen über die Situation im deutschen Recht nach Japan eingeladen. So ist die Idee entstanden, auch in Deutschland ein Symposion zu diesen Fragen zu veranstalten. Ich freue mich also, *Hajime Wada* und die ihm verbundenen Forscherinnen und Forscher aus Japan in Bonn begrüßen zu können. Ebenso herzlich begrüße ich die deutsche Referentin und die deutschen Referenten, unter ihnen den Präsidenten des Bundessozialgerichts, Professor Dr. *Rainer Schlegel*. Ein besonderer Gruß richtet sich auch an den Vorsitzenden der Deutsch-Japanischen Gesellschaft für Arbeitsrecht, Professor *Franz Josef Düwell*.

Im Zentrum des Themas stehen gesellschaftspolitische und rechtliche, vor allem arbeitsrechtliche und sozialrechtliche Fragen, die besonders den Niedriglohnsektor betreffen. Der Niedriglohnsektor umfasst in Deutschland inzwischen ungefähr ein Viertel der Arbeitsverhältnisse. Es geht um Arbeitsverhältnisse, deren Vergütung weniger als zwei Drittel des mittleren Verdienstes beträgt, das entspricht derzeit einem Arbeitslohn von brutto etwa 11 Euro je Stunde. Die Rechtsfragen, die sich im Arbeits- und Sozialrecht in diesem Zusammenhang stellen, betreffen die Leiharbeit, die befristete Beschäftigung (in Deutschland vor allem in Gestalt der eher niedrig vergüteten Mini-Jobs), die Beschäftigung im Niedriglohnsektor allgemein und die Solo-Selbstständigkeit.

Der Themenkomplex, der mit diesem Symposion behandelt wird, beherrscht auch die allgemeine politische Debatte seit Jahren. Die Zusammenhänge zwischen niedrigen Arbeitsentgelten, Rentenerwartungen, der fehlenden Pflichtaltersvorsorge für Kleine (Solo-)Selbstständige und die unterschiedlichen Vorstellungen zu der (zum 1. April 2017 erneut reformierten) Leiharbeit sind zentral für die Gestaltung eines nachhaltig wirkenden Rechts. Diese Themen werden im Bundestagswahlkampf eine Rolle spielen und die Politik auf absehbare Zeit weiter beschäftigen.

Das Thema der Nachhaltigkeit bekommt durch die Alterung der Gesellschaft besonderes Gewicht. Japan und Deutschland gehören zu den Ländern mit der niedrigsten Geburtenrate. Es wird bislang kaum beachtet, dass in den alternden Gesellschaften beider Länder eine breit gefächerte Beschäftigung mit niedriger Vergütung der nächsten Generation erhebliche Zukunftsprobleme hinterlässt. Eine niedrige Vergütungsstruktur spiegelt sich in der Höhe der Altersrenten wider. In Deutschland (in einem Teil auch in Japan) sind die Altersrenten einkommensabhängig. Es wird ein prozentualer Beitrag vom Arbeitsentgelt an die Rentenversicherung entrichtet. Nach einer bestimmten Rentenformel steht die Höhe der Rente in einer Abhängigkeit zur Dauer der Beschäftigung und zu dem während der Beschäftigung erzielten Verdienst. Diese Zusammenhänge führen zu Fragen, denen wir in den kommenden zwei Tagen in arbeitsrechtlichen und sozialrechtlichen Hinsichten vergleichend nachgehen wollen. Es geht darum, mögliche Fehlentwicklungen zu erkennen, und es geht darum, Wege zu finden, wie man die mit der Alterung der Gesellschaften verbundenen Herausforderungen meistern kann.

Professor Franz Josef Düwell

Vorsitzender der Deutsch-Japanischen Gesellschaft für Arbeitsrecht

Grußwort des Vorsitzenden der Deutsch-Japanischen Gesellschaft für Arbeitsrecht

Seit 2016 besteht in Deutschland laut einer UN-Studie eine überalterte Gesellschaft. 21 oder sogar mehr Prozent der Bevölkerung sind dann älter als 65 Jahre. Die Zahl der über 80-Jährigen betrug am 1.1.2016 4,5 Millionen Menschen und steigt seitdem weiter an. Bis 2017 ging die Geburtenrate ständig zurück und steigt seitdem nur leicht an. Diese demografische Entwicklung hat zahlreiche Auswirkungen, die uns vor neue Herausforderungen stellt. Japan ist eines der wenigen Länder dieser Welt, in dem der prozentuale Anteil alter Menschen noch höher ist als in Deutschland. Hier waren bereits 2007 mehr als 21 Prozent der Bevölkerung älter als 65. Bis ins Jahr 2060 könnten es mehr als 40 Prozent werden. Von den Verantwortlichen dort ist diese Entwicklung als Folge einer Baby-Boomer-Generation viel früher als in Deutschland wahrgenommen worden. So sind im Bereich der Seniorenpolitik einige fortschrittliche Maßnahmen ergriffen worden. Dazu zählen zum Beispiel die sogenannten „Community based Integrated Care Center". Dort werden sehr alte Menschen von weniger alten Menschen betreut. Diese helfen beispielsweise beim Einkaufen und beim Hausputz. Das deutsche Bundesministerium für Familie, Senioren, Frauen und Jugend (BMFSFJ) hat deshalb 2016 begonnen, mit dem japanischen Gesundheitsministerium zusammenzuarbeiten. Es möchte aus den Erfahrungen mit den Maßnahmen lernen, die Japan bereits umgesetzt hat. Neben der Baby-Boomer-Generation haben beide Länder noch weitere Gemeinsamkeiten: Sie gehören zu den industriell hochentwickelten Ländern, leiden unter einem Fachkräftemangel und haben ein sich immer weiter ausdifferenzierendes Arbeits- und Sozialrecht.

In Deutschland sehen Viele die Folgen der demografischen Entwicklung als höchstdramatische Belastung an. Das ist zu pessimistisch. Eine alternde Gesellschaft muss nicht zwingend nachteilig sein. Es gilt vielmehr, neue Modelle zu entwickeln, die eine Anpassung ermöglichen. Genug Gründe, die fortgeschrittene Entwicklung in Japan kennen zu lernen. Gleich wie man hierzulande die Problematik angeht: Deutschland wird sich auch verändern müssen. Und wie das geschieht, ist auch für Japan interessant. Deshalb bedarf es der Begegnung und des wissenschaftlichen Austausches.

Am 17. und 18. Februar 2017 fand in Bonn das Symposium „Nachhaltiges Arbeits- und Sozialrecht in der alternden Gesellschaft in Japan und Deutschland" statt. Diese Veranstaltung hat im Bereich des Arbeits- und Sozialrechts den „Eisbrecher" für die Intensivierung des wissenschaftlichen Austausches gemacht. Inhaltlich hat es vorbildhaft den Problemscheinwerfer auf den wichtigen Aspekt der Nachhaltigkeit der zu erwägenden Anpassungsprozesse gelenkt. Zu danken ist Professor Dr. *Raimund Waltermann*, der die Veranstaltung inhaltlich hervorragend vorbereitet und zusammen mit Professor *Hajime Wada* initiiert hat. Zu danken ist auch der Rheinischen Friedrich-Wilhelms-Universität Bonn die ihren schmucken Festsaal zur Verfügung gestellt hat. Zu danken ist nicht zuletzt den elf japanischen und deutschen Referentinnen und Referenten sowie den Moderatoren und Diskutanten, die Rechtsprobleme und Gestaltungsoptionen an diesen beiden Tagen zu Sprache gebracht haben. Es war mir eine Ehre, als Moderator daran mitzuwirken.

Als Vorsitzender der Deutsch-Japanischen Gesellschaft für Arbeitsrecht war es mir darüber hinaus eine große Freude, den Vorsitzenden der Japanisch-Deutschen Schwestergesellschaft, Professor *Hajime Wada* und zahlreiche Kolleginnen und Kollegen aus Japan dort begrüßen zu dürfen. Dieses Symposium bot damit auch die Gelegenheit, den Kontakt der beiden Schwestergesellschaften zu vertiefen. Dies schaffte eine gute Voraussetzung für den weiteren wissenschaftlichen Austausch mit einer anderen Thematik: Die Herausforderungen für das Arbeits- und Sozialrecht, die sich bei der Digitalisierung der Arbeitswelt stellen. Vom 3. bis 6. Mai 2017 veranstaltete dazu die Deutsch-Japanische Gesellschaft für Arbeitsrecht drei Fachtagungen, zu denen in das Berliner Bundesministerium für Arbeit und Soziales, in die Humboldt-Universität und in die Ruhr-Universität Bochum eingeladen wurde. Zahlreiche Experten aus Japan und Deutschland nahmen teil. Das Bonner Symposium hat zum Erfolg dieser Fachtagungen beigetragen.

Ich wünsche den hier abgedruckten Beiträgen, die den wesentlichen Inhalt des Bonner Symposiums „nachlesbar" machen, eine große Leserschaft. Thematik und Autoren haben dies mehr als verdient.

Professor Hajime Wada

Universität Nagoya

Herausforderungen des Arbeits- und Sozialrechts in der alternden Gesellschaft – Der Fall Japan

Abstract: *Labor law and social security law of Japan that realizes the constitutional idea of a welfare state, have been built on the base of an ideal pyramidal of demography and expanded under the highly economic development. This traditional model of labor and social security law is urged to response a huge change of the society by aging and declining birth rate in order to obtain its sustainability. Concretely, under the aging society it is necessary to guarantee the work chance for elder people and to reform the pension system.*

The increase of atypical workers makes it difficult to obtain a traditional system of labor and social security formed on the base of typical workers. With the increase of entrance of women on labor market, a traditional model of a family, so-called "male breadwinner model" and employment society which is developed on this model needs to be revised. The fact that atypical employment is occupied mainly by women makes the employment practice with sexual discrimination remain.

Since 1990s many policies for responding these changes have taken place; raising the start of payment of pension and the reduction of pension by amendment of law of 1994 and 2000, introducing of nursing care system of 2000, raising the retirement age and reinforcement of work chance for elder people of 2004, improvement of working conditions of atypical workers etc. But these policies were either out of time or too moderate to resolve the problems basically. Too rapidly aging and declining birth rate than it was expected, may be one of the reasons, nevertheless the opinion persisting the traditional model of family and employment intercepts a drastic shift of social policies.

From the point of view of sustainability of employment and social security system, it is absolutely necessary to change the paradigm.

I. Einleitung

Die Alterung der Bevölkerung ist ein in den Industrieländern weitverbreitetes Phänomen. Besonders in Japan jedoch schreitet die Alterung rapide voran, während gleichzeitig aufgrund der sinkenden Geburtenrate auch die Zahl der Kinder stetig abnimmt. Laut Regierungsstatistiken betrug die Altenquote (Anteil der Personen im Alter von 65 Jahren oder älter an der Gesamtbevölkerung) 2015 26 % und lag damit weltweit auf Rang eins, während die Gesamtfruchtbarkeitsziffer (zusammengefasste Geburtenziffer aller Frauen zwischen 15 und 49 Jahren) mit 1,46 im OECD-Vergleich den unteren Rängen zuzuordnen ist. Zum Vergleich: in Deutschland liegt der Anteil der Personen ab 65 Jahre an der Gesamtbevölkerung bei 21,24 % (Rang 4 weltweit), während die Gesamtfruchtbarkeitsziffer mit 1,47 vergleichbar mit Japan ist.

Die Grundlagen des japanischen Arbeits- und des Sozialrechts waren bereits in den 1960er-Jahren größtenteils gelegt. Damals belief sich die Altenquote auf 6 %, die Gesamtfruchtbarkeitsziffer lag bei etwas über 2,1.

Der Aufbau der Bevölkerung stellte damals eine ideale Pyramide dar, dies hat sich bis heute erheblich gewandelt. Diese Veränderungen haben große Auswirkungen auf das Arbeits- und das Sozialrecht (im letzteren Fall insbesondere auf das System der Arbeitnehmerrentenversicherung).

Im Rahmen dieses Referats soll auf die Frage eingegangen werden, wie das Arbeits- und das Sozialrecht bzw. die diesen zugrunde liegenden traditionellen Arbeitsverhältnisse herausgebildet haben und wie es dazu kam, dass sich diese wandeln mussten. Ferner sollen mögliche Ansätze zur Lösung dieser Herausforderungen erörtert werden.

II. Herausbildung und Weiterentwicklung der traditionellen Arbeitsverhältnisse

1. Herausbildung der japanischen Beschäftigungspraktiken

Das japanische Arbeits- und Sozialrecht bildete sich grundsätzlich nach dem Zweiten Weltkrieg heraus[1] und entwickelte sich bis in die 1960er-Jahre stetig weiter. Gestützt wurde diese Entwicklung durch das erstaunliche Wirtschaftswachstum. Der Bevölkerungsaufbau hatte zu jener Zeit die Form einer idealen Pyramide, d.h. es gab viele Arbeitnehmer in der aktiven Erwerbsphase, die das

---

1 Vor dem Zweiten Weltkrieg wurden im Bereich des Arbeitsrechts 1911 das Fabrikgesetz (Inkrafttreten 1916), dessen Zweck es war, die in den Fabriken arbeitenden Frauen und Jugendlichen zu schützen sowie 1931 das Gesetz zur Hilfe bei Arbeitsunfällen und das Gesetz zur Haftpflichtversicherung bei Arbeitsunfällen erlassen. Hinsichtlich der Gewerkschaften existierte vor dem Zweiten Weltkrieg jedoch nur das Gesetz zur Unterdrückung derselben. Im Bereich der Sozialversicherung wurde 1922 das Gesetz zur Krankenversicherung, 1938 das Gesetz zur Volkskrankenversicherung und 1941 das Gesetz zur Arbeitnehmerrentenversicherung erlassen (1944 wurde der Name des Gesetzes geändert). Die Sozialversicherung diente dabei neben ihrem eigentlichen Zweck auch dazu, die Gesundheit der Soldaten sicherzustellen und finanzielle Mittel für den Krieg zu beschaffen.

Sozialversicherungssystem stützten, während es andererseits nur sehr wenige Menschen im Ruhestand gab.

Mitte der 1950er-Jahre führte der amerikanische Wissenschaftler *James C. Abegglen* eine Untersuchung über japanische Unternehmen durch und wies in seinem 1958 erschienenen Werk[2] auf einige Besonderheiten der japanischen Arbeitsverhältnisse hin. Dazu gehörten u.a. die lebenslange Beschäftigung (lifetime employment), Vergütung nach dem Senioritätsprinzip (seniority-based wages), Einstellungen von neuen Universitäts-/Schulabsolventen zu festen Terminen (periodic hiring), Berufsausbildung im Unternehmen (in-company training) und Betriebsgewerkschaften (enterprise union) etc. Grundsätzlich wurden diese Merkmale bis heute beibehalten, allerdings wurden sie in der Zwischenzeit stark modifiziert.

Ein Charakteristikum des als „japanisches Arbeitsverhältnis" bezeichneten Arbeitsverhältnisses ist die Tatsache, dass es sich um eine feste Anstellung handelt, bei der durch einen unbefristeten Arbeitsvertrag die Beschäftigung bis zum Rentenalter garantiert wird. Getragen wurde dieses System überwiegend von männlichen Arbeitnehmern.

Zwar gab es auch zu dieser Zeit Gelegenheitsarbeiter in prekären befristeten Beschäftigungsverhältnissen wie Saisonarbeiter, die in den Ruhezeiten der Landwirtschaft im Winter in Fabriken der Industriegebiete oder auf Baustellen arbeiteten, ihr Anteil war jedoch nicht hoch. Es gibt zwar keine offiziellen Statistiken, man schätzt jedoch, dass der Anteil der nicht-regulär Beschäftigten Anfang der 1970er-Jahre unter 10 % lag. Auch bei den Festangestellten (regulär Beschäftigte) wurden Männer als Kandidaten für künftige Führungspositionen eingestellt, während man Frauen zu unterstützenden Tätigkeiten beschäftigte. Diese nach Laufbahn getrennte Einstellung brachte diverse diskriminierende Beschäftigungspraktiken hervor.

2. Das Modell des Mannes als Ernährer

Ab den 1970er-Jahren begann einhergehend mit dem Anwachsen des tertiären Sektors auch die Zahl der Teilzeitbeschäftigten zu steigen. Diese waren im Wesentlichen Hausfrauen, die aufgrund von Heirat oder Kindesgeburt aus dem Arbeitsleben ausgeschieden waren und wieder anfingen zu arbeiten, nachdem die Kindererziehung abgeschlossen war (dies resultierte in einer M-förmigen

---

2 *James C. Abegglen*, The Japanese Factory – Aspects of its social organization, (Leitung der Übersetzung: Kuniyoshi Urabe), Nihon no keiei (japanisches Management), Diamond, Inc., 1958.

Erwerbstätigkeitskurve der Frauen) und Studenten, die sich neben dem Studium den Lebensunterhalt verdienten. So entwickelte sich das Modell des männlichen Ernährers/Brotverdieners (male breadwinner model), das dem Mann die Rolle des Hauptverdieners und der Frau die Rolle der Hausfrau oder des Zuverdieners (Erwerbstätigkeit zur Unterstützung des Haushaltseinkommens) zuwies.

Das Modell des männlichen Ernährers spiegelt sich neben dem Arbeitsrecht auch im Aufbau der Einkommenssteuer und der Sozialversicherungsbeiträge wider. Wenn der steuerzahlende Haushaltsvorstand (i.d.R. der Ehemann) einen unterhaltsberechtigten Ehepartner (i.d.R. die Ehefrau) hat und die Lohneinkünfte der Ehefrau 1,03 Mio. Yen nicht übersteigen, muss der Ehepartner keine Einkommenssteuer zahlen; darüber hinaus ist ein gewisser Betrag des versteuerbaren Einkommens des Haushaltsvorstands abzugsfähig (Man spricht in diesem Zusammenhang von der 1,03 Mio.-„Mauer", die einschränkend auf die Arbeitsweise wirkt). Auch bei den Sozialversicherungsbeiträgen (Krankenversicherung, Arbeitnehmerrente) wird die Ehefrau als Unterhaltsberechtigte des Ehemanns behandelt und ist als solche von der Beitrittspflicht in die Sozialversicherung befreit, wenn ihr Jahresgehalt 1,3 Mio. Yen (die sog. 1,3 Mio. Yen-„Mauer") nicht übersteigt (seit Oktober 2016: 1,056 Mio. Yen). Da die Sozialversicherungsbeiträge jeweils zur Hälfte von Arbeitgeber und Arbeitnehmer getragen werden, spart ein Arbeitgeber umso mehr Lohnnebenkosten (Sozialbeiträge), je mehr Teilzeitkräfte er beschäftigt.

Das Niveau des Mindestlohns wurde vorwiegend mit Blick auf Teilzeitkräfte im Niedriglohnbereich festgelegt. Da diese im Wesentlichen weibliche Arbeitnehmer waren, die zum Haushaltseinkommen dazu verdienten, wurde das Niveau der Mindestlöhne niedrig gehalten, so dass sich das Modell des männlichen Ernährers im Bereich der Beschäftigung diskriminierend auswirkte.

3. Lebenslange Beschäftigung

Die ursprüngliche Bedeutung des Begriffs „lebenslange Beschäftigung" besagte, dass man „unabhängig vom Alter arbeitet, solange man bei guter Gesundheit arbeiten kann". In den 1950er-Jahren war in vielen Unternehmen eine Altersgrenze zwischen 50 und 55 Jahren verbreitet. Damals lag die durchschnittliche Lebenserwartung bei etwa 60 Jahren, so dass die Altersgrenze einer lebenslangen Beschäftigung sehr nahe kam.[3] In der Folge stieg die durchschnittliche Lebenserwartung

---

3 Genauer *Masaru Hagiwara*, Teinensei no rekishi (Geschichte der Altersgrenze), Nihonrodokyokai, 1984. Ein Überblick über die Geschichte der Altersgrenze von der zweiten Hälfte des 19. Jahrhunderts bis zum 20. Jahrhundert.

der Japaner jedoch drastisch an, während das Rentenalter nicht entsprechend angehoben wurde. Das Gesetz über die stabile Beschäftigung älterer Menschen machte die Altersgrenze von 60 Jahren erst 1998 zur Pflicht, und diese Altersgrenze besteht heute noch unverändert.[4] Die durchschnittliche Lebenserwartung von Sechzigjährigen liegt heute sowohl bei Männern als auch bei Frauen bei weit über 80 Jahren (Männer: 83 Jahre, Frauen: 89 Jahre).

III. Die sozialen Sicherungssysteme

Die japanische Sozialversicherung wurde in Anlehnung an das Bismarcksche Modell der Sozialversicherung geschaffen und ist folgendermaßen aufgebaut: Im Bereich der Sozialversicherung gibt es die Krankenversicherung (1922 eingerichtet) und die Rentenversicherung (1942 eingerichtet), im Bereich der Arbeitsversicherung die Unfallversicherung (1947 eingerichet) und die „Beschäftigungsversicherung" (früher: Arbeitslosenversicherung, eingerichtet 1947). Hinzu kam 2000 die Pflegeversicherung. 1961 wurde eine Volkskrankenversicherung eingeführt, die nicht nur Arbeitnehmer, sondern sämtliche Bürger umfasst, sowie eine Volksrentenversicherung.

Die Arbeitnehmerrentenversicherung für Arbeitnehmer in privaten Unternehmen – Beamte fallen unter die die genossenschaftliche Rentenversicherung – baut auf der Volksrente auf. Grundsätzlich erhält man ab 65 Jahren eine Altersrente, wenn man mindestens 25 Jahre in die Rentenversicherung eingezahlt hat.[5]

---

4 Mit der Reform des Gesetzes über die stabile Beschäftigung älterer Menschen wurde 2006 eine Weiterbeschäftigung nach Erreichen der Altersgrenze bis 65 Jahre (Anheben der Altersgrenze oder Wiederanstellung) zur Pflicht. In der Unternehmenspraxis wird die Beschäftigung bis 65 Jahre i.d.R. sichergestellt, indem die betreffenden Personen als befristete Beschäftigte oder Teilzeitkräfte wieder angestellt werden.

5 Der einkommensunabhängige Festbetrag der Altersrente lag bis zum Geschäftsjahr 2000 bei 60 Jahren, wurde danach aber stufenweise angehoben und wird seit dem Geschäftsjahr 2013 ab 65 Jahren gezahlt. Der einkommensabhängige Teil der Rente wurde bis zum Geschäftsjahr 2012 ab 60 Jahren gezahlt und danach stufenweise angehoben. Ab dem Geschäftsjahr 2025 erfolgt die Zahlung dieses Teils der Rente auch erst ab 65 Jahre. Für Frauen verschiebt sich der Zahlungsbeginn jeweils um 5 Jahre nach hinten. Derzeit wird erwogen, die Beitragszahlungsdauer von 25 auf 10 Jahre zu verkürzen.

IV. Veränderungen im Beschäftigungsumfeld

1. Geburtenrückgang/Überalterung

Durch die immer rascher voranschreitende Alterung der Bevölkerung und den Rückgang der Geburten hat sich die Bevölkerungsstruktur, die das Arbeits- und Sozialrecht bisher gestützt hat, tiefgreifend verändert. Dies hat Auswirkungen auf sämtliche Stadien des menschlichen Lebens und stellt Japan vor die Herausforderung, das System der Arbeitnehmerrente zu reformieren und – damit gekoppelt – das Rentenalter anzuheben.

Als Maßnahmen gegen den Geburtenrückgang wird im Bereich sozialer Wohlfahrtsmaßnahmen vorgeschlagen, mehr Kinderkrippen[6] einzurichten, im Bereich des Arbeitsrechts, die Erziehungszeiten zu verlängern.

Wie in anderen Industrienationen beruht die gesetzliche Rentenversicherung in Japan nicht auf einem Kapitaldeckungsverfahren sondern auf einem Umlageverfahren. Der drastische Rückgang der Geburtenziffern bedeutet, dass in den kommenden Generationen die Rentenlast von weniger Personen getragen werden muss – auch unter diesem Aspekt kommen schwerwiegende Probleme auf das Rentensystem zu.

2. Die verlorenen zwei Dekaden

Das Arbeitsrecht und die Sozialsysteme, die sich bis in die 1970er-Jahre erfolgreich weiterentwickelten und ausgebaut wurden, begannen sich ab den 1980er-Jahren deutlich zu verändern.

Ein amerikanischer Wissenschaftler pries die Leistungsfähigkeit der japanischen Wirtschaft in der zweiten Hälfte der 1970er-Jahre mit den Worten „Japan as Number One“ und führte als wesentlichen Grund hierfür die japanisch geprägten Arbeitsverhältnisse und die Beziehungen zwischen Arbeitnehmern und

6 In Japan unterscheidet man Hoikuen (Kindertagesstätte/Kinderkrippe), in denen Kinder schon ab unter 12 Monaten betreut werden (Voraussetzung für die Aufnahme ist, dass beide Eltern – bzw. im Fall eines alleinerziehenden Haushalts der Alleinerzieher – berufstätig sind) und Yochien (Kindergarten), die Kinder ab 3 Jahren betreuen. 8 % der Kinder unter 12 Monaten, 13 % der Einjährigen und 30 % der zweijährigen Kinder besuchen einen Hoikuen (*MHLW*, Gakkokihonchosahokokusho, Bericht zur Basisstudie über schulische Einrichtungen), 2006. Bei den Fünfjährigen besuchen 39 % der Kinder einen Yochien, 57 % einen Hoikuen (insgesamt 97 %). Der japanische Yochien entspricht etwa einem deutschen Kindergarten, der Hoikuen einer Kinderkrippe.

Arbeitgebern an.[7] Damals litten die westlichen Staaten infolge der Ölkrise von 1973 unter hoher Arbeitslosigkeit, während sich in Japan mit einer florierenden IT- und Hightech-Industrie und einer Arbeitslosenquote von nur 2–3 % ein völlig anderes Bild bot.

In der zweiten Hälfte der 1980er-Jahre entwickelte sich die sog. Bubble Economy, eine „Seifenblase“ ausgelöst durch Immobilienspekulationen, die 1993 dann – wie zu erwarten – platzte. Darüber hinaus wurde Japans Wirtschaft im Zuge der Globalisierung, die um 1990 herum einsetzte, in den Wettbewerb mit China und anderen asiatischen Entwicklungsländern getrieben und geriet damit in doppelte Bedrängnis. Bis heute hat es diese Schwierigkeiten nicht erfolgreich überwinden können, daher spricht man auch von den „verlorenen zwei Dekaden“.

Problematisch ist in diesem Zusammenhang die Zunahme der nicht-regulären Beschäftigung und der Anstieg der Armutsquote (bzw. der armen Schichten), die das Gefälle in der Gesellschaft verstärken. Dies zeigt sich insbesondere bei den jüngeren Altersgruppen, deren Anteil an der Bevölkerung, den Erwerbstätigen und den regulär Beschäftigten (Stammbelegschaft) drastisch zurückgeht – einzig die Zahl der nicht-regulär Beschäftigten steigt an. Zusätzlich zum Geburtenrückgang gefährdet diese Situation die Nachhaltigkeit des Arbeitsrechts und der sozialen Sicherungssysteme.

3. Zunahme der nicht-regulären (atypischen) Beschäftigung

Die nicht-reguläre Beschäftigung, deren Anteil in den 1970er-Jahren noch unter 10 % lag, ist heute bis auf fast 40 % angestiegen. In westlichen Ländern wird für die nicht-reguläre Beschäftigung der Begriff „atypisch“ verwendet. In Japan werden darunter rechtlich betrachtet Beschäftigungen ohne festgesetzte Dauer (unbefristete Beschäftigung), Teilzeitbeschäftigungen und die Überlassung von Arbeitnehmern verstanden, statistisch wird aber nicht klar zwischen den verschiedenen Formen getrennt. Aus diesem Grund werden bei Untersuchungen die Bezeichnungen der Unternehmen zugrunde gelegt (Arbeitnehmerüberlassung, Teilzeit, Vertragsmitarbeiter mit befristetem Vertrag, Arubaito (vereint Merkmale der Teilzeitbeschäftigung und der befristeten Beschäftigung), Vertragsarbeitskraft, die nach Erreichen des Rentenalters im Unternehmen wieder beschäftigt wird).

Die nicht-reguläre Beschäftigung nahm ab den 1980er-Jahren allmählich und dann insbesondere in den 1990er-Jahren verstärkt zu. Dies wird hauptsächlich

---

7 *Ezra F. Vogel*, Japan as Number One: Lessons for America, Cambridge, MA 1979 (übersetzt von Wakako Hironaka/Akiko Kimoto), „Japan as namba wan“, Hankyo Communications, 2004.

darauf zurückgeführt, dass im Zuge der ab 1990 beginnenden Globalisierung der Wirtschaft auch ein Wettbewerb hinsichtlich der Senkung der Personalkosten begann. 1995 stellte der japanische Arbeitgeberverband Nikkeiren in seinem Bericht „shinjidai no Nihonnteki keiei" (Das japanische Management in einem neuen Zeitalter) Beschäftigungsstrategien vor, die im Wesentlichen darauf ausgerichtet waren, zur Stärkung der internationalen Wettbewerbsfähigkeit der japanischen Unternehmen für die Zukunft den Kern des Beschäftigungsmodells – d.h. die lebenslange Beschäftigung – soweit wie möglich zu reduzieren und stattdessen die nicht-reguläre Beschäftigung, insbesondere die flexiblen befristeten Beschäftigungsformen und die Teilzeitbeschäftigung, auszubauen.

Die einzelnen Unternehmen stellten sich prompt auf diese Strategien ein: Heute befinden sich nur noch 60 % der Arbeitnehmer in Japan in lebenslangen Beschäftigungsverhältnissen.[8]

4. Anstieg der nicht-regulären Beschäftigung und Personalkostenwettbewerb

Ca. 70 % der nicht-regulär Beschäftigten arbeiten unter befristeten Arbeitsverträgen. Ein großer Teil dieser Beschäftigungsverhältnisse dient dabei als Puffer, um auf Konjunkturschwankungen reagieren zu können. Bei einer Beschäftigungsdauer von bis zu 30 Tagen besteht keine Versicherungspflicht in der Arbeitslosenversicherung. In Fällen, in denen die Dauer der Beschäftigung zwei Monate nicht übersteigt oder in denen die festgesetzte wöchentliche Arbeitszeit unter 20 Stunden liegt und die Beschäftigungsdauer unter einem Jahr bleibt, besteht ferner keine Pflicht zum Beitritt in die Kranken- und Arbeitnehmerrentenversicherung, d.h. für den Arbeitgeber entstehen keine Lohnzusatzkosten.

Der Anteil der Teilzeitbeschäftigung an den nicht-regulären Beschäftigungsverhältnissen liegt zwischen 60 % und 70 %. Typisches Merkmal ist ein niedrigeres Entgelt im Vergleich zu den regulär Beschäftigten. Wenn man den Lohn eines Vollzeitbeschäftigten gleich 100 setzt, liegt der Lohn der Teilzeitbeschäftigten in Japan bei 56 % (Stand: 2010) und damit in der niedrigsten Gruppe wie die USA unter den Industriestaaten (Deutschland: 82 %, England: 72 %, USA: 31 %).

Dies ist darauf zurückzuführen, dass Teilzeitbeschäftigte in Japan keine Boni, Wohngeld oder Zulagen für unterhaltsberechtigte Personen etc. erhalten, die

8 Viele Arbeitnehmer von Großunternehmen werden im Alter von Anfang bis Mitte fünfzig in angeschlossene Unternehmen oder Tochterunternehmen der Muttergesellschaft transferiert. Für die betreffenden Personen ist die Beschäftigung innerhalb der Unternehmensgruppe bis zur Erreichung des Rentenalters garantiert.

einen großen Anteil am Entgelt der japanischen Arbeitnehmer ausmachen, Lohn/ Gehalt eines Vollzeitbeschäftigten auf einem Monatsentgelt basiert, dass entsprechend dem Senioritätsprinzip mit zunehmendem Alter/Betriebszugehörigkeit stark ansteigt, während Teilzeitbeschäftigte nach Stunden bezahlt werden und der Senioritätsansatz nur in geringem Maße angewendet wird, d.h. der Stundensatz steigt auch mit zunehmendem Alter bzw. Zugehörigkeitsdauer kaum. Folglich bewirkt ein Anstieg der Teilzeitbeschäftigten für ein Unternehmen eine erhebliche Senkung der Personalkosten.

5. Nicht-reguläre Beschäftigung und relative Armut

Die Zunahme der nicht-regulären Beschäftigung führt zu einem Anstieg der relativen Armutsquote. Auch in Japan werden die OECD-Indikatoren zugrunde gelegt: 2012 betrug das Median-Äquivalenzeinkommen 2,44 Mio. Yen (ca. 21.000 Euro), d.h. die Armutsgrenze lag bei 1,22 Mio. Yen (ca. 10.500 Euro) und die relative Armutsquote bei 16,1 %. Damit verzeichnet Japan nach Mexiko, der Türkei und den USA die vierthöchste Armutsquote unter den OECD-Mitgliedsstaaten (zum Vergleich: der OECD-Durchschnitt liegt bei 11,3 %, in Deutschland liegt die Quote bei 8,8 %).

Als Ursache für den Anstieg der relativen Armut wird angeführt, dass die Zahl der Haushalte von Personen von 65 Jahren oder älter gestiegen ist, die hauptsächlich von der Rente leben; ebenso wie die Zahl der Alleinerziehenden- und der Single-Haushalte (30 Jahre und jünger).[9] Aber auch der steigende Anteil der geringverdienenden nicht-regulär Beschäftigten ist als ein weiterer wesentlicher Grund anzusehen.[10] Der Mindestlohn hat kaum dazu beigetragen, diese Armutsprobleme zu lösen.

V. Funktion der Gewerkschaften

In Deutschland, dessen Gewerkschaften vorwiegend in Form von Industriegewerkschaften organisiert sind, werden die Mindestarbeitsbedingungen wie Entgelt, Arbeitszeit etc. durch Tarifverträge festgelegt. Darüber hinaus kann der Geltungsbereich der Tarifverträge mithilfe des Systems der Allgemeinverbindlichkeit auch

---

9 *Kabinettsamt, Ministerium für öffentliche Verwaltung, innere Angelegenheiten, Post und Telekommunikation, Ministerium für Arbeit, Gesundheit und Wohlfahrt (MHLW)*, Sotaiteki hinkonritsuto ni kansuru chosa bunseki kekka ni tsuite (Ergebnisse der Untersuchung und Analyse zur relativen Armut etc.), 18.12.2015.

10 *MHLW, 2012* Nenban rodokeizai no bunseki, Ausgabe 2012: Analyse der Arbeitsökonomie.

auf Personen und Betriebe erweitert werden, die nicht Mitglied einer Gewerkschaft bzw. eines Arbeitgeberverbands sind.

Infolgedessen ist der Organisationsgrad der Gewerkschaften zwar im Vergleich zu anderen OECD-Mitgliedsstaaten mit 18,1 % nicht hoch (Durchschnitt 2013: 17 %),[11] der Deckungsgrad von Kollektivverhandlungen liegt in Deutschland mit 61,1 % (2010) jedoch leicht über dem OECD-Durchschnitt (2010: 53,6 %).[12] Ferner gibt es keine oder nur geringe Unterschiede zwischen Festangestellten und nicht-regulär (atypisch) Beschäftigten hinsichtlich der Lohntabellen.

Demgegenüber findet man in Japan Betriebsgewerkschaften, in denen meist ausschließlich regulär Beschäftigte (Stammbelegschaft) organisiert sind. (Eine Ausnahme ist die Gewerkschaft *UI Zensen*, in der Arbeitnehmer aus den Branchen Supermärkte und große Einzelhandelsunternehmen organisiert sind, d.h. Branchen, in denen die Mehrheit der Beschäftigten nicht-regulär Beschäftigte sind). Ihre Einflussnahme auf die Arbeitsmarktpolitik (Makroebene), wie z. B. kürzere Arbeitszeiten oder mehr Urlaubstage, ist sehr schwach. Der Mindestlohn ist seit seiner Einführung (1968) durchgehend gesetzlich verankert. Dass der Deckungsgrad der Kollektivverhandlungen in Japan niedriger ist als der Organisationsgrad liegt u.a. daran, dass das Recht der Beamtengewerkschaften auf Kollektivverhandlungen erheblich eingeschränkt ist und es auch Gewerkschaften in privaten Unternehmen gibt, die sich auf Konsultationen der Sozialpartner beschränken und keine Kollektivverhandlungen durchführen. Von der Möglichkeit der regionalen Erweiterung der Tarifverträge (§ 18 Gewerkschaftsrecht) wird in Japan kaum Gebrauch gemacht. Aufgrund dieser Sachlage sind gesetzliche Regelungen nötig, um allgemeine und einheitliche Arbeitsbedingungen zu sichern.

---

11 *OECD Stat.*, Trade Union Density, abrufbar unter: https://stats.oecd.org/Index.aspx?DataSetCode=UN_DEN (zuletzt abgerufen: 25.10.2017). Der Organisationsgrad in Japan lag 2013 bei 17,8 % und damit nicht mehr bemerkenswert höher als in Deutschland, wie es in der Vergangenheit stets der Fall war. Die höchsten Organisationsgrade in Europa verzeichnen die skandinavischen Länder.

12 OECD, Economic Policy Reforms 2015: Going for Growth: Coverage rates of collective bargaining agreements and trade union density rates, S. 103, abrufbar unter: http://www.oecd-ilibrary.org/economics/economic-policy-reforms-2014_growth-2014-en;jsessionid=1j8ql712jdscm.x-oecd-live-03 (zuletzt abgerufen: 25.10.2017). Der Deckungsgrad von Kollektivverhandlungen lag in Japan 2010 bei 16,0 %, damit ist der Wert in Deutschland nach wie vor wesentlich höher. Abgesehen von den skandinavischen Ländern weisen in Europa unter anderem auch Österreich, Belgien, Frankreich, Italien einen hohen Deckungsgrad auf.

VI. Antworten des Rechts auf die Altersgesellschaft

1. Reformen der Sozialversicherungssysteme[13]

a) Reform der Arbeitnehmerrente

Angesichts der fortschreitenden Überalterung der Gesellschaft und des Geburtenrückgangs sind Arbeits- und Sozialrecht gefordert, angemessen auf diese Entwicklungen zu reagieren.

Der Rückgang der erwerbsfähigen Bevölkerung (15–64 Jahre) und damit auch der Erwerbstätigen infolge des Geburtenrückgangs bedeutet einen Rückgang der Beitragszahler der Sozialversicherung, während die Alterung der Gesellschaft auf der anderen Seite zu einem Anstieg der Sozialversicherungsempfänger, insbesondere der Rentenempfänger, führt.

Als Antwort auf diese Entwicklungen werden derzeit Rentenreformen vorangetrieben, die im Wesentlichen darin bestehen, das Renteneintrittsalter der Altersarbeitnehmerrente anzuheben und die Rentenbezüge zu senken. 2014 wurde die Konsumsteuer (Mehrwertsteuer) von 5 % auf 8 % angehoben. Diese 3 % fließen als Zwecksteuer in die Sozialversicherung insgesamt (Renten-, Kranken- und Pflegeversicherung, Förderung der Kindererziehung).

Die Altersarbeitnehmerente setzt sich aus zwei Teilen zusammen: einem für alle Personen einheitlichen Festbetrag (Altersgrundrente) sowie einem einkommensabhängigen Teil (Altersarbeitnehmerrente). Im Zuge der Rentenreformen von 1994 bzw. 2000 wurde das jeweilige Rentenzugangsalter stufenweise angehoben: Mit der Rentenreform 1994 wurde das Bezugsalter für die Grundrente ab 2001 (für Frauen ab 2006) alle drei Jahre um ein Jahr angehoben und liegt derzeit (für Frauen ab 2018) bei 65 Jahren. Die Reform von 2000 regelte, dass das Bezugsalter für die Altersarbeitnehmerrente ab 2013 (für Frauen ab 2018) alle drei Jahre um ein Jahr angehoben und die Rente ab 2025 (für Frauen ab 2030) ab 65 Jahre gezahlt wird.

Es wird jedoch davon ausgegangen, dass das Bezugsalter für die Altersrente noch weiter angehoben werden muss, wenn die ältere Bevölkerungsschicht weiterhin im gleichen Maße wie heute zunimmt.

Auch die Rentenleistungen sinken: Männliche Rentner im Alter zwischen 85 und 89 Jahren erhalten derzeit monatlich knapp 210.000 Yen, während Rentner im Alter zwischen 60 und 64 Jahren ca. 100.000 Yen im Monat – also nur halb so viel – beziehen. Bei den Frauen beläuft sich die Rente in den entsprechenden

13 Vgl. auch: National Institute of Population and Social Security Research "Social Security in Japan 2011".

Altersgruppen auf knapp 120.000 Yen bzw. etwas mehr als 60.000 Yen, was zeigt, dass auch der Unterschied zwischen den Geschlechtern groß ist.

Dadurch erhöht sich die Gefahr, dass künftig zunehmend mehr Menschen nicht mehr von der Altersrente leben werden können.

Auf der anderen Seite werden die Zugangsbestimmungen zur Arbeitnehmerrente gelockert, der Kreis der Versicherungsberechtigten erweitert und die Wartezeiten reduziert. So wurde mit der Rentenreform 2012 die Mindestversicherungszeit bis zum Erwerb der Rentenbezugsberechtigung von 25 Jahren auf 10 Jahre verkürzt und der Kreis der Versicherten erweitert: Während er bisher bis dato auf Personen beschränkt war, die wöchentlich 30 Stunden oder mehr arbeiten, sind nun auch Personen versichert, die wöchentlich 20 Stunden oder mehr arbeiten und bei denen zu erwarten ist, dass sie mindestens ein Jahr lang beschäftigt bleiben.[14]

Ziel ist es, auf diesem Wege die Zahl der Versicherten zu erhöhen und die Zahl der Personen ohne Rente abzubauen.

b) Reform der Krankenversicherung

Die alternde Gesellschaft wirft darüber hinaus auch Schatten auf die Finanzlage der Krankenversicherung. Die Gesundheitsreform von 1973 befreite ältere Menschen ab 70 Jahren vollständig von den Gesundheitskosten. 1983 wurde das Gesetz für die Gesundheit älterer Menschen erlassen, das auch für alte Menschen (70 Jahre und älter) eine teilweise Patientenbeteiligung einführte (400 Yen pro Tag bei ambulanter Versorgung), 2002 wurde diese im Rahmen einer Reform des Gesetzes auf einen festen Prozentsatz von 10 % festgesetzt. Im Zuge der Reform des Krankenversicherungsgesetzes wurde ab 2008 ein neues „Krankenversicherungssystem für Menschen in hohem Alter" (75 Jahre und älter) errichtet. Seitdem beträgt der Selbstbehalt an den Gesundheitskosten für Personen bis 69 Jahre derzeit 30 %, für Personen zwischen 70 und 74 Jahre 20 % und für Personen ab 75 Jahre 10 %. (Personen, die Einkommen in vergleichbarer Höhe wie die Einkommen der aktiv im Erwerbsleben stehenden Generation haben, tragen auch mit 70 Jahren oder älter weiterhin 30 % der Kosten selbst).

---

14 Der traditionelle Denkansatz bei den Sozialversicherungssystemen geht von einem Modell aus, bei dem der Ehemann als Haupternährer Mitglied der Renten- und Krankenversicherung ist, während die Ehefrau zum Haushaltseinkommen hinzuverdient und mit dem Mann mitversichert ist. Als Folge der steigenden Zahl von nicht-regulär Beschäftigten ist dieses Modell nicht mehr tragfähig, was Reformen fördert.

c) *Reform der Pflegeversicherung*

In Anlehnung an das deutsche System wurde 2000 auch in Japan eine Pflegeversicherung eingeführt (Pflegeversicherungsgesetz von 1997), bei dem Personen ab 65 Jahren als Versicherte der Kategorie 1 derzeit durchschnittlich 22 % der Kosten der Pflegeversicherungsleistung selbst tragen. Für 50 % der gesamten Pflegeversicherungskosten gilt, dass der Selbstbehalt entsprechend des Anteils der Personen zwischen 40 und 64 Jahren (Versicherte der Kategorie 2) und der Personen ab 65 Jahren (Versicherte Kategorie 1) an der Gesamtbevölkerung festgelegt wird. D.h. mit steigendem Anteil der Versicherten der Kategorie 1 erhöht sich auch die Selbstbeteiligung der Personen dieser Altersgruppe insgesamt.

2. Beschäftigungsmaßnahmen für ältere Menschen

Einhergehend mit dem Anstieg der älteren Bevölkerungsschichten und der Anhebung des Rentenalters gilt es, die Beschäftigung zu sichern, um eine Sicherung der Lebensgrundlage der Arbeitnehmer dieser Altersgruppen zu gewährleisten.[15] Ein zentrales Instrument hierfür ist die Regelung der Altersgrenze älterer Menschen.[16]

---

15 Im internationalen Vergleich (Stand 2014) der Erwerbsquoten von Personen im Alter von 65 Jahren und älter zeigt sich, dass in Japan 31 % der Männer (52 % der Männer zwischen 65 und 69 Jahren) und 15 % der Frauen (32 % der Frauen zwischen 65 und 69 Jahren) selbstständig sind oder in Teilzeitbeschäftigung arbeiten (Ministerium für öffentliche Verwaltung, innere Angelegenheiten „tokei kara mita wagakuni no koreisha (65sai ijo)“, Statistiken über ältere Menschen (ab 65 Jahren) in Japan), veröffentlicht am 18. September 2016). Die entsprechende Beschäftigungsquote bei Männern in Deutschland lag im gleichen Zeitraum bei 8 % (The Japan Institute for Labour Policy and Training „Databook of International Labour Statistics 2016“). Aus diesem Grund ist die Beschäftigung von älteren Menschen in Japan kaum ein Diskussionsthema, wie es in Deutschland beispielsweise der Fall ist.

16 In Japan lag die Altersgrenze traditionell bei 55 Jahren, ab den 1970er-Jahren bürgerte sich jedoch eine Altersgrenze von 60 Jahren ein. Die Rationalität und Rechtmäßigkeit dieser Regelung ist jedoch umstritten. Eine Minderheit vertritt die Meinung, dass diese Regelung gegen Artikel 27 der Verfassung (Recht auf Arbeit) verstößt und zu einer Altersdiskriminierung führt und daher rechtswidrig sei. Die herrschende Meinung geht jedoch dahin, dass die beruflichen Fähigkeiten ab 60 Jahren abnehmen, dass das Fehlen einer Ruhestandsregelung zu einer Instabilität der Beschäftigung der Personen mittleren und höheren Alters führen würde., die Rechtswidrigkeit der Altersdiskriminierung anders als in den USA im Allgemeinen nicht gebilligt werde und damit keine „gute Sitte“ sei. Daher werde die Altersgrenze als legal angesehen. Vgl. Kazuo Sugeno (Translated by Leo Kanowitz) „Japanese Employment and Labor Law“, Carolina Academic Press and University of Tokyo Press, 2002, S. 462–464, Satoshi Nishitani,

Als Reaktion auf die Alterung der Bevölkerung wurde 1985 das Gesetz zur Stabilisierung der Beschäftigung von älteren Menschen (konenho) verabschiedet. Das Gesetz definiert „ältere Menschen" als Personen ab 55 Jahre und hat zum Zweck, die Beschäftigung dieses Personenkreises zu verbessern. Im Wesentlichen geht es dabei um die Regelung der Altersgrenze.

In Japan lag die Altersgrenze in Unternehmen nach dem Zweiten Weltkrieg lange Zeit bei 55 Jahren. Das Gesetz von 1985 legte den Unternehmen die Pflicht auf, sich zu bemühen, die Rente ab 60 einzuführen. Mit der Reform des Gesetzes von 2004 wurden die Unternehmen verpflichtet, die Altersgrenze auf 60 Jahre oder höher zu setzen, falls sie Altersgrenzen einführen. Gleichzeitig wurden sie durch diese Reform aufgefordert, die Ruhestandsregelung ganz abzuschaffen, die Altersgrenze auf 65 Jahre zu setzen oder ein System zur Weiterbeschäftigung (Wiederbeschäftigung) bis 65 Jahre einzuführen.

Viele Unternehmen haben sich für dritte Möglichkeit entschieden, allerdings gibt es auch Konflikte hinsichtlich der Umsetzung. So fordert beispielsweise die Richtlinie (Guideline) des Ministeriums für Arbeit, Gesundheit und Wohlfahrt, dass die Weiterbeschäftigungsregelung grundsätzlich auf alle Mitarbeiter angewendet wird, insofern nicht gesundheitliche Gründe oder frühere Disziplinarstrafen etc. dagegen sprechen. Es gibt jedoch auch Fälle, in denen dieser Forderung zuwider der Personenkreis stark eingegrenzt wird oder die Arbeitsbedingungen sich bei der Wiedereinstellung erheblich verschlechtern, so dass sich niemand auf die Stellen bewirbt. Hinsichtlich des ersten Falles wurde 2012 im Rahmen einer Gesetzesreform die Richtlinie in eine zwingende Rechtsvorschrift des positiven Rechts umgewandelt. In Bezug auf den zweiten Fall vertritt das Gesetz den Standpunkt, dass diese Frage in Konsultationen der Sozialpartner geregelt werden sollte. Darüber hinaus gibt es auch eine beträchtliche Zahl von Streitfällen, in denen

---

„Vergleichende Einführung in das japanische Arbeitsrecht", Carl Heymanns Verlag, 2003, S. 315 ff.

Da das Renteneintrittsalter für Frauen fünf Jahre unter dem der Männer lag, wurde auch in vielen Unternehmen die Altersgrenze von Frauen fünf Jahre früher als die der Männer angesetzt. Mit dem Urteil des OGH vom 24. März. 1981 (Saikosaibansho minjihanreishu (Entscheidungen des OGH in Zivilsachen) Bd. 35, Nr. 2, S. 300) wurde diese Regelung jedoch mit Verweis auf Artikel 14 der Verfassung (Verbot der Diskriminierung aufgrund des Geschlechts etc.) für ungültig erklärt. Zu diesem Urteil vgl. Ulrich Eisenhardt u.a. (Hrsg), „Japanische Rechtssprechung Band 1, Entscheidungen zum Verfassungsrecht in deutscher Sprache", Köln, 1998, S. 250 f.

Unternehmen die Wiedereinstellung mit der Begründung verweigern, die im Unternehmen festgelegten Kriterien seien nicht erfüllt.[17]

Das Hauptaugenmerk der Beschäftigungsmaßnahmen für ältere Menschen richtet sich in Japan daher darauf, möglichst keine zeitlichen Lücken bis zur Altersrente entstehen zu lassen (de facto entstehen sie jedoch trotzdem, da es zu Verzögerungen bei der Anhebung der Altersgrenze kommt).

3. Verbesserte Beschäftigungsbedingungen im Niedriglohnsektor

Als Antwort auf die Altersgesellschaft ist es unerlässlich, auch das Beschäftigungsumfeld der im aktiven Erwerbsleben stehenden Generation, insbesondere die Bedingungen der nicht-regulär Beschäftigten zu verbessern, der Zahl drastisch gestiegen ist. Einstweilen liegt der Fokus hier auf den folgenden beiden Maßnahmen:

a) Erhöhung des Mindestlohns

§ 9 des Gesetzes zum Mindestlohn schreibt vor, dass der Mindestlohn unter Berücksichtigung eines ausgewogenen Verhältnisses zwischen Mindestlohn und Sozialhilfe festzulegen ist, was letztendlich den Mindestlohn niedrig hält.

2016 lag der Mindestlohn im Verhältnis zum Durchschnittslohn von Vollzeitbeschäftigten in Frankreich bei 0,61, in Großbritannien bei 0,49, in Kanada bei 0,46, in Deutschland bei 0,42, in Japan bei 0,40 und in den USA bei 0,35. Daran zeigt sich, dass das Niveau des Mindestlohns in Japan auch im Vergleich zu anderen Industriestaaten niedrig ist.[18]

Arbeitnehmer und Gewerkschaften in Japan fordern einen Flächenmindestlohn von 1.500 Yen (bis auf Weiteres zunächst 1.000 Yen). Der Betrag sollte unter Berücksichtigung der künftigen Rentenleistungen etc. festgesetzt werden.

---

17 Urteil des OGH vom 29.11.2012 (Rodohanrei Nr. 1064, S. 13), Urteil des Obergerichts Osaka vom 27.11.2009 (Rodohanrei 1004, S. 112), Urteil des Obergerichts Sapporo vom 30.9.2010 (Rodohanrei Nr. 1013, S. 160) etc.

18 OECD, "Minimum relative to average wages of full-time workers". Die einzelnen Beträge lagen bei 9,67 Euro in Frankreich, 9,67 Pfund in England (21 Jahre und älter), 8,50 Euro in Deutschland, 798 Yen (Landesdurchschnitt) in Japan und 7,25 Dollar in den USA (Japan Institut for Labour Policy and Training „Databook of International Labour Statistics 2016“). In Japan werden die Mindestlöhne nach Präfektur festgelegt, die Beträge in Tokyo mit dem höchsten Wert (958 Yen (2017)) und Okinawa und weiteren 7 Präfekturen mit dem niedrigsten Mindestlohn (737 Yen) klaffen jedoch um mehr als 20 % auseinander.

b) Große Disparität der Arbeitsbedingungen zwischen regulär Beschäftigten (Stammbelegschaft) und nicht-regulär Beschäftigten

Das Gefälle erstreckt sich auf alle Aspekte der Arbeitsbedingungen, sei es die Stabilität der Beschäftigung (70 % der nicht-regulär Beschäftigten arbeiten in befristeten Arbeitsverhältnissen), die Karrierebildungsmöglichkeiten, die Bildungs- und Ausbildungschancen (die Möglichkeiten für nicht-regulär Beschäftigte auf betriebsinterne Ausbildung sind beschränkt) etc.

Der wichtigste Punkt ist jedoch das oben erwähnte Lohngefälle. Bei regulärer Beschäftigung wird ein Monatsentgelt gezahlt und ein Entgeltsystem nach dem Senioritätsprinzip zu Grunde gelegt, d.h. das Entgelt steigt mit zunehmenden Alter und Betriebszugehörigkeit. Nicht-reguläre Beschäftigung wird jedoch meist auf Stundenbasis entlohnt, und das Entgelt steigt auch mit steigender Dauer der Betriebszugehörigkeit nur gering an.

Aus diesem Grund wird die Anwendung des Prinzips „gleicher Lohn für gleiche Arbeit“ in Japan als schwierig angesehen. Mit der Reform des Gesetzes zur (nicht sozialversicherten) Teilzeitarbeit 2006 und der Arbeitsrechtsreform bezüglich der befristeten Arbeitsverträge von 2012 wurde versucht, das extreme Ungleichgewicht zu korrigieren, die Maßnahmen bieten jedoch keine grundlegende Lösung des Problems.

Auch innerhalb der Regierung werden drastische Gesetzesreformen erwogen, eine Umsetzung ist jedoch noch nicht in Sicht.

VII. Fazit

Inzwischen wird in Japan allgemein die Auffassung geteilt, dass die Alterung der Bevölkerung und der Rückgang der Geburtenziffern zeitgleich und sehr rasch voranschreiten und eine schnelle Antwort des Arbeits- und Sozialrechts auf diese Herausforderungen gefordert ist. Tatsache ist jedoch, dass die Antworten des Arbeits- und Sozialrechts mit dem extrem raschen Tempo des demographischen Wandels derzeit nicht unbedingt Schritt halten. Einige Aspekte wurden im vorliegenden Beitrag vorgestellt.

Darüber hinaus gibt es zahlreiche weitere Fragen, die es zu diskutieren gilt. So z. B. die Frage, welche Auswirkungen die Künstliche Intelligenz (KI) auf die Beschäftigung und die Industriegesellschaft haben wird oder die Frage, wie man sich künftig hinsichtlich der – in Japan bisher zurückhaltend gehandhabten – Aufnahme von ausländischen Arbeitnehmern verhalten sollte.

Angesichts dieser Situation stellt sich uns die Aufgabe, eine nachhaltige Beschäftigungsgesellschaft sowie nachhaltige soziale Sicherungssysteme zu schaffen.

Professor Dr. Rainer Schlegel

Präsident des Bundessozialgerichts

Arbeits- und sozialrechtliche Rahmenbedingungen für die Bewältigung des demografischen Wandels in Deutschland

Abstract: *The demographic development will cause foreseeable tensions within different population groups and also between generations. We will not get around to shed new light on the range of services and especially the level of services in social security systems. It needs to be clarified again how the necessary resources could be raised, who will be burdened with fees and taxes and to which extent this burden should amount. This will raise questions concerning the social burden-sharing and the intergenerational fairness.*

I. Einleitung

Der demografische Wandel führt dazu, dass eine abnehmende Zahl Erwerbstätiger für die soziale Sicherung einer zunehmenden Zahl vor allem älterer Menschen sorgen muss. Das ist eine Herausforderung nicht nur in finanzieller Hinsicht. Die demografische Entwicklung wird voraussehbar auch für Spannungen innerhalb verschiedener Bevölkerungsgruppen und auch zwischen den Generationen sorgen.

Die Herausforderungen der demografischen Veränderungen können gemeistert werden, wenn es gelingt, die Voraussetzungen und Rahmenbedingungen sozialer Sicherheit nachhaltig zu stabilisieren. Zu diesen Voraussetzungen gehören im Wesentlichen folgende:

- Die deutsche Wirtschaft muss ausreichend innovativ und leistungsfähig bleiben.
- Es sollte größtmöglicher Konsens darüber erreicht werden, wie die Kosten sozialer Sicherung finanzierbar bleiben und wie ein gerechter Lastenausgleich z. B. zwischen Leistungsstarken und Leistungsschwachen aussieht.
- Soziale Sicherung und sozialer Frieden müssen Hand in Hand gehen. Alle drei Generationen müssen wissen, dass es gerecht zugeht. Soziale Lastenverteilung muss auf Akzeptanz stoßen. Diese wird begünstigt, wenn die Sinnhaftigkeit der sozialen Sicherungssysteme evident und unumstritten ist.

- Die Kosten sozialer Sicherung dürfen keine unverhältnismäßigen negativen Beschäftigungseffekte – sprich Arbeitslosigkeit – zur Folge haben.
- Erwerbspotentiale dürfen nicht vergeudet werden, dh brachliegende Erwerbspotentiale sollten geschöpft und Maßnahmen zum Erhalt der Beschäftigungs- und Erwerbsfähigkeit Beschäftigter zum Standard werden.
- Bei eingetretener Erwerbsminderung müssen wirksame Reha-Maßnahmen zur Verfügung stehen. Prävention und betriebliche Gesundheitsförderung sollten deutlich aufgewertet und zum selbstverständlichen Repertoire aller Betriebe werden.

Der Gesetzgeber, aber auch Sozialpartner und die Betriebe haben den Handlungsbedarf erkannt, Maßnahmen ergriffen und weitere Reformen ua in der Rentenversicherung angekündigt. Wie in einem demokratischen Rechtsstaat nicht anders zu erwarten, wird aber nicht nur über das Ausmaß des Handlungsbedarfs gestritten, sondern auch darüber, welches die richtigen Maßnahmen sind und was gerechte Kosten- und Lastenverteilung heißt. Aus einer Vielzahl von Maßnahmen und Handlungsfeldern sollen nur einige punktuell beleuchtet werden:

- Anreize für längeres Arbeiten z. B. durch die Anhebung der Altersgrenzen, Rentenabschläge bei vorzeitigem Rentenbeginn, Steigerung der Renten bei Arbeiten über die Altersgrenzen hinaus
- Verbesserung flexibler Übergänge vom Erwerbsleben in den Ruhestand auf gesetzlicher Grundlage (Flexirentengesetz) und tarifvertraglicher Grundlage (Demografietarifverträge)
- Verbesserung des Arbeitsschutzes insbesondere im Bereich psychischer Beanspruchung
- Bewusstsein für Alter(n)sgerechte Arbeit – und Beschäftigungsfähigkeit
- Stärkung der Prävention und Gesundheitsförderung in den Betrieben

II. Demografischer Ausgangspunkt: Schrumpfende und alternde Gesellschaft

1. Bevölkerungsentwicklung

Die Bevölkerung Deutschlands schrumpft. In Deutschland leben etwas mehr als 82 Mio. Menschen.[1] Die langfristige Tendenz ist abnehmend: 2030 wird eine

1 Destatis, Bevölkerungsstand 2015.

Einwohnerzahl von ca. 79 bis 81 Millionen erwartet, bis 2060 werden es noch etwa 68 Mio. bis 73 Mio. sein.[2]

Der Grund hierfür liegt auf der Hand: In Deutschland werden dauerhaft zu wenig Kinder geboren, zur Zeit im Durchschnitt 1,5 Kinder je Frau.[3] Um den Bevölkerungsbestand konstant zu halten, bedürfte es rund 2,1 Geburten je Frau. Familienpolitische Maßnahmen wie etwa Kindererziehungszeiten oder finanzielle Zuwendungen haben diesen Trend bisher nicht stoppen oder „umdrehen" können. Und das Geburtendefizit lässt sich auch durch Zuwanderung kaum kompensieren. Denn dazu bedürfte es einer deutlich anderen Einstellung der hiesigen Bevölkerung zu Migration und Integration.

2. Die Zusammensetzung der Bevölkerung „alt/jung"

Deutschland sieht einer Gesellschaft mit vielen alten, aber wenig jungen Menschen entgegen. Während 1960 ca. 8,5 Millionen Menschen (12 % der Bevölkerung) das 65. Lebensjahr erreicht oder überschritten hatten, sind es heute mit 16,8 Millionen bereits knapp 21 % der Einwohner, dh gut jeder fünfte Bürger Deutschlands ist über 65. Im Jahr 2030 werden ca. 28 % der Bevölkerung 65 oder älter sein, aber nur noch rund 17 % unter 20. Heute ist die Hälfte der Bevölkerung unter 40. Im Jahr 2040 wird der Scheitelpunkt bei 50 Jahren liegen.[4]

Die Zahl der Erwerbsfähigen nimmt absolut und in Relation zu den nicht mehr Erwerbsfähigen ab. Bereits seit 2012 verringert sich die Altersgruppe der 20- bis 64-Jährigen – also der hauptsächlich im Erwerbsleben stehenden – spürbar. Im Jahr 2013 gehörten 49,2 Millionen Menschen dieser Altersgruppe an. Ihre Zahl wird erst nach 2020 deutlich zurückgehen und 2030 etwa 44 bis 45 Millionen betragen. 2060 werden dann etwa 38 Millionen Menschen im Erwerbsalter sein (– 23 %).

Während sich der sog. Jugendquotient nur geringfügig ändert, sehen wir einer drastischen Erhöhung des Altersquotienten entgegen. Kommen auf 100 Personen im Erwerbsalter (20 bis unter 65 <67> Jahre) gut 30 unter 20-Jährige (Jugendquotient 2013: 30), werden es 2060 zwischen 30 und 32 sein (Jugendquotient 2060: 32). Bei einer höheren Geburtenrate von 1,6 Kindern je Frau würde der

2 Statistisches Bundesamt, Pressemitteilung Nr. 153 vom 28.4.2015.

3 Statistisches Bundesamt, Pressemitteilung Nr. 373 vom 17.10.2016.

4 Die Zahlen entsprechen denen der 13. koordinierten Bevölkerungsvorausberechnung, Stand: 28. April 2015.

Jugendquotient bis Mitte der 2030er Jahre auf 35 steigen und sich danach zwischen 34 und 36 bewegen.[5]

Anders sieht es beim Altenquotienten aus. Kommen heute auf 100 Personen im Erwerbsalter (20 bis unter 65 Jahre) knapp 34 Personen, die 65 Jahre oder älter sind (Altenquotient 2013: 34), werden es 2030 bereits 50 sein (Altenquotient 2030: 50). Anschließend wird der Altenquotient weiter zunehmen und im Jahr 2060 bei ca. 65 liegen (Altenquotient 2060: 65). Damit wird der Wert 2060 nahezu doppelt so hoch ausfallen wie heute.

Eine Heraufsetzung des Renteneintrittsalters auf 67 Jahre bedeutet weniger Menschen im Renten- und mehr im Erwerbsalter, das dann von 20 bis 66 Jahre reicht. Die Anhebung führt damit zu einem niedrigeren Altenquotienten, der im Jahr 2060 zwischen 57 (Kontinuität bei schwächerer Zuwanderung) und 54 (Kontinuität bei stärkerer Zuwanderung) liegen würde.[6]

3. Steigende Lebenserwartung und längere Rentenbezugszeiten

Die Lebenserwartung steigt scheinbar unaufhörlich. Man rechnet derzeit damit, dass die Menschen alle 10 Jahre um rund zwei Jahre älter werden. 1960 lag die Lebenserwartung für Männer bei 66,9, bei Frauen bei 72,4 Jahren. Im Jahr 2000 hatten Männer eine Lebenserwartung von 74,8 und Frauen von 80,8 Jahren. Im Jahr 2015 sieht es so aus: Männer 78,4 Jahre, Frauen 83,4 Jahre. 2030 werden Männer und Frauen im Alter von 65 Jahren im Durchschnitt deutlich über 19 (Männer) bzw. fast 23 (Frauen) weitere Lebensjahre erwarten können. Von 1960 bis heute hat sich die Lebenserwartung um 10,8 Jahre für Männer und 10,4 Jahre für Frauen erhöht, das heißt um durchschnittlich 2,6 bzw. 2,5 Monate pro Jahr.[7] Erfreulich ist, dass ein Großteil dieser „gewonnenen Jahre“ in guter Gesundheit verbracht wird.

Längere Lebenserwartung bedeutet nach geltendem Rentenrecht zugleich auch längere Rentenbezugszeiten. Die Rentenbezugszeiten betrugen unter Berücksichtigung auch vorgezogener Renten 1960 rund 9,9 Jahre und 1980 rund 12,1 Jahre. 2015 lagen sie bereits bei 19,6 Jahren.

---

5 13. koordinierte Bevölkerungsvorausberechnung, Statistisches Bundesamt, 2015, S. 20.

6 13. koordinierte Bevölkerungsvorausberechnung, Statistisches Bundesamt, 2015, S. 25–26.

7 Jedes Alter zählt – Weiterentwicklung der Demografiestrategie der Bundesregierung, BMI, 2015, S. 17.

III. Abhängigkeit des Arbeitsmarktes und der Sozialsysteme von der Ertragskraft der Wirtschaft

1. Soziale Sicherung

Bereits wenige Zahlen machen die finanzielle und wirtschaftliche Dimension sozialer Sicherung in Deutschland deutlich. Etwa jeder dritte Euro, der in Deutschland ausgegeben wird, wird für Soziales ausgegeben, dh das Sozialbudget beträgt rund 30 % des Brutto-Inland-Produkts. Der Haushalt des Bundesministeriums für Arbeit und Soziales beläuft sich 2017 auf 139 Mrd. €; das entspricht etwa 42 % des gesamten steuerfinanzierten Bundeshaushalts 2017, der insgesamt 330 Mrd. € umfasst. Zusätzlich geben die Krankenkassen jährlich über 210 Mrd. €, die Rentenversicherung (einschließlich des vom BMAS gezahlten Steuerzuschusses) rund 280 Mrd. € für Soziales aus.

Jeder Euro, der für soziale Sicherung ausgegeben wird, muss zuvor über Beiträge oder Steuern aufgebracht werden. In einem weitestgehend umlagefinanzierten Sozialsystem ist dies der jeweils erzielbare Ertrag der Volkswirtschaft. *Gerhard Mackenroth* hat 1952 in seinem Vortrag „Die Reform der Sozialpolitik durch einen deutschen Sozialplan“ ausgeführt:

„Nun gilt der einfache und klare Satz, dass aller Sozialaufwand immer aus dem Volkseinkommen der laufenden Periode gedeckt werden muss. Es gibt keine andere Quelle und hat nie eine andere Quelle gegeben, aus der Sozialaufwand fließen könnte, es gibt keine Ansammlung von Fonds, keine Übertragung von Einkommensteilen von Periode zu Periode, kein Sparen im privatwirtschaftlichen Sinne, es gibt einfach gar nichts anderes als das laufende Volkseinkommen als Quelle für allen Sozialaufwand.“[8]

Hieran hat sich trotz Globalisierung meines Erachtens im Grundsatz nichts geändert. Das Volkseinkommen muss immer aus dem Volkseinkommen der laufenden Periode gedeckt sein und es wird in erster Linie durch die Erwerbstätigen generiert.

2. Allgemeiner Wohlstand und Fachkräftemangel

Überspitzt könnte man formulieren: Deutschland geht nicht die Arbeit aus, wohl aber die (qualifizierten) Arbeitskräfte. In den nächsten 15 Jahren werden dem deutschen Arbeitsmarkt möglicherweise bis zu 5 Mio. Arbeitskräfte weniger zur Verfügung stehen als heute. Diese enorme Lücke wird sich besonders bei qualifizierten Arbeitskräften bemerkbar machen. Folge: Fachkräftemangel.

---

8 Schriften des Vereins für Sozialpolitik, Neue Folge, Band 4, S. 39, 41.

Will sich die exportorientierte deutsche Wirtschaft als führender Industriestandort behaupten und mit ihr die Volkswirtschaft den erreichten Leistungsstand halten, kann sie sich einen erheblichen Arbeitskräftemangel, insbesondere Fachkräftemangel, nicht leisten. Denn dieser verursacht enorme Kosten durch Produktionsausfälle. Folge können steigende Arbeitslosigkeit und Produktionsverlagerungen ins Ausland sein. Der Druck zur Automatisierung und Digitalisierung wächst, gleichzeitig sinken die Chancen Geringqualifizierter auf Arbeit.

Exkurs: Welche Auswirkungen die Digitalisierung vielfacher Produktionsprozesse (Stichwort Industrie 4.0)[9] hierauf haben wird, ist derzeit nicht absehbar. Sollten dabei Arbeitskräfte in großer Zahl freigesetzt werden, erhöht dies das Problem der sozialen Sicherungssysteme, wenn es bei der bisherigen Anknüpfung der Sozialabgaben an das Erwerbseinkommen bleibt und Unternehmer nicht verpflichtet werden, auch auf „Maschinen-Erträge" Sozialabgaben zu zahlen.

3. Schlussfolgerungen und Handlungsbedarf

Die Zukunft der sozialen Sicherungssysteme ruht auf einer ertragreichen, produktiven Wirtschaft. Bildlich ausgedrückt: „Der Schornstein muss rauchen". Insbesondere Exportbranchen – Industrie und produzierendes Gewerbe – sichern die Ertragskraft der deutschen Wirtschaft. Von nicht exportierbaren Dienstleistungen allein kann der erforderliche Sozialaufwand nicht gedeckt werden. Zwar entsteht Wertschöpfung in der gesamten Wirtschaft und nicht bloß in der Industrie. Aber ebenso richtig ist der Gerhard Schröder zugeschriebene Satz: „Wir können nicht davon leben, uns gegenseitig die Haare zu schneiden."[10]

Die Ertragskraft der deutschen Wirtschaft hängt von hoher Innovationsfähigkeit und Produktivität ab. Internationale Wettbewerbsfähigkeit verlangt erstklassige Produkte und Konkurrenzfähigkeit auf der Kostenseite. Dies setzt neben einem hohen Ausbildungsstand – also Sprachkompetenz, Bildung und Ausbildung – voraus, dass die Produktionskosten nicht deutlich über denen der (ausländischen) Konkurrenz liegen. Dies wiederum setzt der Lohnentwicklung und der Abgabenhöhe Grenzen.

Schließlich wird das Erwerbspotential beachtlicher Gesellschaftsgruppen nicht vergeudet. Dh Deutschland kann es sich angesichts der Relation zwischen Erwerbsbevölkerung und Gesamtbevölkerung nicht leisten, Personengruppen, die besondere Probleme beim Zugang zum Arbeitsmarkt haben, links liegen zu

---

9 Vgl. dazu Weißbuch Arbeiten 4.0 des BMAS.

10 Besuch im Bochumer Opel-Werk im Bundestagswahlkampf 2002.

lassen. Dies gilt insbesondere für bestimmte Gruppen älterer Arbeitnehmer und Personen mit Migrationshintergrund.

Vorzeitiges Ausscheiden aus dem Erwerbsleben läuft dem zuwider. Insoweit sind der Erhalt der Erwerbsfähigkeit Beschäftigter und wirksame Reha-Maßnahmen notwendige Maßnahmen zur Sicherung der Stabilität der sozialen Sicherungssysteme.

IV. Länger arbeiten

1. Anhebung der Regelaltersgrenze von 65 auf 67 Jahre

Die Anhebung der Regelaltersgrenzen trägt der gestiegenen Lebenserwartung und daraus regelmäßig folgenden längeren Rentenbezugszeiten Rechnung. Im Bereich der gesetzlichen Rentenversicherung hat der Gesetzgeber deshalb die Weichen auf „Länger arbeiten" gestellt und die Regelaltersgrenze für Jahrgänge ab 1964 auf die Vollendung des 67. Lebensjahres angehoben.

Dies wirkt sich auf den sog. Altersquotienten – und damit die Frage: Wer zahlt die Renten? – gravierend aus. Eine Heraufsetzung des Renteneintrittsalters auf 67 Jahre bedeutet, dass die Menschen später in Rente gehen; das Erwerbsalter reicht von 20 bis 66 Jahre. Die Anhebung führt damit zu einem niedrigeren Altenquotienten, der im Jahr 2060 zwischen 57 (Kontinuität bei schwächerer Zuwanderung) und 54 (Kontinuität bei stärkerer Zuwanderung) liegen würde.[11]

2. Rentenabschläge

Rentenabschläge gleichen zur Wahrung des Äquivalenzprinzips den Vorteil der längeren Rentenbezugszeit aus. Die Altersrenten können – mit Ausnahme der Regelaltersrente und der Altersrente für besonders langjährig Versicherte – grundsätzlich unter Berücksichtigung eines versicherungsmathematischen Abschlags vorzeitig, das heißt vor Vollendung der maßgebenden Altersgrenze, in Anspruch genommen werden. Grundsätzlich gilt: Für jeden Monat der Inanspruchnahme einer Altersrente vor Erreichen der maßgebenden Altersgrenze mindert sich die Rente um 0,3 %. Mit diesem Abschlag wird die Verlängerung der Rentenlaufzeit ausgeglichen.

Die Anhebung der Regelaltersgrenze seit 2012 und die korrespondierenden Rentenabschläge bei vorzeitigem Rentenbeginn zeigen Wirkung. Arbeitnehmer wollen länger arbeiten, vor allem um auskömmliche Renten zu erwerben. Die

11 13. koordinierte Bevölkerungsvorausberechnung, Statistisches Bundesamt, 2015, S. 25–26.

tatsächliche Erwerbstätigenquote der älteren Arbeitnehmer steigt wieder. Bei den 60- bis 64-Jährigen hat sich die Erwerbstätigenquote in den letzten zehn Jahren von 28 % auf 53 % im Jahr 2015 nahezu verdoppelt.[12] Es wird erwartet, dass die Erwerbsquoten von älteren Männern und von Frauen weiter deutlich steigen werden. So werden die Erwerbsquoten der 60 bis 64-jährigen Männer bis 2030 um 12,8 Prozentpunkte auf 69,5 % steigen und die der gleichaltrigen Frauen um 13 Prozentpunkte auf 55 %.[13]

3. Arbeitsrecht: Befristete Beschäftigung über die Regelaltersgrenzen hinaus

Ende 2014 haben über eine Million Menschen über das reguläre Renteneintrittsalter hinaus gearbeitet. Sie tun dies aus den verschiedensten Gründen: weil sie „fit" sind, weil sie in der Arbeit Wertschätzung erfahren, weil sie das Geld brauchen oder weil das Unternehmen sie dringend braucht. Und die Gruppe der arbeitswilligen und -fähigen Rentner wird immer größer. Die Erwerbstätigenquote der 65- bis 69-Jährigen ist zwischen 2005 und 2015 von 6,5 % auf 14,5 % gestiegen. Der EU-weite Vergleich auf Basis von Eurostat-Daten zeigt, dass in anderen EU-Staaten noch deutlich häufiger nach Erreichen des 65. Lebensjahres gearbeitet wird: Die höchsten Erwerbstätigenquoten unter den 65- bis 69-Jährigen wiesen 2015 Estland (29,3 %), Schweden (21,6 %) und das Vereinigte Königreich (21,2 %) auf.[14]

Seit 2014 können Arbeitgeber und Arbeitnehmer die Weiterarbeit über das gesetzlich vorgesehene Renteneintrittsalter hinaus vereinbaren und die Weiterarbeit zeitlich befristen. Davor war nur ein unbefristeter Arbeitsvertrag möglich. Allerdings müssen Arbeitgeber und Arbeitnehmer eine entsprechende Vereinbarung rechtzeitig – also vor Rentenbeginn – treffen (§ 41 Satz 3 SGB VI). Diese Regelung hilft allerdings nicht weiter, wenn es um die Beschäftigung bei einem neuen Arbeitgeber über die gesetzliche Altersgrenze hinaus nach Beendigung des bisher bestehenden Arbeitsverhältnisses geht. Eine Beschäftigung ist in diesem Fall nur insoweit unproblematisch, als bei einem neuen Arbeitgeber ohne Einschränkungen eine sachgrundlose Befristung von bis zu 2 Jahren möglich ist (vgl. § 14 Abs. 2 Satz 1 TzBfG).

Ist der Arbeitnehmer nach Erreichen der Altersgrenze ausgeschieden und möchte er erneut bei seinem „alten" Arbeitgeber arbeiten oder dieser ihn „zurückholen", gilt § 14 Abs. 2 Satz 2 TzBfG: Eine Befristung ist danach unzulässig,

12 Destatis, Erwerbsbeteiligung 2015.
13 Arbeitsmarktprognose 2030, BMAS, 2013, S. 17–19.
14 Statistisches Bundesamt, Pressemitteilung Nr. 343 vom 27.9.2016.

„wenn mit demselben Arbeitgeber bereits zuvor ein befristetes oder unbefristetes Arbeitsverhältnis bestanden hat." Das heißt: Das Gesetz hilft all denjenigen nicht weiter, die nicht in dieser „glücklichen Lage" sind, einen Arbeitsplatz zu haben oder einen Arbeitgeber, der das Beschäftigungsverhältnis über die Regelaltersgrenze hinaus befristet fortsetzen will; diese Personen gehen selbst dann leer aus, wenn sie einen anderen Arbeitgeber gefunden haben, der bereit wäre, den Arbeitnehmer einzustellen, aber eben nur befristet.

Allerdings gibt es ein „Schlupfloch", für das der Beitragszahler aufkommt: Arbeitgeber können mit Arbeitnehmern, die älter als 52 sind, einen auf 5 Jahre befristeten Arbeitsvertrag abschließen, wenn der Arbeitnehmer vor Abschluss des Arbeitsvertrages mindestens vier Monate beschäftigungslos iSv § 138 Abs. 1 Nr. 1 SGB III gewesen ist (vgl. § 14 Abs. 3 TzBfG). Das ist geradezu eine Aufforderung an ältere Arbeitnehmer und ihre Arbeitgeber, das Arbeitsverhältnis rechtzeitig ein viertel oder ein halbes Jahr vor Erreichen der Altersgrenze zu beenden, wenn sie diese Beziehung über die Regelaltersgrenze hinaus befristet fortsetzen wollen. Der Arbeitnehmer muss sich arbeitslos melden. Und nach drei Monaten durch das Arbeitsamt subventionierter „Auszeit", können Arbeitgeber und Arbeitnehmer dann ganz legal einen auf 5 Jahre befristeten Arbeitsvertrag schließen. Diesen mE absurden Weg, der zudem die Beitragszahler belastet, sollte man Arbeitgebern und Arbeitnehmern ersparen, indem man allen Arbeitnehmern ermöglicht, ein bestehendes oder neues Arbeitsverhältnis über die Altersgrenze hinaus zu befristen.

4. Flexi-Renten-Gesetz: Flexiblere Teilrenten

Eine Rentnerbeschäftigung liegt vor, wenn dem beschäftigten Arbeitnehmer bereits das Recht auf eine Rente aus der gesetzlichen RV zusteht und er diese bezieht. In Betracht kommen Renten wegen Alters, wegen verminderter Erwerbsfähigkeit (früher: Rente wegen Erwerbs- oder Berufsunfähigkeit) sowie Renten an Hinterbliebene. Durch das Flexirentengesetz vom 8.12.2016 (BGBl. I 2838) gilt für Hinzuverdienste aus einer Rentnerbeschäftigung mit Wirkung ab 1.7.2017 sowie für die Versicherungsfreiheit wegen Bezuges einer Altersrente seit 1.1.2017 neues Recht.

Renten wegen Alters können als Vollrente oder als Teilrente in Anspruch genommen werden (§ 42 SGB VI). Bis 30.6.2017 kann der Versicherte zwischen der Vollrente sowie einem Drittel, der Hälfte oder zwei Dritteln der Vollrente wählen. Ab 1.7.2017 ist diese strenge Staffelung aufgehoben. Der Versicherte kann ab 1.7.2017 die Höhe seiner Teilrente selbst festlegen und wird dadurch in seinen Hinzuverdienstmöglichkeiten „flexibler". Eine Teilrente muss jedoch mindestens

10 % der Vollrente betragen; zudem dürfen die Hinzuverdienstgrenzen nicht überschritten werden (vgl. § 42, § 34 Abs. 3 SGB VI).

Nach Erreichen der Regelaltersgrenze (= Vollendung des 67. Lebensjahres, vgl. § 35 Satz 2 SGB VI) bestehen keine Hinzuverdienstgrenzen mehr. Vor Erreichen der Regelaltersgrenze ist wie folgt zu differenzieren: Will ein Versicherter eine vorzeitige Vollrente wegen Alters ohne Minderung seiner Rentenhöhe in Anspruch nehmen, beträgt der zulässige Hinzuverdienst maximal 6.300 € im Kalenderjahr (§ 34 Abs. 2 SGB VI). Bei Überschreiten der (jährlichen) Hinzuverdienstgrenze von 6.300 €/Kalenderjahr wird ein Teil des Hinzuverdienstes auf die (Vollrente) angerechnet und nur noch eine sog. Teilrente gezahlt. Erreicht der abzuziehende Hinzuverdienst die Höhe der Vollrente, besteht überhaupt kein Rentenanspruch mehr (vgl. § 34 Abs. 3 SGB VI).

Versicherungsfreiheit bzgl. einer (Rentner-)Beschäftigung tritt bei Personen, die eine Vollrente wegen Alters beziehen, erst nach Ablauf des Monats ein, in welchem sie die Regelaltersgrenze erreicht haben (§ 5 Abs. 4 Nr. 1 SGB VI nF); der Arbeitgeber hat trotz Versicherungsfreiheit weiterhin Arbeitgeber-Beiträge zu zahlen (vgl. § 172 Abs. 1 Satz 1 SGB VI).

Da die Versicherungsfreiheit in § 5 Abs. 4 Nr. 1 SGB VI nF nur für Personen angeordnet ist, die eine Vollrente wegen Alters beziehen und die Regelaltersgrenzen erreicht haben, steht zugleich fest, dass für Personen in einer dem Grunde nach versicherungspflichtigen Beschäftigung keine Versicherungsfreiheit besteht, wenn sie eine Vollrente oder eine Teilrente wegen Alters vor Erreichen der Regelaltersgrenze beziehen; sie sind nicht versicherungsfrei und haben folglich reguläre Pflichtbeiträge aus der (Rentner-)Beschäftigung zu zahlen.

Wer die Regelaltersgrenze erreicht hat und versicherungsfrei ist (§ 5 Abs. 4 Nr. 1 SGB VI nF), hat das Recht, auf die Versicherungsfreiheit zu verzichten (vgl. § 5 Abs. 4 Satz 2 SGB VI nF). Geschieht dies, werden die vom Arbeitnehmer und vom Arbeitgeber aus der Beschäftigung zu zahlenden Pflichtbeiträge in Form von Zuschlägen an Entgeltpunkten rentenwirksam.

Damit können – jedenfalls teilweise – Einbußen ausgeglichen werden, die der beschäftigte Rentner dadurch erleidet, dass er für die Inanspruchnahme einer Vollrente oder Teilrente vor Erreichen der Regelaltersgrenze entsprechend dem Umfang der in Anspruch genommenen Rente „Rentenabschläge" in Gestalt eines verminderten Zugangsfaktors hinnehmen muss (zu diesen vgl. § 66 Abs. 3, § 77 Abs. 2 Nr. 2 SGB VI).

Bei Arbeiten über die Regelaltersgrenze hinaus gilt folgendes: Arbeitet ein Arbeitnehmer, ohne eine Altersrente in Anspruch zu nehmen oder nur eine Teilrente in Anspruch zu nehmen, wird für jeden Kalendermonat, in dem die Altersrente (ganz oder teilweise) nicht in Anspruch genommen wird, der Zugangsfaktor für den nicht in Anspruch genommenen Teil der Altersrente (1,0) um jeweils 0,005 erhöht. Damit wird faktisch die „verkürzte Rentenlaufzeit" durch eine höhere Bewertung zurückgelegter Zeiten „belohnt" bzw. ausgeglichen. Zusätzlich erwirbt der Arbeitnehmer aus seiner Beschäftigung weitere Entgeltpunkte, deren Zugangsfaktor sich ebenfalls für jeden Monat, in dem diese Entgeltpunkte nicht in Anspruch genommen worden sind, erhöht (vgl. § 66 Abs. 3a, § 77 Abs. 2 SGB VI).

V. Förderung der Arbeits- und Beschäftigungsfähigkeit von Arbeitnehmern

1. Wandel der Arbeitswelt

Der Wandel der Arbeitswelt bringt neue Belastungsfaktoren mit sich: Informations- und Kommunikationstechnik schreiten voran. Digitalisierung findet heute an praktisch jedem Arbeitsplatz statt. Wir haben es mit einer Informationsflut, 24-Stunden-Erreichbarkeit, örtlich und zeitlich flexiblem Arbeiten und verlängerten Arbeitszeiten (Entgrenzung) zu tun. Viele Tätigkeiten sind durch Telekooperation und gleichzeitig abnehmende persönliche Kontakte gekennzeichnet. Die Beschleunigung von Fertigungs-, Dienstleistungs- und Kommunikationsprozessen schreitet voran. Globalisierung führt zu zunehmendem Wettbewerbsdruck sowie Problemen bei der Abstimmung verschiedener Sprachen und Kulturen.

In der Arbeitswelt findet ein Strukturwandel hin zur Dienstleistungsgesellschaft statt („Tertiarisierung"); zunehmend geistige und interaktive Tätigkeiten, steigende Ausrichtung an Kundenbedürfnissen sind die Folge. Praktisch überall findet eine Flexibilisierung in Bezug auf Raum, Zeit und Anstellung statt: Folge sind partiell atypische Beschäftigungsverhältnisse, Projektarbeit, Patchworkbiografien, „grenzenlose Arbeit", flexible und lange Arbeitszeiten etc.

Eine zunehmende Subjektivierung der Arbeitswelt zeigt sich auch in neuen Steuerungsformen – etwa in Form von Zielvorgaben, mehr Eigenverantwortung und damit einhergehenden wachsenden Dokumentations- und Berichtspflichten sowie erhöhten Anforderungen an die Selbstorganisation des Einzelnen.[15] Besondere Aufmerksamkeit verdienen dabei veränderte kognitive Anforderungen, vor die Arbeitnehmer durch den Wandel der Arbeitswelt gestellt werden.[16]

---

15 *Isabel Rothe/Beate Beermann* in: vom Stein/Rothe/Schlegel, Gesundheitsmanagement und Krankheit im Arbeitsverhältnis, 2015, Kap. 3 § 1 A.

16 *Gabriele Freude* in: vom Stein/Rothe/Schlegel, Gesundheitsmanagement und Krankheit im Arbeitsverhältnis, 2015, Kap. 3 § 3 C.

Sowohl der Gesetzgeber als auch Unternehmen und Beschäftigte müssen insoweit das gemeinsame Ziel haben, Arbeit gesundheitsfördernd zu gestalten und zu organisieren, damit Beschäftigte bis zum Rentenalter motiviert und gesund arbeiten können. Dies kann nur gelingen, wenn anhand zuverlässiger Gesundheitsindikatoren die Zusammenhänge zwischen „Arbeiten können", „Arbeiten wollen" und „Arbeiten müssen" zur Kenntnis genommen und aus dem Zusammenspiel von Alter, Gesundheit und Erwerbsteilhabe[17] die richtigen Schlüsse für eine alternsgerechte Arbeitsgestaltung gezogen werden.[18]

Besondere Probleme bereiten psychische Belastungen und Beanspruchungen. Hier werden die Zusammenhänge zwischen Gesundheit und den jeweiligen Arbeitsbedingungen, insbesondere der Zufriedenheit der Arbeitnehmer, der Wertschätzung ihrer Arbeit und dem Führungsverhalten Vorgesetzter deutlich. Gesundheitsfördernde Maßnahmen führen insoweit zwangsläufig zu Fragen des Führungsstils und der bewussten Wahrnehmung von Führungsverantwortung, zu der Frage: Was sind die Merkmale „gut gestalteter Arbeit"?[19]

Arbeitsschutz, betriebliche Gesundheitsförderung und betriebliches Eingliederungsmanagement zielen darauf ab, die „Gesundheit der Beschäftigten" zu fördern oder zumindest zu erhalten. Der Erhalt der Gesundheit von Arbeitnehmern trägt neben Arbeitszufriedenheit und laufender Fort- und Weiterbildung – „Lebenslanges Lernen" – dazu bei, dass Arbeitnehmer nicht frühzeitig aus dem Erwerbsleben ausscheiden. Jedenfalls für größere Unternehmen bietet es sich an, ein einheitliches, alle drei Bereiche umfassendes Arbeitsschutz- und Gesundheitsmanagement zu implementieren und einen ganzheitlichen „Gesundheits-Ansatz" zu verfolgen.

2. Staatlicher Arbeitsschutz

Beim klassischen Arbeitsschutz nimmt Deutschland, soweit es um Konzepte und Inhalte geht, in der EU und weltweit zwar immer noch eine Spitzenstellung ein und setzt zwingende (Mindest-)Standards. Dies gilt für den technischen und sozialen Arbeitsschutz (insbes. Arbeitszeitgesetz und Jugendarbeitsschutz) ebenso wie für den vorgelagerten Arbeitsschutz, insbes. in Form der Vorschriften über

---

17 *Hans Martin Hasselhorn* in: vom Stein/Rothe/Schlegel, Gesundheitsmanagement und Krankheit im Arbeitsverhältnis, 2015, Kap. 3 § 2 A.

18 *Götz Richter* in: vom Stein/Rothe/Schlegel, Gesundheitsmanagement und Krankheit im Arbeitsverhältnis, 2015, Kap. 3 § 2 B.

19 *Martin Schütte* in: vom Stein/Rothe/Schlegel, Gesundheitsmanagement und Krankheit im Arbeitsverhältnis, 2015, Kap 3 § 3 A.

Produktsicherheit (Produktsicherheitsgesetz). Verantwortlich für Einhaltung arbeitsschutzrechtlicher Standards ist der Arbeitgeber.

Zentrales Instrument des Arbeitsschutzes ist die Gefährdungsbeurteilung.[20] Gefährdungen der Gesundheit von Beschäftigen können sich insbesondere ergeben aus der Gestaltung und Einrichtung der Arbeitsstätte und des Arbeitsplatzes, physikalischen, chemischen oder biologischen Einwirkungen, der Gestaltung, der Auswahl und dem Einsatz von Arbeitsmitteln, insbesondere von Arbeitsstoffen, Maschinen, Geräten und Anlagen sowie den Umgang damit, der Gestaltung von Arbeits- und Fertigungsverfahren, Arbeitsabläufen und Arbeitszeit und deren Zusammensetzung oder unzureichender Qualifikation und Unterweisung der Beschäftigten.

Hinsichtlich der tatsächlichen Umsetzung arbeitsschutzrechtlicher Vorgaben ist es nicht unproblematisch, dass die Kontrolle bei den Ländern liegt, diese ihre Aufsichtsbehörden aber nicht in allen Fällen mit ausreichend Personal ausstatten.

Die erreichten Standards müssen den Veränderungen in der Arbeitswelt angepasst werden. Vielfach wird beklagt, dass der Arbeitsschutz betriebliche Arbeitsabläufe behindere. Erforderlich ist insoweit, dass Arbeitsschutz „erklärt" und mit Augenmaß betrieben wird sowie seine wirtschaftlichen positiven Effekte gerade auch für die Betriebe herausgestellt werden (return on invest).

3. Betriebliche Gesundheitsförderung und Eingliederungsmanagement

Jenseits von Gesetzgebung ist entscheidend, dass Unternehmen und Beschäftigte im Hinblick auf die Verlängerung der Lebensarbeitszeit etwas tun, um die Beschäftigungsfähigkeit zu erhalten oder zu erhöhen. Ziel muss es sein, ein vorzeitiges Ausscheiden aus dem Erwerbsprozess zu vermeiden. Dazu sollte die Arbeitswelt mehr als bisher alternsgerecht gestaltet werden.

Im Hinblick auf den Erhalt der Arbeitsfähigkeit ist es nicht ratsam, den Blick nur auf die älteren Arbeitnehmer zu beschränken. Es ist dafür zu sorgen, dass das gesamte Arbeitsleben in den Blick genommen wird und vorzeitiger „Verschleiß" möglichst von Anfang an vermieden wird. Das ist die Domäne des Arbeitsschutzes und der Arbeitssicherheit und fängt schon mit der Berufswahl, aber auch der privaten Lebensführung (Stichwort: Ernährung, Sport etc.) an.

Schlüsselinstrument zur Verbesserung der individuellen Beschäftigungsfähigkeit ist die Fähigkeit zu lebenslangem Lernen und das Interesse des Einzelnen

---

20 *Martina Morschhäuser/David Beck* in: vom Stein/Rothe/Schlegel, Gesundheitsmanagement und Krankheit im Arbeitsverhältnis, 2015, Kap. 3 § 3 B.

hieran. Eine solide Schulausbildung, ausreichende Deutschkenntnisse und ein Mindestmaß an sozialer Kompetenz sind Grundvoraussetzungen für eine berufliche Ausbildung sowie für ein erfolgsversprechendes Berufsleben mit Beschäftigungschancen auch in fortgeschrittenem Alter. Jeder Einzelne ist für seine Aus-, Fort- und Weiterbildung zunächst selbst verantwortlich. Die Inanspruchnahme von Sozialleistungen sollte insoweit künftig verstärkt mit der Förderung von lebenslangem Lernen verknüpft und dieses auch zumutbar eingefordert werden.

Bei der Weiterbildung älterer Arbeitnehmer liegt noch einiges im Argen. Wenn Unternehmen überhaupt eigene Weiterbildung betreiben, bleiben Ältere häufig außen vor. Nur wenige Betriebe sehen spezifische Weiterbildungsmaßnahmen gerade für Ältere vor.

Der Gesetzgeber, die Sozialpartner wie auch fortschrittliche Unternehmen haben angefangen, die Herausforderungen in den geschilderten Themenfeldern mit geeigneten Instrumenten anzugehen. Der Gesetzgeber fördert – wenn auch in bescheidenem Umfang – die betriebliche Gesundheitsförderung (BGF) durch Zuschüsse der Krankenkassen[21] sowie – bescheidene – steuerliche Anreize.[22] Bei der BGF handelt es sich um eine Pflichtaufgabe für die Krankenkassen, ohne die Unternehmen zur Gesundheitsförderung zu verpflichten; für diese ist betriebliche Gesundheitsförderung – anders als das betriebliche Eingliederungsmanagement[23] – freiwillig. Zurzeit geben Krankenkassen in Form von Zuschüssen allerdings nur 0,66 € pro Arbeitnehmer für BGF aus, und lediglich rd. 2 % der sozialversicherungspflichtig Beschäftigten werden direkt erreicht. Innerhalb eines Betriebes stehen meist mehrere Krankenkassen in einem Wettbewerb, und ihr finanzielles Interesse ist bisher zu gering, um systematisch in die BGF einzusteigen.

Kreative Impulse gehen für Maßnahmen der Gesundheitsförderung etc. dagegen von vielfältiger Netzwerkarbeit aus.[24] Zum Teil haben die Sozialpartner Erkenntnisse aus solchen Netzwerken sowie der Arbeitsmedizin, Arbeitsorganisation und Arbeitspsychologie aufgegriffen und hieraus auf kollektivrechtlicher Grundlage branchenspezifische Konsequenzen gezogen. Die entsprechenden Tarifverträge können – trotz unterschiedlicher Bezeichnung – unter dem Begriff

---

21 *Jana May-Schmidt* in: vom Stein/Rothe/Schlegel, Gesundheitsmanagement und Krankheit im Arbeitsverhältnis, 2015, Kap. 3 § 4 A.

22 *Gregor Jorasch* in: vom Stein/Rothe/Schlegel, Gesundheitsmanagement und Krankheit im Arbeitsverhältnis, 2015, Kap. 3 § 5.

23 *Jürgen vom Stein* in: vom Stein/Rothe/Schlegel, Gesundheitsmanagement und Krankheit im Arbeitsverhältnis, 2015, Kap. 5.

24 *Sigrun Mantei* in: vom Stein/Rothe/Schlegel, Gesundheitsmanagement und Krankheit im Arbeitsverhältnis, 2015, Kap. 3 § 4 E.

Demografietarifverträge zusammengefasst werden. Deren Inhalt ist im weitesten Sinne darauf gerichtet, mit verschiedenen Maßnahmen/Instrumenten zur altersgerechten Gestaltung der Arbeitswelt oder flexiblen Übergängen vom Erwerbsleben in den Ruhestand beizutragen.[25]

4. Bewusstsein – Demografieanalyse – Wissenstransfer

Auch Betriebe erkennen zunehmend, dass sie auch auf ältere Arbeitnehmer nicht verzichten können. Sie sind auf die Erfahrung und das Wissen älterer Arbeitnehmer dringend angewiesen oder finden oftmals auch keinen „Nachwuchs" auf dem Arbeitsmarkt. Das individuelle Wissen älterer, dem Ruhestand entgegensehender Arbeitnehmer sollte den Betrieben nicht verlorengehen, was insbesondere durch systematische Transferprozesse gewährleistet werden kann.

Ausgangspunkt ist in der Regel die Erstellung einer betrieblichen Demografieanalyse. Diese kann jedoch nur ein erster Schritt sein; weitere Schritte können und müssen sein, das vorhandene Wissen zu sichern und auf jüngere Arbeitnehmer zu transferieren sowie rechtzeitig dafür zu sorgen, dass für ausscheidende Arbeitnehmer neues Personal nachwächst, das möglichst von den ausscheidenden Mitarbeitern in den Betrieb „eingeführt" wird. Dieses ist eine genuin betriebliche Aufgabe, die seitens des Staates allenfalls durch Förderung von Modellprojekten und „best-practice-Beispiele" unterstützt werden kann.

VI. Akzeptanz und Verlässlichkeit

Die demografische Entwicklung wirft die Frage nach der Finanzierung der sozialen Sicherungssysteme auf. Die Grundsicherungssysteme (Grundsicherung für Arbeitsuchende und Sozialhilfe) sind steuerfinanziert. Die Sozialversicherung (Kranken- Pflege-, Arbeitslosen-, Unfall- und Rentenversicherung) ist derzeit noch weitgehend beitragsfinanziert und somit auf die Erträge aus Erwerbsarbeit angewiesen. Einen erheblichen Steueranteil weist innerhalb der Sozialversicherung bisher nur die Rentenversicherung auf (sog. Bundeszuschuss).

Insgesamt kommt man angesichts der demografischen Entwicklung kaum darum herum, das Leistungsspektrum und insbesondere das Leistungsniveau der sozialen Sicherung immer wieder von Neuem zu beleuchten. Ebenso ist stets von Neuem zu klären, wie die erforderlichen Mittel aufzubringen sind, wer in welchem

---

25 *Rainer Schlegel* in: vom Stein/Rothe/Schlegel, Gesundheitsmanagement und Krankheit im Arbeitsverhältnis, 2015, Kap. 3 § 2 C.

Umfang mit Beiträgen und Steuern belastet wird. Damit sind Fragen der sozialen Lastenverteilung und der Generationengerechtigkeit aufgeworfen.

Umlagefinanzierte Systeme müssen verlässlich sein, dh sie müssen vorhersehbar und in ihren Grundlagen beständig sein. Umlagefinanzierte Systeme müssen bei allen Beteiligten auf Akzeptanz stoßen. Dies setzt hinreichende Transparenz der Finanzströme voraus. Keine Gruppe darf das Gefühl bekommen, auf Kosten einer anderen ausgebeutet oder überfordert zu werden.

Professorin Yumiko Kuwamura

Tohoku Universität Sendai

Atypische Beschäftigung und Arbeitsrecht in Japan

Abstract: *In Japan, non-standard employees (fixed-term contract employees, part-time employees and temporary employees) have increased greatly since the 1990s. In 2016, they made up 37.5 % of the Japanese work force. With the background of the increasing presence of non-standard employees, this article focuses on the legal issues of Japanese non-standard employees in terms of wage and employment security. First, it is characteristic in Japan that the wage level of non-standard employees is much lower than that of standard employees, even if their job is identical. This is because the wage system is quite different in these two cases. While the wage of standard employees is traditionally based on the seniority rule, that of non-standard employees is based on the content of their job and doesn't increase according to seniority. Since 2007, however, the legislator has introduced some new regulations for part-time employees and fixed-term contract employees to redress unfair wage difference when compared to full-time employees and open-ended employees. Second, the employment of non-standard employees is not as stable as that of standard employees in Japan. In an economic crisis, labor contracts of non-standard employees are terminated first to secure the employment of standard employees. However, the legislator introduced in 2012 the mechanism converting fixed-term contracts into open-ended contracts and in 2015 new regulations to stabilize the employment of temporary workers. Thus, the Japanese legislator has improved the status of non-standard employees during the last decade. Also, a comprehensive reform of the regulations of non-standard employees is scheduled in 2018 under the political slogan of "equal pay for equal work". All these reforms aim to eliminate unfair treatment in employment relationship and integrate more people into the labor market. The Japanese labor law is based on the practice of employment relations and should be reformed not drastically but moderately.*

I. Situation der atypisch Beschäftigten

Als „typisch Beschäftigte" (*sei-shain*) bezeichnet man die in Vollzeit, unbefristet sowie direkt beim Arbeitgeber beschäftigten Arbeitnehmer. Alle Arbeitnehmer außer diesen typisch Beschäftigten werden als „atypisch Beschäftigte" (*hi-sei-shain*) bezeichnet. Zu diesen zählen Teilzeitbeschäftigte, befristet Beschäftigte und Leiharbeitnehmer.

Atypisch Beschäftigte machten in der ersten Hälfte der 1990er-Jahre etwa 20 % aller japanischen Arbeitnehmer aus. In der Wirtschaftskrise stieg ihr Anteil, und im Jahr 2016 waren 37,5 %[1] aller abhängig Beschäftigten atypisch Beschäftigte. Von diesen waren ca. 70 % Teilzeitbeschäftigte, 70 % waren befristet Beschäftigte und 7 % Leiharbeitnehmer. Frauen machten ungefähr 70 % aller atypisch Beschäftigten aus. Seit der zweiten Hälfte der 2000er-Jahre werden immer mehr ältere Arbeitnehmer nach dem Erreichen der betrieblichen Altersgrenze (üblicherweise mit 60 Jahren) bis zum Rentenalter (in der Regel mit 65 Jahren) befristet weiterbeschäftigt.

Als Folge der steigenden Zahl an atypisch Beschäftigten ist Japan mit verschiedenen Problemen konfrontiert. Nicht zu übersehen ist die unterschiedliche Behandlung von typisch und atypisch Beschäftigten. Insbesondere beim Lohn sind atypisch Beschäftigte deutlich schlechter gestellt als typisch Beschäftigte. Anderseits wird seit der Wirtschaftskrise in den 2000er-Jahren die Unsicherheit, die eine atypische Beschäftigung für Arbeitnehmer bedeutet, als ernstes Problem wahrgenommen.

Um diese Probleme zu bekämpfen, kann man aber von japanischen Gewerkschaften nicht viel erwarten. Gewerkschaften sind in Japan überwiegend unternehmensbezogen und organisieren traditionell nur typisch Beschäftigte. Da die Interessen der typisch und atypisch Beschäftigten oft miteinander in Konflikt stehen, sind Gewerkschaften in der Regel nicht dahingehend motiviert, atypisch Beschäftigte zu organisieren.[2] In den letzten Jahren organisieren atypisch Beschäftigte auch Gewerkschaften, aber deren Organisationsgrad ist niedrig.[3] Deswegen wurden seit zehn Jahren zwingende Regelungen zur Verbesserung der Stellung der atypisch Beschäftigten erlassen.

Dieser Beitrag handelt von den Problemen, die einer atypischen Beschäftigung besonders hinsichtlich Lohn und Bestandschutz innewohnen, und gibt einen Überblick über die bisherigen Gesetzesreformen im japanischen Arbeitsrecht.[4]

---

1 *Japanisches Ministerium für öffentliche Verwaltung, Inneres, Post und Telekommunikation*, Statistik von 2016. Abrufbar unter: http://www.stat.go.jp/data/roudou/sokuhou/nen/dt/pdf/index1.pdf.

2 *Kuwamura*, Kollektive Gestaltung der Arbeitsbedingungen und Minderheitenschutz in Japan, Recht der Internationalen Wirtschaft 2012, 839 (840); *dies.*, Die Diversifizierung der Arbeitnehmerinteressen und die neue Rolle der Arbeitnehmervertretung in Japan, in: Henssler/Tezuka (Hrsg.), Aktuelle arbeitsrechtliche Herausforderungen in Japan und Deutschland, 2014, S. 67.

3 Z. B. war der Organisationsgrad von Teilzeitbeschäftigten nur 7,5 % im Jahr 2016. Die Statistik des Ministeriums für Arbeit und Soziales ist abrufbar unter: http://www.mhlw.go.jp/toukei/itiran/roudou/roushi/kiso/16/dl/02.pdf.

4 Zum Thema vgl. *Araki*, New labor policies on non-standard employment in Japan: A focus on the new regulations on fixed-term employment contracts, in: Henssler/Tezuka

Abschließend wird mit Blick auf die aktuelle Diskussion eine Perspektive für die Regelung der atypischen Beschäftigung vorgestellt.

II. Unterschiedliche Behandlung, besonders beim Lohn

1. Das Lohnsystem in Japan

a) Typisch Beschäftigte

In Japan gibt es kaum Flächentarifverträge, und der Lohn variiert innerhalb der Branche je nach Unternehmen. Anders als in Deutschland wird in Japan der Lohn üblicherweise nicht nach Inhalt und Einstufung der Arbeit, sondern nach Lebensalter und Beschäftigungsdauer (Dienstalter) bestimmt. Deshalb erhalten ältere Arbeitnehmer grundsätzlich ein höheres Entgelt (Senioritätsprinzip). Typisch Beschäftigten wird ihr Lohn normalerweise monatlich ausgezahlt.

Dieses Lohnsystem entstand zusammen mit der seit den 1950er-Jahren verbreiteten Praxis langfristiger [sog. lebenslanger] Beschäftigung. Nach dieser werden Arbeitnehmer nach dem Schul- bzw. Universitätsabschluss in einem Unternehmen eingestellt und bleiben üblicherweise bis zu einer bestimmten Altersgrenze in demselben Unternehmen beschäftigt. Dabei werden die in Vollzeit und unbefristet angestellten Arbeitnehmer in einem Unternehmen für verschiedene Tätigkeiten eingesetzt. Würden dabei ihre Löhne je nach Tätigkeit variieren, brächte dies große wirtschaftliche Unsicherheit mit sich. Daher entwickelten die japanischen Unternehmen die Praxis, den Lohn nicht nach der Tätigkeit, sondern der generellen Leistungsfähigkeit des Arbeitnehmers festzusetzen. Das Senioritätsprinzip beruht dabei auf der Überlegung, dass ältere Arbeitnehmer über eine höhere Leistungsfähigkeit verfügen. Dieses Lohnsystem gilt jedoch nur für typisch Beschäftigte.

b) Atypisch Beschäftigte

Bei atypischer Beschäftigung wie Teilzeitarbeit oder befristeter Beschäftigung wird der Lohn in der Regel tätigkeitsabhängig nach geleisteten Zeitstunden berechnet und steigt nicht mit dem Lebens- oder Dienstalter an. Normalerweise vergrößert sich der Lohnunterschied mit zunehmendem Lebensalter bis die typisch Beschäftigten mit 55 das höchste Lohnniveau erreichen. Außerdem erhalten atypisch

(Fn. 2), S. 5. Allgemein zum japanischen Arbeitsrecht *Hanami/Komiya/Yamakawa*, Labour Law in Japan, 2nd edition, 2015; *Nishitani*, Vergleichende Einführung in das japanische Arbeitsrecht, 2003.

Beschäftigte meist weder Sonderzahlungen wie Familien- oder Wohnungszulagen, noch Boni, noch Ausscheidegelder,[5] die bei typisch Beschäftigten üblich sind. Eine Besonderheit im japanischen Lohnsystem ist, dass diese Zahlungen außerhalb der Grundvergütung – besonders die Boni und Ausscheidegelder – einen sehr erheblichen Teil der gesamten Vergütung ausmachen. Demzufolge ist das Lohnniveau der atypisch Beschäftigten viel niedriger als das der typisch Beschäftigten, selbst wenn die gleiche Tätigkeit ausgeübt wird.

Nach einer Statistik von 2016[6] belief sich das Gehalt atypisch Beschäftigter so im Durchschnitt nur auf 65,8 %[7] des Gehaltes der typisch Beschäftigten. Fraglich ist, ob diese Lohnunterschiede überhaupt rechtlich zulässig sind.

Diese Frage wurde lange kaum ernst genommen, denn die meisten atypisch Beschäftigten waren Studierende oder Hausfrauen, die nicht allein von ihrem Arbeitsentgelt leben mussten. Aber in den letzten Jahren bestreiten immer mehr atypisch Beschäftigte ihren Lebensunterhalt mit ihrem Arbeitsentgelt. So gewinnt die Frage der Zulässigkeit der erwähnten Lohnunterschiede an Aufmerksamkeit.

2. Zulässigkeit unterschiedlicher Löhne bei gleicher Arbeit

a) Gesetzliche Regelungen

In Japan gibt es keine gesetzliche Vorschrift, die das Prinzip „gleicher Lohn für gleiche oder gleichartige Arbeit“ generell festsetzt. Einerseits untersagt § 3 Arbeitsstandardgesetz (ASG)[8] dem Arbeitgeber zwar die Diskriminierung beim Entgelt wegen der sozialen Stellung eines Arbeitnehmers, jedoch gehört die atypische Beschäftigung als vertraglicher Status nicht zur „sozialen Stellung“.

Anderseits schreibt § 4 ASG die Gleichberechtigung zwischen Frauen und Männern beim Entgelt vor, beinhaltet an sich jedoch nicht das Prinzip „gleicher Lohn für gleiche oder gleichartige Arbeit“. Obwohl in der Realität weitaus mehr Frauen als Männer in einem atypischen Arbeitsverhältnis stehen, werden die

---

5 Die japanische Ausscheidegelder sind mit der deutschen Abfindungszahlung vergleichbar. Der Unterschied liegt darin, dass die Ausscheidegelder auch bei einem freiwilligen Ausscheiden des Arbeitnehmers gezahlt werden.

6 *Ministerium für Arbeit und Soziales*, Statistik zur Lohnstruktur. Abrufbar unter: http://www.mhlw.go.jp/toukei/itiran/roudou/chingin/kouzou/z2016/dl/06.pdf.

7 Dieser Lohnunterschied war am kleinsten seit der ersten Statistik von 2005.

8 Das 1947 erlassene ASG enthält die zentralen Regelungen des japanischen Arbeitsschutzrechts. Das ASG legt Mindeststandards und sämtliche Grundsätze wie Diskriminierungsverbote fest. Die Einhaltung der Bestimmungen des ASG wird durch die mit Sanktionsrechten ausgestatteten Arbeitsstandardskontrollämter sichergestellt.

Lohnunterschiede zwischen typisch und atypisch Beschäftigten nicht per se als Diskriminierung der weiblichen Beschäftigten gewertet. Die unterschiedliche Behandlung in Abhängigkeit von der Beschäftigungsart ist im Prozess nur ein Indiz für eine geschlechtsbedingte Diskriminierung.

b) Gerichtliche Entscheidungen

Trotzdem hat im Jahr 1996 ein Distriktgericht[9] ein kontroverses Urteil[10] gefällt. Klägerin war eine weibliche befristet Beschäftigte, die gemäß Vertrag teilzeitbeschäftigt war, tatsächlich aber fast so lang wie die typisch Beschäftigten arbeitete. In dem Fall hat das Gericht entschieden, dass die Lohnunterschiede insofern gegen die öffentliche Ordnung (§ 90 Japanisches Bürgerliches Gesetzbuch) verstoßen, als die Klägerin weniger als 80 % der mit der gleichen Arbeit beschäftigten Arbeitnehmer in typischer Beschäftigung verdiente.

An dieser Entscheidung hat die Lehre die fehlende rechtliche Grundlage für die „80 %-Grenze“ kritisiert. Zudem hat ein anderes Gericht im Jahr 2002 geurteilt, dass die Differenzierung anhand des Beschäftigungsstatus als Folge der Vertragsfreiheit zulässig sei.[11] So war es nach der damaligen Rechtslage nicht leicht, die Lohnunterschiede zu beseitigen. Deshalb begann die Regierung mit Gesetzesreformen, die die Stellung der atypisch Beschäftigten stärken sollten.

3. Teilzeitarbeitnehmer

a) Das Diskriminierungsverbot

Für Teilzeitarbeitnehmer gilt nicht nur das ASG, sondern auch das 1993 erlassene sog. Teilzeitarbeitsgesetz (TzG; Gesetz zur Verbesserung des Personalmanagements von Teilzeitkräften). „Teilzeitarbeitnehmer“ im Sinne des TzG sind die Beschäftigten, deren vertragliche Wochenarbeitszeit kürzer ist als die der im Betrieb „regulär“ Beschäftigten (*„tsūjō no“ rōdō-sha*)[12] (§ 2 TzG).

---

9 In Japan gibt es keine gesonderte Arbeitsgerichtsbarkeit; arbeitsrechtliche Klagen werden bei von den ordentlichen Gerichten (Distriktgerichte, Obergerichte und Oberster Gerichtshof) verhandelt.

10 Distriktgericht (DG) Nagano (Zweigstelle Ueda), Urt. vom 15. 3. 1996, Rōdōhanrei 690, 32.

11 DG Osaka, Urt. vom 22. 5. 2002, Rōdōhanrei 830, 22.

12 Wenn es in dem Betrieb typisch Beschäftigte gibt, sind diese die „regulär“ Beschäftigten im Sinne des TzG. Wenn solche nicht existieren, werden die in Vollzeit Beschäftigten, die die gleiche Tätigkeit wie die Teilzeitarbeitnehmer ausüben, als „regulär“ Beschäftigte angesehen.

2007 wurde im TzG eine wichtige Regelung eingeführt (§ 8 a.F.). Diese verbietet die Diskriminierungen von „Teilzeitbeschäftigten, die als den regulären Beschäftigten im Betrieb vergleichbar anzusehen sind". „Teilzeitbeschäftigte, die als den regulären Beschäftigten im Betrieb vergleichbar anzusehen sind", waren nach § 8 a.F. diejenigen, die sämtliche der folgenden drei Voraussetzungen erfüllten:

1) Der Inhalt der Arbeit und die dazu gehörende Verantwortung sind die gleichen wie bei regulär Beschäftigten;
2) der Arbeitsvertrag ist unbefristet; und
3) die Reichweite der Änderungen,[13] die sich bis zur Beendigung des Arbeitsverhältnisses hinsichtlich Tätigkeit und Position ergeben, ist gegenüber regulären Beschäftigten gleichartig.

Jedoch erfüllten nach einer Statistik[14] nur 1,3 % aller Teilzeitbeschäftigten diese drei Voraussetzungen. Die Einführung der Vorschrift des § 8 a.F. führte so kaum zu einer Verbesserung der Stellung der Teilzeitarbeitnehmer. Deswegen wurde 2014 deren Anwendbarkeit erweitert (§ 9 n.F.). Nach dieser Reform gilt der Diskriminierungsschutz für Teilzeitbeschäftigte, welche die oben unter 1) und 3) genannten Voraussetzungen erfüllen; Voraussetzung 2) wurde aufgehoben. Allerdings schützt auch die neue Fassung nur einen geringen Teil der Teilzeitbeschäftigten (2,1 %[15]).

Nach der herrschenden Lehre führt ein Verstoß gegen § 9 TzG zur Nichtigkeit der entsprechenden Arbeitsbedingungen. Da aber das TzG keine unmittelbar anspruchsbegründende Wirkung von § 9 TzG anordnet, gelten für den Teilzeitarbeitnehmer nicht automatisch die Arbeitsbedingungen, die auf die mit ihm vergleichbaren regulär Beschäftigten angewandt werden. Welche Arbeitsbedingungen für die betroffenen Teilzeitarbeitnehmer gelten, richtet sich nach dem Willen der Parteien des Arbeitsvertrages. Gibt es keine Spezialnorm, bekommt der Teilzeitarbeitnehmer nur Schadensersatz.

b) Das Verbot der unangemessenen Differenzierung

Die TzG-Reform von 2014 hat noch eine weitere, wichtige Vorschrift eingeführt:

---

13 Z. B. Veränderungen des Arbeitsinhalts oder -ortes im Falle einer Versetzung.

14 Ministerium für Arbeit und Soziales, Das Ergebnis einer Umfrage unter Betrieben im Jahr 2011. Abrufbar unter: http://www.mhlw.go.jp/toukei/itiran/roudou/koyou/keitai/11/dl/gaikyou.pdf.

15 Das Ergebnis einer Umfrage unter Betrieben im Jahr 2011 (Fn. 14).

Nach § 8 n.F. darf die differenzierende Behandlung eines Teilzeitarbeitnehmers wegen der Teilzeitarbeit nicht unangemessen ausfallen. Die Überprüfung der „Unangemessenheit" stützt sich auf eine Untersuchung 1) des Inhalts der Arbeit, 2) der dazu gehörenden Verantwortung, 3) der Reichweite der Änderungen, die sich hinsichtlich Tätigkeit und Position ergeben, sowie 4) der sonstigen Umstände.

Das Verbot der unangemessenen Differenzierung ist nicht gleichzusetzen mit dem Diskriminierungsverbot, das jede Unterscheidung zwischen vergleichbaren Arbeitnehmern ausschließt (s. u. 4. b). Die Rechtsfolge eines Verstoßes gegen § 8 TzG entspricht der eines Verstoßes gegen § 9 TzG.

Im Übrigen muss sich der Arbeitgeber nach § 10 TzG darum bemühen, die Löhne der Teilzeitbeschäftigten in einer Weise zu bestimmen, dass diese zu den Löhnen der regulär Beschäftigten nicht außer Verhältnis stehen.

4. Befristet Beschäftigte

a) Das Verbot der unangemessenen Differenzierung

In Japan regelt das 2007 erlassene Arbeitsvertragsgesetz (AVG) die Beziehungen zwischen dem Arbeitnehmer und seinem Arbeitgeber. Als wichtige Ergänzung wurde 2012 im AVG das Verbot der unangemessenen Differenzierung eingeführt.

Nach § 20 AVG darf ein befristet beschäftigter Arbeitnehmer keine unangemessene Behandlung wegen der Befristung des Arbeitsvertrags erfahren. Die Überprüfung der „Unangemessenheit" stützt sich auf eine Untersuchung 1) des Inhalts der Arbeit, 2) der dazu gehörenden Verantwortung, 3) der Reichweite der Änderungen, die sich hinsichtlich Tätigkeit und Position ergeben, sowie 4) sonstiger Umstände. § 20 AVG wurde zur Modellregelung für § 8 (n.F.) TzG.

b) Unangemessenheitstest

Beim Unangemessenheitstest wird die Rechtmäßigkeit der jeweiligen Arbeitsbedingung überprüft. Umstritten ist, wie diese Prüfung erfolgen soll.

Generell als unangemessen angesehen werden Differenzierungen wegen der Befristung des Arbeitsvertrages hinsichtlich des Zugangs zur Kantine innerhalb eines Unternehmens oder hinsichtlich des betrieblichen Arbeitsschutzes. Heftig diskutiert wird die Zulässigkeit einer niedrigeren Grundvergütung. Dieses Problem stellt sich verschärft für ältere Arbeitnehmer:

Ältere Arbeitnehmer, die bis zur Altersgrenze als typisch Beschäftigte (in Vollzeit und unbefristet) gearbeitet haben, werden normalerweise nach dem Erreichen der Altersgrenze in demselben Unternehmen wieder eingestellt und bis zum Rentenalter (in der Regel bis zum 65. Lebensjahr) befristet weiterbeschäftigt.

Diese älteren Arbeitnehmer sind befristet, also atypisch Beschäftigte. In dem Fall werden ihnen meist nur weitaus geringere Löhne zugestanden als vor dem Erreichen der Altersgrenze, denn durch das Senioritätsprinzip sind die Lohnsteigerungen nur bis zur Altersgrenze gesichert. Hier stellt sich die Frage, ob diese Differenzierung hinsichtlich des Lohns gegen § 20 AVG verstößt.

Diesbezüglich hat ein Distriktgericht im Jahr 2016 entschieden,[16] dass „jeder" Unterschied zwischen befristet und unbefristet Beschäftigten grundsätzlich unzulässig ist, wenn das Arbeitsverhältnis der befristet Beschäftigten hinsichtlich der (oben unter a) genannten drei Elemente 1)–3) dem der unbefristet Beschäftigten vergleichbar ist.

Dieses Urteil hat das Verbot der unangemessenen Differenzierung nach § 20 AVG mit dem Diskriminierungsverbot (Gleichbehandlungsgrundsatz) nach § 9 TzG vermischt und wurde vom Obergericht (OG) verworfen.[17] Es darf nicht übersehen werden, dass für befristet Beschäftigte – anders als für Teilzeitbeschäftigte – das Gleichbehandlungsgebot gesetzlich nicht vorgeschrieben ist.

c) Rechtsfolgen

Nach überwiegender Meinung führt ein Verstoß gegen § 20 AVG zur Nichtigkeit der Arbeitsbedingungen. Jedoch hat der befristet Beschäftigte wegen der fehlenden unmittelbar anspruchsbegründenden Wirkung der Vorschrift nicht automatisch einen Anspruch auf einen Lohn, der dem der vergleichbaren unbefristet Beschäftigten entspricht. Wenn keine Spezialnorm greift, hat der Arbeitnehmer nur einen Anspruch auf Schadensersatz.

5. Leiharbeitnehmer

Im geltenden Recht findet sich keine zwingende Regelung bezüglich der Lohnunterschiede zwischen Leiharbeitnehmern und den beim Entleiher beschäftigten Arbeitnehmern. Nach dem japanischen Arbeitnehmerüberlassungsgesetz (JAÜG) muss sich der Verleiher bemühen, das Entgelt der Leiharbeitnehmer mit Blick auf das Verhältnis zum Entgelt der Arbeitnehmer des Entleihers zu bestimmen, die die gleiche Tätigkeit ausüben (§ 30-3 Abs. 1). Diese Vorschrift hat aber keine zwingende Wirkung.

Jedoch verpflichtet ein 2015 erlassenes Gesetz die Regierung dazu, im Bereich der Arbeitnehmerüberlassung notwendige Maßnahmen für die Verwirklichung

---

16 DG Tokio, Urt. vom 13. 5. 2016, Rōdōhanrei 1135, 11.

17 OG Tokio, Urt. vom 2. 11. 2016, Rōdōhanrei 1144, 16.

einer entsprechenden verhältnismäßigen Behandlung umzusetzen.[18] Deshalb sollen in den nächsten Jahren Regelungen wie das Verbot der unangemessenen Differenzierung zwischen den Leiharbeitnehmern und den beim Entleiher beschäftigten Arbeitnehmern in das JAÜG aufgenommen werden.

6. Zusammenfassung

Der Gesetzgeber hat seit der zweiten Hälfte der 2000er-Jahre die zwingenden Regelungen zur Verbesserung der Situation von Teilzeitarbeitnehmern und befristet Beschäftigten eingeführt. Im Bereich der Arbeitnehmerüberlassung sollen künftig ebenfalls ähnliche Regelungen eingeführt werden. Allerdings ist der Effekt des Verbots der Diskriminierung von Teilzeitarbeitnehmern wegen seines begrenzten Geltungsbereichs noch gering. Es ist auch nicht klar, inwieweit das Verbot der unangemessenen Differenzierung die Stellung der atypisch Beschäftigten verbessert hat. Hier besteht die dringende Aufgabe, den Kontrollmaßstab der Unangemessenheit zu präzisieren.

III. Unsicherheit der atypischen Beschäftigung

1. Beschäftigungsunsicherheit

In Japan ist es für Arbeitnehmer, denen einmal gekündigt wurde, in dem von der Praxis langfristiger Beschäftigung (s. o. II. 1.) geprägten Arbeitsmarkt sehr schwierig, eine Anstellung in einem anderen Unternehmen zu finden. Deshalb werden Kündigungen gegenüber typisch Beschäftigten an strenge Voraussetzungen geknüpft. Wenn eine Kündigung ohne objektiven, sachlichen Grund erfolgt oder sozial ungerechtfertigt ist, ist sie als Missbrauch des Kündigungsrechts unwirksam (§ 16 AVG).[19]

Die Zulässigkeit einer Kündigung unterliegt dabei strenger gerichtlicher Prüfung. Bei einer betriebsbedingten Kündigung stützt sich diese Überprüfung auf eine Gesamtbetrachtung von vier Elementen: 1) die Notwendigkeit des Personalabbaus, 2) die erfolgten Bemühungen zur Vermeidung einer Kündigung, 3) die soziale Rechtfertigung der Auswahl der Person und 4) die Angemessenheit des Kündigungsverfahrens.

---

18 § 6 Abs. 2 des Gesetzes zur Förderung der Maßnahmen zur Verwirklichung einer tätigkeitsadäquaten Behandlung der Arbeitnehmer.

19 Diese Regelung wurde zunächst von der Rechtsprechung entwickelt und ist im Jahr 2003 zunächst im ASG kodifiziert und sodann 2007 ins AVG transferiert worden.

Diese Beschränkung der Ausübung des Kündigungsrechts gilt auch für Kündigungen gegenüber atypisch Beschäftigten. Dennoch ist ihr Arbeitsverhältnis nicht so stark geschützt wie das der typisch Beschäftigten: In Japan werden atypisch Beschäftigte nach Bedarf eingestellt und ihre Beschäftigung fungiert in der Praxis als „Puffer" für Konjunkturschwankungen. Die Voraussetzung für eine betriebsbedingte Kündigung, dass sich der Arbeitgeber um eine Vermeidung der Kündigung bemüht haben muss, wird deshalb weniger streng gehandhabt. Bei wirtschaftlichen Schwierigkeiten trennt sich das Unternehmen nämlich zunächst von den atypisch Beschäftigten, um die Beschäftigung der Festangestellten zu sichern (s. u. 2. b).

2. Regelungen für befristete Arbeitsverträge

a) Die Obergrenze einer Befristung eines Arbeitsvertrags

Anders als in Deutschland kann in Japan ein befristeter Arbeitsvertrag ohne sachlichen Befristungsgrund abgeschlossen werden. Mit einem solchen Erfordernis würden viele Konflikte über die Zulässigkeit einer Befristung entstehen. Das wollte der Gesetzgeber vermeiden. Außerdem können Arbeitslose mit befristeten Arbeitsverträgen leichter in den Arbeitsmarkt integriert werden. Aus diesen Gründen hat Japan nicht die Regelung des Befristungsgrunds, sondern die Obergrenze einer Befristung eines Arbeitsvertrags gewählt.[20]

Die Dauer der Befristung eines Arbeitsvertrags darf grundsätzlich drei Jahre nicht überschreiten (§ 14 Abs. 1 ASG). In folgenden Fällen beträgt die Obergrenze ausnahmsweise fünf Jahre:

1. Hoch qualifizierte Arbeitnehmer mit speziellem Wissen, speziellen Fertigkeiten oder Erfahrungen;
2. Arbeitnehmer über 60 Jahre.

b) Die Beschränkung der Verweigerung einer Verlängerung

In Japan gibt es keine Regelung über die maximal zulässige Anzahl der Verlängerungen eines befristeten Arbeitsvertrags. Deshalb kam es häufig vor, dass Arbeitgeber in wirtschaftlich guten Zeiten befristete Arbeitsverträge wiederholt verlängert hatten, um in einer anschließenden Rezession die Verlängerung zu verweigern. Wäre eine solche Verweigerung immer zulässig, würde dies eine erhebliche Instabilität der Stellung befristet Beschäftigter bedeuten. Die Rechtsprechung

20 *Araki* (Fn. 4), S. 19 ff.

wandte daher die Regelungen zum Kündigungsschutz (jetzt § 16 AVG) auf die Verweigerung einer Verlängerung analog an. Seit 2012 enthält das AVG eine entsprechende, ausdrückliche Regelung (§ 19).

Nach § 19 AVG ist die Verweigerung einer Vertragsverlängerung unzulässig, wenn sie ohne objektiven, sachlichen Grund erfolgt oder sozial ungerechtfertigt ist. Allerdings gilt dieser Verweigerungsschutz nur in zwei Fällen. Erstens, wenn die Verweigerung angesichts bereits vorgenommener Verlängerungen der Kündigung gegenüber einem unbefristet Beschäftigten vergleichbar ist. Zweitens, wenn der befristet Beschäftigte schützenswertes Vertrauen hinsichtlich der Vertragsverlängerung gebildet hat. Allerdings wird nach Auffassung des Obersten Gerichtshofs das Arbeitsverhältnis der befristet Beschäftigten auch unter § 19 AVG nicht so stark geschützt wie das der typisch Beschäftigten: Bei wirtschaftlichen Schwierigkeiten darf eine Vertragsverlängerung verweigert werden, wenn sonst ein typisch Beschäftigter gekündigt werden müsste.[21] Wenn die Verweigerung unzulässig ist und der Arbeitnehmer den Willen zur Verlängerung geäußert hat, wird der befristete Arbeitsvertrag kraft Gesetz ein weiteres Mal verlängert. Dabei bleiben die Arbeitsbedingungen unverändert.

3. Die AVG-Reform von 2012

Mit der AVG-Reform von 2012 wurde eine wichtige Regelung zur Stabilisierung befristeter Beschäftigungsverhältnisse eingeführt. Wenn nämlich ein befristetes Arbeitsverhältnis so oft verlängert wird, dass dessen Gesamtdauer fünf Jahre übersteigt, hat der entsprechende Arbeitnehmer grundsätzlich das Recht darauf, in ein unbefristetes Beschäftigungsverhältnis zu wechseln (§ 18 Abs. 1 AVG). Dabei bleiben die Arbeitsbedingungen unverändert.

Das Ziel des § 18 AVG ist die Stabilisierung der Arbeitsverhältnisse solcher befristet Beschäftigter, die schon seit Langem in demselben Unternehmen arbeiten. Diese neue Regelung könnte aber schlicht dazu führen, dass Arbeitgeber befristete Arbeitsverträge nicht über die Fünf-Jahre-Grenze hinaus verlängern werden. Die Verweigerung einer Verlängerung nur zur Umgehung der Regelung des § 18 AVG ist rechtswidrig[22] und führt zur Verlängerung des Arbeitsvertrages kraft Gesetz (§ 19 AVG).

21 Oberster Gerichtshof (OGH), Urt. vom 4. 12. 1986, Rōdōhanrei 486, 6.

22 Z. B. die Verweigerung einer Vertragsverlängerung kurz vor dem Erreichen von fünf Jahren mit der Begründung, der Arbeitnehmer habe schlecht gearbeitet, obwohl der Arbeitnehmer in Wahrheit eine ordentliche Arbeitsleistung erbracht hat.

§ 18 AVG gilt für seit dem 1. April 2013 geschlossene Arbeitsverträge, womit befristet Beschäftigte frühestens im April 2018 die geforderte Gesamtbeschäftigungsdauer von fünf Jahren erreichen werden. Somit bleibt abzuwarten, wie sich § 18 AVG auf die Praxis der Verlängerung befristeter Arbeitsverträge auswirken wird.

4. Leiharbeitnehmer

Für den Bereich der Arbeitnehmerüberlassung gelten keine speziellen Regelungen, welche das Recht des Arbeitgebers zur Kündigung oder Verweigerung einer Verlängerung über die allgemeinen Bestimmungen hinaus beschränken würden. Wenn z. B. der Verleiher einem unbefristet angestellten Leiharbeitnehmer wegen der Kündigung des Arbeitnehmerüberlassungsvertrags durch den bestimmten Entleiher gekündigt hat, wird dies nicht als objektiver, sachlicher Grund anerkannt, und die Kündigung ist gem. § 16 AVG unwirksam.

Zudem verpflichtet das JAÜG den Verleiher sowie den Entleiher dazu, bestimmte Maßnahme zur Beschäftigungssicherung für Leiharbeitnehmer zu treffen. Diese Regelung wird im nächsten Kapitel erläutert.

IV. Gesetzliche Entwicklungen bezüglich der Arbeitnehmerüberlassung

1. Reformen bis zu den 2000er-Jahren

Die Besonderheit der Leiharbeit besteht darin, dass der Arbeitnehmer nicht bei seinem Arbeitgeber (Verleiher), sondern in einem anderen Unternehmen (Entleiher) beschäftigt wird. Früher waren Arbeitnehmerüberlassungen wegen Problemen wie illegalen Lohnabzügen, der unsicheren Stellung des Arbeitnehmers und Unklarheiten bei der Arbeitgeberhaftung strikt verboten. Doch mit dem technischen Fortschritt stieg bei Unternehmen in den 1970er-Jahren der temporäre Bedarf nach Arbeitnehmern mit speziellen Fähigkeiten, was zur Verbreitung illegaler Arbeitnehmerüberlassungen führte. Als diese Entwicklung nicht länger ignoriert werden konnte, wurden im Jahr 1985 Arbeitnehmerüberlassungen im japanischen Arbeitnehmerüberlassungsgesetz (JAÜG) unter bestimmten Voraussetzungen legalisiert.

Damals wurden Arbeitnehmerüberlassungen für wenige spezifische Tätigkeitsbereiche (16 an der Zahl), in denen typisch Beschäftigte üblicherweise nicht eingesetzt wurden, zugelassen. Jedoch wurde die Arbeitnehmerüberlassung nach dem JAÜG im weiteren Verlauf durch mehrere Gesetzreformen erheblich dereguliert.

1999 wurde das Prinzip der Auflistung aller vom Verbot ausgenommenen Branchen aufgegeben, und Arbeitnehmerüberlassungen wurden mit Ausnahme bestimmter, im Gesetz genannter Tätigkeitsbereiche grundsätzlich zugelassen (aus der Positivliste wurde eine Negativliste). 2003 wurde in einer erheblichen Erweiterung der Tätigkeitsbereich der Warenproduktion aus der Verbotsliste herausgenommen. Allerdings beschränkte sich in den 1999 und 2003 liberalisierten Bereichen die Überlassungshöchstdauer auf drei Jahre.

2. Die Reform von 2012

Infolge der Deregulierungen der Arbeitnehmerüberlassung nach JAÜG nahm die Anzahl der Leiharbeitnehmer vor allem nach 2003 stark zu. Im Jahr 2003 gab es ca. 0,5 Mio. Leiharbeitnehmer und im Jahr 2008 bereits 1,4 Mio. Dadurch entstanden neue Probleme, so verstießen Verleiher und Entleiher nicht selten bewusst gegen das JAÜG. Zudem wurden manche Leiharbeitnehmer für so kurze Zeit, z. B. nur für einen Tag, eingestellt, dass sich ihr Beschäftigungsverhältnis besonders unsicher gestaltete. In der Wirtschaftskrise 2007–2008 wurden viele Leiharbeitnehmer entlassen[23] und gerieten in Existenznot: Da in Japan Wohnraum teilweise vom Arbeitgeber zur Verfügung gestellt wird, verloren viele Leiharbeitnehmer mit ihrer Entlassung auch ihre Wohnung. Auf der Suche nach Schlafplätzen und Verpflegung waren einige von ihnen auf die Hilfe gemeinnütziger Organisationen angewiesen. So entstand in Tokyo ein Ort, dem man den Namen „Leiharbeitnehmer-Winterdorf“ verliehen hat.

Die Beschäftigungssicherheit der Leiharbeitnehmer wurde so letztlich zu einem von der Gesellschaft ernstgenommenen Thema. Insofern wurde das JAÜG im Jahr 2012, wie folgt, reformiert:

1) Arbeitnehmerüberlassung für eine Dauer unter 30 Tagen ist grundsätzlich verboten (§ 35-4).
2) Der Verleiher ist dazu verpflichtet, seinen Arbeitnehmer über die Höhe seiner Provision für die Arbeitskraftvermittlung zu informieren (§ 23 Abs. 5).
3) Wenn der Arbeitnehmerüberlassungsvertrag auf Grund von Umständen auf Seiten des Entleihers gekündigt wird, muss der Entleiher notwendige Maßnahmen für die Sicherung der Beschäftigung der betroffenen Leiharbeitnehmer treffen (§ 29-2).

23 Deswegen verringerte sich die Anzahl der Leiharbeitnehmer auf 1,06 Mio. im Jahr 2009 und 0,96 Mio. im Jahr 2010.

4) Bei bestimmten illegalen Arbeitnehmerüberlassungen wie verdeckten Arbeitnehmerüberlassungen in Form von Scheinwerkverträgen wird gesetzlich eine auf den Abschluss eines Arbeitsvertrags gerichtete Willenserklärung des Entleihers fingiert (§ 40-6). Bei entsprechender Annahme durch den Leiharbeitnehmer entsteht ein Arbeitsvertrag zwischen diesem und dem Entleiher.

3. Die Reform von 2015

Um illegale Praktiken bei der Arbeitnehmerüberlassung zu bekämpfen sowie die Beschäftigungssicherheit der Leiharbeitnehmer zu erhöhen, wurde das AÜG 2015 zuletzt wie folgt geändert:

1) Alle Arbeitgeber, die als Verleiher Dritten Arbeitnehmer überlassen wollen, bedürfen hierfür einer Erlaubnis des Ministers für Arbeit und Soziales. Vor dieser Reform bestand teilweise nur eine Meldepflicht.
2) Der Verleiher verpflichtet sich dazu, die Beschäftigung des Leiharbeitnehmers nach Ende der befristeten Überlassung an einem Entleiher sicherzustellen. Soll ein befristet angestellter Leiharbeitnehmer für drei Jahre durchgehend demselben Entleiher überlassen werden, muss der Verleiher eine der folgenden vier Maßnahmen für dessen Beschäftigungssicherheit treffen (§ 30):
   - Vom Entleiher verlangen, den Leiharbeitnehmer einzustellen
   - Den Arbeitnehmer einem anderen Entleiher überlassen
   - Mit dem Arbeitnehmer einen unbefristeten Arbeitsvertrag abschließen oder
   - Weiterbildungsmaßnahmen ergreifen, bis der Leiharbeitnehmer einem neuen Entleiher überlassen wird.
3) Die Überlassungshöchstdauer für einen befristet angestellten Leiharbeitnehmer ist unabhängig von seinem Tätigkeitsbereich auf drei Jahre begrenzt.[24] Der Entleiher darf aber nach der Anhörung der Mehrheitsvertretung der Arbeitnehmer[25] einen Leiharbeitnehmer drei Jahre weiter entleihen. Allerdings gibt es für unbefristet angestellte Leiharbeitnehmer keine solche Überlassungshöchstdauer (§ 40-2 Abs. 1). Diese Ausnahme bedeutet, dass die Arbeitnehmerüberlassung nicht mehr nur „vorübergehend“ sein muss. Die Reform von 2015 hat die Beschäftigungssicherheit der Leiharbeitnehmer zum prioritären

---

24 Die Überlassungsdauer wird für jeden Betrieb des Entleihers sowie jeden Leiharbeitnehmer getrennt berechnet.

25 Die Mehrheitsgewerkschaft oder – falls eine solche Gewerkschaft im Betrieb des Entleihers nicht vorhanden ist – die Person, die mehr als die Hälfte der Arbeitnehmer vertritt.

Ziel der Arbeitnehmerüberlassungspolitik erhoben. Solange die Beschäftigung des Leiharbeitnehmers mit dem unbefristeten Arbeitsvertrag stabilisiert ist, darf er demselben Entleiher dauerhaft überlassen werden.

4. Zusammenfassung

Der japanische Gesetzgeber erweiterte in Reaktion auf den wirtschaftlichen Bedarf die Menge der Tätigkeitsbereiche, in denen Leiharbeit möglich ist. Die Arbeitnehmerüberlassung muss nicht mehr zwingend vorübergehend sein.

Anderseits genießen Leiharbeitnehmer nach der Wirtschaftskrise der 2000er-Jahre einen stärkeren Schutz. Die Reform von 2015 hat ihre Beschäftigungssicherheit verstärkt. Allerdings haben die meisten Regelungen des JAÜG keine privatrechtliche Wirkung, und ein Verstoß führt nur zu Verwaltungsmaßnahmen oder -sanktionen. Vor diesem Hintergrund gestaltet sich die Fiktion eines Arbeitsvertrages zwischen dem Leiharbeitnehmer und dem Entleiher, wie sie für bestimmte Fällen illegaler Überlassung vorgesehen ist (§ 40-6), als wichtige Neuerung. Hierin besteht eine effektive Gegenmaßnahme gegen illegale Arbeitnehmerüberlassungen.

V. Ausblick

Vor dem Hintergrund der schwindenden Zahl der Erwerbstätigen in einer alternden Gesellschaft versucht die japanische Regierung, mehr Frauen und Senioren in den Arbeitsmarkt zu bringen bzw. dort zu halten. Dafür ist es wichtig, sich auf die Diversifizierung der Beschäftigungsmodelle einzustellen und die rechtliche Stellung einer zunehmenden Zahl atypisch Beschäftigter zu verbessern. Das Arbeitsrecht sollte sich für alle Beschäftigungsarten „gerecht" gestalten.

Zur Zeit wird in der Politik intensiv diskutiert, ob neue Regelungen zur Verringerung der Unterschiede zwischen typisch und atypisch Beschäftigten geschaffen werden sollen. Ein vom Premierminister eingerichtetes Gremium diskutiert darüber, ob und wie das Prinzip „gleicher Lohn für gleiche Arbeit" eingeführt werden kann. Da man sich hiermit weit von der bisherigen Praxis der Lohnfestsetzung entfernen würde, ließe sich dieses Prinzip in Japan jedoch wohl kaum ohne Weiteres umzusetzen. Realistischer wäre es, die Lohnunterschiede durch gesetzliche Regelungen moderat zu reduzieren. Zu beachten dabei wäre jedoch, dass die Erhöhung der Löhne der atypisch Beschäftigten mit großer Wahrscheinlichkeit zur Reduzierung der Löhne typisch Beschäftigter führen würde. Ob diese einen solchen Einschnitt klaglos hinnehmen würden, erscheint zweifelhaft.

Am 6.7.2018 ist in Japan ein neues Gesetz zur Reform des Arbeitsrechts verkündet worden. Nach diesem werden ab dem 1.4.2020 die Diskriminierung wegen der Befristung des Arbeitsvertrags und die unangemessene Differenzierung zwischen den Leiharbeitnehmern und den beim Entleiher beschäftigten Arbeitnehmern verboten.

Professorin Mari Ueda

Toyo Universität Tokyo

Atypische Beschäftigung und Sozialrecht in Japan

Abstract: *In Japan the share of atypical workers has increased significantly and is now higher than in Germany. This result is related to critical issues for social security systems. The article explores, how the long-term livelihood could be secured through employment and social insurance.*

I. Einleitend

In dieser Abhandlung möchte ich auf die Probleme eingehen, die der Anstieg der atypisch Beschäftigten in Japan für die Existenzsicherungssysteme aufwirft, und einige Lösungsansätze erörtern. Um dem Arbeitnehmer real eine freie Wahl zu ermöglichen, ist es nötig, für alle Arbeitnehmer in gleicher Weise die entsprechenden wirtschaftlichen Voraussetzungen durch das Sozialrecht zu schaffen, um eine nachhaltige Arbeitsgesellschaft zu sichern. Im Folgenden sollen die Herausforderungen des Sozialrechts aufgezeigt werden, ausgehend von dem Standpunkt, dass ein Zustand angestrebt werden sollte, in dem Arbeit und Sozialversicherung ihrer existenzsichernden Funktion gerecht werden.

II. Zunahme der atypischen Beschäftigung und gegenwärtige und zukünftige Altersarmut

1. Schwache Strukturen

Die Strukturen der japanischen Arbeitsgesellschaft sind derzeit sehr fragil. Für atypisch Beschäftigte ist auch durch die Beschäftigung die Existenzsicherung nicht gewährleistet. Darüber hinaus sind sie auch von der Absicherung für Wechselfälle des Lebens durch die Vorsorge ausgeschlossen und fallen durch die Maschen der Mindestsicherung.

2. Realität der jungen Arbeitnehmer: Die Negativspirale

a) Atypische Beschäftigung von der ersten Anstellung an

In Japan steigt der Anteil derjenigen, die bereits ab der ersten Anstellung atypisch beschäftigt sind, an.[1] Mehr als 40 % der Oberschulabsolventen und mehr als 30 % der Universitätsabsolventen, die 2013 die Schule abschlossen, gaben innerhalb von 3 Jahren nach ihrem Abschluss ihre Stelle auf (Ministerium für Arbeit, Gesundheit und Wohlfahrt 25. Oktober 2016). Nachdem man einmal eine Stelle aufgegeben hat, ist es in Japan noch schwieriger, eine feste Anstellung zu finden.

Hinzu kommt, dass viele junge Menschen mit mehreren Millionen Yen Schulden ins Berufsleben eintreten, da es in Japan keine (nicht rückzahlbaren) Stipendien gibt, sondern die Förderung meist in Form von Darlehen erfolgt. 70 % der Nutzer der Fördersysteme der *Japan Students Service Organisation (JASSO)* erhalten hoch verzinste Darlehen, die einem Bildungskredit ähnlich sind. (Laut einer Studie der *JASSO* im Geschäftsjahr 2014 nehmen 51,3 % der Universitätsstudenten diese Fördersysteme in Anspruch – ein drastischer Anstieg im Vergleich zum Jahr 2002, als es noch 31,2 % waren, Mainichi Shimbun 30. Mai 2016).

b) Verweilen in atypischer Beschäftigung

Sowohl bei weiblichen als auch bei männlichen Arbeitnehmern bleiben viele in der atypischen Beschäftigung „verhaftet".[2]

Bei den weiblichen Arbeitnehmern ist der Anteil der regulär Beschäftigten (Stammbelegschaft) in der Altersgruppe zwischen 15 und 24 Jahren am höchsten. Einer Studie aus dem Jahr 2015 zufolge steigt jedoch der Anteil der atypischen Beschäftigung in dieser Altersgruppe.[3]

Die Zahl der männlichen Arbeitnehmer in atypischer Beschäftigung ist in den 10 Jahren zwischen 2004 und 2014 gestiegen. Der höchste Anstieg ist jedoch bei der Altersgruppe 65 Jahre und älter zu verzeichnen. Ihre Zahl stieg um 740.000 auf 1,32 Mio. in 2014, gefolgt von der Altersgruppe 55–64 Jahre (Anstieg um 490.000 auf 1,61 Mio.) und 35–44 Jahre (Anstieg um 290.000 auf 730.000).

---

1 Bei den Personen, die zwischen Oktober 2007 und September 2012 ihre erste Anstellung antraten, standen 29,1 % der Männer und fast die Hälfte der Frauen (49,3 %) von Anfang an in einem atypischen Beschäftigungsverhältnis (Erläuterung zur Studie „Beschäftigungsaufbau in Japan" zu Beschäftigungsformen 2012, Amt für Statistik des Ministeriums für öffentliche Verwaltung, innere Angelegenheiten, Post und Telekommunikation 2014, S. 89).

2 *Goka/Wakita/Morisaki*, Rekka suru koyo, 2016, S. 19.

3 *Osawa*, Kikan shakaihoshokenkyu, Vol. 51. Nr. 2, 2015.

Vor dem Hintergrund des demographischen Wandels ist also in Japan eine Verlagerung der atypischen Beschäftigung bei männlichen Arbeitnehmern in die höheren Altersgruppen zu erkennen.[4] Die Zunahme der atypisch Beschäftigten im Alter von 65 und älter ist der Tatsache geschuldet, dass es schwierig ist, allein von der Rente zu leben und die Betroffenen daher etwas dazuverdienen wollen. und keine andere Arbeit in fester Anstellung finden.

Das Verweilen in atypischer Beschäftigung betrifft inzwischen auch Jahrgänge, die in den 1990er-Jahren das Studium abschlossen haben, als die Unternehmen die reguläre Beschäftigung abbauten. Diese Zeit wird als die sog. „Eiszeit auf dem Arbeitsmarkt" bezeichnet. Befristete oder indirekte Beschäftigungsverhältnisse haben in den „notgedrungen atypisch Beschäftigten" mittleren Altersgruppen zugenommen (4. Februar 2016, Asahi Shimbun). Die Zahl der männlichen atypisch Beschäftigten, die nicht aus eigenem Willen, sondern „weil sie keine Arbeit als Mitglied der Stammbelegschaft finden konnten", derzeit in atypischen Beschäftigungsverhältnissen stehen, erreicht inzwischen 1,7 Mio. (30,2 %).[5]

In Japan bestätigt sich, dass nicht nur in der Altersgruppe von Anfang 20 bei der Erstanstellung bis Ende 30 viele Personen in einer atypischen Beschäftigung verweilen, sondern diese generell häufig bei Frauen zu finden ist; hier handelt es sich um die in den 1980ern als Hausfrauen-Job (part time) entstandene „atypische Beschäftigung des Zuverdiener-Modells" (auf das später noch eingegangen wird). Heute nimmt der Anteil der atypischen Beschäftigung auch bei Seniorenhaushalten rasch zu und führt inzwischen zu Existenzproblemen in allen Generationen der atypisch beschäftigten Arbeitnehmer.

3. Ausweitung der atypischen Beschäftigung und niedrigere Löhne in der Generation in der Kindererziehungsphase ab den 1990er-Jahren

Das durchschnittliche Erwerbseinkommen eines in einem abhängigen Arbeitsverhältnis stehenden Haushaltsvorstands in Haushalten mit zwei oder mehr Mitgliedern sinkt.[6] Dadurch hat sich die Notwendigkeit erhöht, dass ein Mitglied der Familie zusätzlich arbeitet (die sinkenden Einkommen der Männer und

4 *Goka/Wakita/Morisaki*, a.a.O., S. 20.

5 Laut der „Studie zur Arbeitskraft 2013" des Ministeriums für Arbeit, Gesundheit und Wohlfahrt betrug der entsprechende Anteil bei den männlichen Arbeitnehmern im Alter von 35–44 Jahren 45,2 % und in der Altersgruppe 45–54 Jahre 46,9 %.

6 Das erreichte 1997 seinen Höhepunkt und sank bis 2015 um 70.000 Yen (Oshima, Mizuho-insight 2015).

die ansteigende Beschäftigungsquote bei den Ehefrauen hat zu einer Zunahme der Doppelverdienerhaushalte geführt; die Frauen arbeiten jedoch meist zu so niedrigen Löhnen, dass die Armutsquote der Haushalte nicht sinkt).

Ein ernstes Problem ist dabei, dass viele Alleinerziehende in Japan berufstätig sind, die relative Armutsquote jedoch extrem hoch ist, so dass keine „Armut wegen Arbeitslosigkeit" (arbeitslose Armut), sondern „Armut trotz Arbeit" (arbeitende Armut, working poor) auftritt.

Anders als in westlichen Ländern wurde in Japan die Niedriglohnbeschäftigung nicht als Mittel zur Bekämpfung der Arbeitslosigkeit dereguliert, sondern als Mittel gebraucht, um die Personalkosten der Unternehmen zu senken, während niedrige Erträge aus der Arbeit durch das Arbeits- und Sozialrecht gefördert wurden.

Tabelle 1: Niedriglohngrenze und Mindestlohn

	pro Stunde*	**pro Monat**	**pro Jahr**
Median-Verdienst	**2.047,18 Yen**	355.800 Yen	4.270,000 Yen**
Niedriglohngrenze	**1.365 Yen**	237.200 Yen	2.846,667 Yen
Mindestlohn (2014)			
Tokyo	**888 Yen**	154.334 Yen	1.852,008 Yen
Durchschnittswert	**780 Yen**	135.564 Yen	1.626,768 Yen

*Angenommen ist eine mindestens gegebene 40-Stunden-Woche (monatliche Arbeitsstunden: 173,8 Stunden).

**Der Median-Verdienst pro Jahr nach einer „umfassenden Studie zu den Lebensbedingungen 2015", die den Verdienst im Zeitraum zwischen dem 1.1. und dem 31.12.2014 untersuchte.

In Japan liegt der Niedriglohnsektor bei ca. 35 %.[7] Die Niedriglohngrenze liegt bei zwei Dritteln des sog. Median-Verdienstes (d.h. der mittlere Verdienst aller Beschäftigten). Im Jahr 2014 lag die Grenze zum Niedriglohn in Japan bei einem Stundenlohn von 1365 Yen (ca. 11,28 €) (brutto)[8] (Tabelle 1). Bei den Frauen dürfte das Jahreseinkommen bei 60 % der Erwerbstätigen bei 3 Mio. Yen oder weniger (=Niedriglohngrenze) liegen.

---

7 Der Anteil der Personen mit einem Lohneinkommen von 2 Mio. Yen oder weniger liegt bei 23 % und dieser Anteil der Personen mit Lohneinkommen von 3 Mio. Yen oder weniger liegt bei 16 % (Statistische Untersuchung zur Situation des Arbeitsentgelts im Privatsektor, Geschäftsjahr 2015).

8 Die „umfassenden Studie zu den Lebensbedingungen", 2015.

Tatsächlich beträgt der Anteil der atypisch Beschäftigten an den Beschäftigten insgesamt ca. 36,6 % (ca. 19,06 Mio. Beschäftigte, der Anteil der Personen mit einem Lohneinkommen von 2 Mio. Yen oder weniger liegt bei 23,6 %, Statistische Untersuchung zur Situation des Arbeitsentgelts im Privatsektor, Geschäftsjahr 2015). Auch viele atypisch Beschäftigte – insgesamt mehr als 10 Mio. – arbeiten im Niedriglohnsektor mit einem Jahreseinkommen von weniger als 2 Mio. Yen (Nationale Steuerbehörde). Bei Frauen liegt das Jahreseinkommen bei 42,7 % der Erwerbstätigen bei 2 Mio. Yen oder weniger (Nationale Steuerbehörde, 2015).

Die steigende Erwerbstätigkeit der Frauen kann also nicht ohne weiteres als „Fortschritt" bezeichnet werden.

Die Zahl der Haushalte mit einem Einkommen von weniger als 4 Mio. Yen steigt an und um den Einkommensrückgang des Haushaltsvorstands durch im Markt erwirtschaftetes Einkommen aufzustocken, nimmt die Zahl der atypisch Beschäftigten noch stärker zu.

Infolge der steigenden Erwerbsbeteiligung steigt die Teilhabe an der Gesellschaft. Allerdings handelt es sich dabei nicht um eine Beschäftigung, in der man durch Vollzeitbeschäftigung vom eigenen Einkommen leben kann, sondern die zunehmende Erwerbstätigkeit konzentriert sich auf die atypische Beschäftigung. Insbesondere die sinkenden Einkünfte der Haushaltsvorstände in Familien mit Kindern vor der Einschulung und die Zunahme der Erwerbstätigkeit zur Aufstockung des Haushaltseinkommens haben zu einem Anstieg der Doppelverdienerhaushalte geführt[9] und dazu beigetragen, dass bei den Frauen zwischen 25 und 34 Jahren, also der Altersgruppe der jungen Erwerbstätigen in der Kindererziehungsphase, mehr als 40 % in atypischen Beschäftigungsverhältnissen stehen (und es viele Festangestellte gibt, die mit der Kindesgeburt aus dem Unternehmen ausscheiden.).

Bei den Männern ist dieser Anteil niedriger als bei den Frauen. Er verzeichnete aber zwischen 2000 und 2006 ebenfalls einen Anstieg von 5,7 % auf 14,1 %.[10]

Andererseits steigt durch die niedrigeren Einkommen der Haushalte mit Kindern im Vorschulalter erneut der Bedarf an Plätzen in Kindertagesstätten. Dieser Bedarf wird derzeit nicht ausreichend gedeckt, daher ist der Mangel an Kindertagesstättenplätzen ein großes Problem.

---

9 Weißbuch zur Geschlechtergleichstellung. 2016, Kap. 3, Abb I-3-1.

10 Chisa Fujiwara, hoiku to hinkon (Kinderbetreuung und Armut),2016, S. 177.

4. Steigende atypische Beschäftigung in Vollzeit

Besondere Bedeutung ist der Tatsache beizumessen, dass seit den 1990er-Jahren die Zahl der jungen atypisch beschäftigten Männer bei der Leiharbeit sowie bei vollzeitnahen Befristungen gestiegen ist.[11] Sie arbeiten Vollzeit, ausgehend von den niedrigen Stundenlöhnen der „part-time“-Jobs. Die Arbeitszeit entspricht der der Stammbelegschaft, allerdings arbeiten sie zu niedrigeren Löhnen.[12]

Im Vergleich liegt der Stundenlohn für Personen zwischen 20 bis 35 Jahren etwas über dem der „part-time“-Jobs, da sich die Bezahlung der Leiharbeitskräfte aber nach der jeweiligen Arbeit richtet – anders als bei der Senioritätsentlohnung der Stammbelegschaft – steigt der Lohn nicht mit zunehmender Betriebszugehörigkeit.

Bei den atypischen Beschäftigten im mittleren Alter um die 40 Jahre ist das wirtschaftliche Gefälle zu der Stammbelegschaft groß und der Übergang in eine reguläre Arbeit schwierig, da es so gut wie keine Möglichkeiten öffentlicher Berufsausbildung gibt. Wenn sie ausfallen, müssen sie in Kauf nehmen, dass sich der Lohn entsprechend verringert. und es ist schwierig, selbst für die Kosten einer Berufsausbildung aufzukommen.

Diese atypischen Beschäftigungsformen haben auch durch den Gedanken zugenommen, schlechte Arbeit sei besser als keine Arbeit. Im Sozialrecht legitimiert der Gedanke, dass eine schlechte Rente besser sei als keine Rente, die atypischen Beschäftigungsformen ohne eine auf der Grundlage geeigneter Arbeitsbeziehungen bestehende Altersvorsorge. Zu fragen ist, ob durch die nicht existenzsichernde niedrige Rente ein auf Arbeit bezogenes Sicherungssystem gut funktioniert.

---

11 Laut „Bericht zur Leiharbeit 2014“, Ministerium für Arbeit, Gesundheit und Wohlfahrt, betrug die Zahl der Betroffenen 2004 2,2 Mio., 2006 bereits über 3 Mio. und erreichte 2008 4 Mio. Ausgelöst durch die Wirtschaftskrise verloren viele Leiharbeiter ihre Arbeit und Wohnung, so dass in der Folge die Zahl 2009 auf 3 Mio. und bis 2014 auf 2,63 Mio. zurückging.

12 11,1 % der atypisch Beschäftigten arbeiten monatlich 181 oder mehr Stunden und die Hälfte der Betroffenen – 1,17 Mio. Personen – zu einem Jahreseinkommen unter 2 Mio. Yen: Studie zur Arbeitskraft (detaillierte Statistik), 2014; *Goka/Wakita/Morisaki*, a.a.O., S. 23.

III. Problematik der abnehmenden Beschäftigung mit „ausreichender Vorsorge"

1. Zwei Arten von Sozialversicherungen: Arbeitnehmer-Sozialversicherung und Bürger-Sozialversicherung

a) *Renten- und Krankenversicherung*

Auch in Japan gibt es ein Sozialversicherungssystem zur Absicherung gegen Einkommensausfälle, ausgelöst durch Wechselfälle des Lebens wie z. B. Alter, Krankheit, Behinderung, Arbeitslosigkeit usw. Die japanische Renten- und Krankenversicherung zeichnet sich jedoch dadurch aus, dass zwei Sozialversicherungstypen nebeneinander existieren. Ein Typ entspricht der deutschen Sozialversicherung, bei der Arbeitnehmer und Arbeitgeber die Beiträge je zur Hälfte tragen. Der zweite Typ ist die Bürger-Sozialversicherung für Selbstständige und Landwirte usw. Hier zahlt der Betreffende selbst als Bürger (Einwohner) feste Beiträge (Zu den Zahlen im Geschäftsjahr 2016 vgl. Tabelle 2).

Normal-Arbeitnehmer (unbefristet Beschäftigte mit einer vollzeitnahen Arbeitszeit) sind Mitglieder im erstgenannten Typ der Arbeitnehmer-Sozialversicherung, bei der die Einkommenssicherungssysteme der Rente usw. zur Lebenssicherung (Erhaltung des Lebensstandards) dienen. Die Einkommenssicherung beruht auf dem bisherigen Lohn. Auf dessen Basis wird eine einkommensbezogene Rente (einschließlich Grundrente) gezahlt.

Ursprünglich waren der Großteil der Arbeitnehmer Mitglieder in einer „Arbeitnehmer- Sozialversicherung". Die steigende Zahl der atypisch Beschäftigten wurde jedoch in den 1980er-Jahren aufgrund der für Unterhaltsberechtigte zulässigen Einkommensgrenze (Jahreseinkommen unter 1.3 Mio. Yen) oder der Teilzeitarbeit von weniger als 3/4 der Arbeitszeit der üblichen Arbeitszeit, aus der „Arbeitnehmer-Sozialversicherung" ausgeschlossen (siehe noch unter III. 2).

Die Hälfte der atypisch Beschäftigten ist in Bürger-Sozialversicherungen versichert. Die festen Beiträge der Bürger-Sozialversicherung stellen insbesondere für die niedrigen Einkommensschichten eine übermäßige Belastung dar (der Rentenversicherungsbeitrag für die Grundrente lag im Geschäftsjahr 2016 bei 16.660 Yen (ca. 137 €)).

Tabelle 2: Zwei Arten von gesetzlicher Rente

	Arbeitnehmerrente* **(Arbeitnehmer-Sozialversicherung)**	**Grundrente***** **(Bürger-Sozialversicherung)**
Beitragsbeträge pro Monat	14.546 Yen	16.660 Yen (fest)
Rentenhöhe pro Monat	42.443 Yen (einkommensbezogen) +65.040 Yen**(fest) =107.483 Yen (Summe)	65.008 Yen (fest)

*Angenommen ist der im Jahre 1951 geborene Arbeitnehmer, der in Tokyo bis zum Geschäftsjahr 2015 arbeitete und seit 2016 Arbeitnehmerrente (einschließlich Grundrente) bezieht, mit einer Erwerbsbiographie von 40 Jahren bei einer mindestens ständigen 40 Stunden-Woche (monatliche Durchschnittsstunden: 173.8 Stunden). Dieser Mindestlohn von 907 Yen je Zeitstunde gilt vom 1. Oktober 2015 bis zum 30. September 2016.

**Durchschnittswert der anerkannten Aufwendungen in ganz Tokyo (einschließlich der Dörfer) im Geschäftsjahr 2015.

***Um die volle Grundrente zu beziehen, muss man 40 Jahre lang versichert gewesen sein.

Derzeit stehen 40 % der Versicherten (ohne die für den unterhaltsberechtigten Ehepartner zulässigen kürzeren Arbeitszeiten) der Bürger-Sozialversicherung in einer atypischen Beschäftigung.[13]

In Bezug auf die Krankenversicherung gewähren beide Sozialversicherungstypen Krankenbehandlung (bei Erkrankung und Verletzungen.). Eine Einkommenssicherung im Krankheits-/Verletzungsfall (Krankengeld) aus der Vorsorge oder Einkommenssicherung bei Leistungsminderung durch Schwangerschaft oder Kindesgeburt wird zwar in der Arbeitnehmer-Sozialversicherung gewährt, ist in der Bürger-Sozialversicherung aber nicht vorgesehen. Folglich fehlt eine entsprechende Absicherung (Lebenssicherung) für atypisch Beschäftigte, die nur in der Bürger-Sozialversicherung versichert sind, in Phasen, in denen aufgrund von Krankheit, Schwangerschaft oder Geburt usw. zeitweilig nicht gearbeitet werden kann.

Die Tatsache, dass es versäumt wurde, durch legislative Bestimmungen die Anwendung der Arbeitnehmer-Sozialversicherung auf atypisch Beschäftigte auszudehnen, hat die Tendenz zur atypischen Beschäftigung weiter verstärkt.

Da es auch Fälle gibt, in denen die atypisch Beschäftigten rechtswidrig nicht in der Arbeitnehmer-Sozialversicherung versichert sind, muss darauf geachtet werden, dass der Arbeitgeber, der die Sozialversicherungsbeiträge eigentlich tragen sollte, diese Kosten nicht auf die atypischen Arbeitnehmer abwälzt.

13 Studie zur Situation der Versicherten in der Volksrentenversicherung, 2014.

Die Absicherung durch die Arbeitnehmer-Sozialversicherung erfüllt gegen die gesellschaftlichen Risiken ihre lebenssichernde Funktion nach dem erzielten Arbeitsentgelt. Voraussetzung ist jedoch, dass es sich um einen gerechten Lohn handelt (siehe oben I.).

Bei den niedrigen Löhnen der ertragsschwachen Arbeitnehmer ist auch die Absicherung entsprechend niedriger.

b) Arbeitslosenversicherung

Etwa die Hälfte der atypisch Beschäftigten sind überhaupt nicht in einer Arbeitslosenversicherung versichert bzw. selbst wenn sie Mitglied sind, wird nur für eine kurze Zeit ein Arbeitslosengeld gezahlt, so dass die Arbeitslosenversicherung nur eine extrem geringe Absicherungsfunktion erfüllt.[14]

Voraussetzung für die Aufnahme in die Arbeitslosenversicherung ist, dass davon ausgegangen werden kann, dass die Beschäftigung einen Monat andauert. Daher gestaltet sich auch die Anwendung auf befristete Arbeitnehmer schwierig. Auch die versicherten Arbeitnehmer erhalten nur extrem kurze Zeit das Arbeitslosengeld – nur 90 Tage lang, wenn sie weniger als 10 Jahre arbeitslosenversichert waren. Sie erhalten 120 Tage lang Arbeitslosgengeld, wenn sie mindestens 10 und weniger als 20 Jahre arbeitslosenversichert waren. Sie müssen mindestens 20 Jahre eingezahlt haben, um 150 Tage Arbeitslosengeld zu beziehen.

2. Geringe Abdeckung durch die Sozialhilfe

Das Existenzminimum ist nicht wie in Deutschland im SGB II und SGB XII aufgeteilt, sondern es gibt ein einziges, auf alle Bürger anwendbares System – das Sozialhilfegesetz. In der Realität erhalten aber erwerbsfähige Bedürftige wenig Sozialhilfe. Dennoch steigt in letzter Zeit die Zahl der Sozialhilfeempfänger konsequent.

Mit 16 % ist die relative Armutsquote in Japan hoch (20,4 Mio. Personen, 2009), die Sozialhilfequote liegt dagegen bei 1,38 % (1,76 Mio. Personen) und erreicht damit weniger als 10 % der Bedürftigen. Bei atypisch beschäftigten Arbeitnehmern ist die Wahrscheinlichkeit, dass sie arbeitslos werden, hoch. Dennoch steigt die Zahl der Arbeitslosengeldempfänger nicht. Eine der deutschen Arbeitslosenhilfe entsprechende Leistung, die in Deutschland bis 2004 gewährt wurde, gibt es ebenfalls nicht. Darüber hinaus nimmt einhergehend mit der Diversifizierung

---

14 Der Bericht der ILO mit dem Titel „The Financial and Economic Crisis: A Decent Work Response" (2009) weist darauf hin, dass in Japan der Anteil unter den Arbeitslosen, die keine Leistungen aus einer sozialen Sicherung für Arbeitslose erhalten, 77 % beträgt.

der Arbeitsweise/-formen auch die Arbeit zu, die nicht der traditionellen Arbeitsform der Stammbelegschaft entspricht. Dies führt dazu, dass es zunehmend Arbeitsverhältnisse gibt, von deren Ertrag man nicht leben kann. Dennoch ist kein drastischer Anstieg bei den Empfängern der Sozialhilfe zu verzeichnen, die das Existenzminimum sichern soll (ca. 2 % der Bevölkerung).

Die Zahl der Haushalte steigt, die aufgrund der Beschäftigung im Niedriglohnsektor das Existenzminimum nicht sichern können oder trotz Arbeitslosigkeit keine Leistungen aus der Arbeitslosenversicherung beziehen oder deren Bezugszeit bereits abgelaufen ist und die deshalb den Grundbedarf nicht decken können.

3. Altersarmut von heute

a) Armut der Arbeitnehmer von gestern = Armut der Senioren von heute

Auch das japanische System der „Rente für alle" bedeutet nicht unbedingt, dass alle Senioren Rente beziehen können.[15]

Der Anteil der Sozialhilfehaushalte und die Altersverteilung veranschaulichen, dass die ehemaligen Arbeitnehmer in Japan in Armut geraten, die Zahl der Sozialhilfehaushalte steigt und dass die Bürger den Preis für die Ausweitung der „schlechten Arbeit ohne Vorsorge" zahlen.

Stand Februar 2016 (vorläufige Werte) bezogen 808.000 (50 %) der Seniorenhaushalte (65 und älter), 105.000 (6 %) der Haushalte mit alleinerziehenden Müttern, 443.000 (27 %) der Kranken/Behinderten-Haushalte und 269.000 (17 %) der „sonstigen Haushalte" Sozialhilfe („Überblick über die Sozialhilfe", 2016). Der Altersaufbau der „sonstigen Haushalte" (2014) zeigt, dass in der Altersgruppe von 20–29 Jahre nur 5,5 % betroffen sind, der Anteil in der Altersgruppe ab 50 Jahre jedoch 53,9 % beträgt. Der Altersaufbau aller Haushalte (2014) zeigt, dass in der Altersgruppe 20–29 Jahre nur 61.929 Personen (2,9 %) und in der Altersgruppe 30–39 Jahre 122.962 Personen (5,8 %) Sozialhilfe empfangen.

b) Japanische Besonderheiten

aa) Zunehmend deutlich werdende Funktion der Transferleistungen aus Steuern zur Armutsbekämpfung bei ehemaligen Arbeitnehmern

Die Tatsache, dass in Japan bereits bei den derzeitigen Senioren die Einkommenssicherung durch Rentenansprüche rückläufig ist, wird bereits aus den Haushaltstypen und Altersstufen der Sozialhilfeempfängerhaushalte ersichtlich.

---

15 Das Ministerium für Arbeit, Gesundheit und Wohlfahrt schätzt die Zahl der derzeitigen und künftigen Personen, die keine Rente beziehen, auf bis zu 1,18 Mio.

Letztendlich führt das Fehlen einer Absicherung durch eine Arbeitnehmer-Sozialversicherung dazu, dass die Zahl der Sozialhilfeempfänger steigt, wenn z. B. keine Anwartschaften für das Alter (oder im Behinderungsfall) durch eine Rente bestehen, oder der entsprechende Betrag nicht ausreichend ist, oder wenn dem Arbeitnehmer nicht das Recht eingeräumt wird, in entsprechenden Fällen für eine bestimmte Zeit nicht zu arbeiten und Krankengeld zu beziehen, ohne sich Sorgen um seine Existenz machen zu müssen.

Besonders die Rentenansprüche älterer Menschen wurden durch Rentenreformen inhaltlich und hinsichtlich des Rentenniveaus kontinuierlich beschnitten. Man muss leider sagen, dass die „schlechte Arbeit ohne Vorsorge", die für Arbeitnehmer seit den 1980er-Jahren geschaffen wurde, die Ursache für den derzeitigen Anstieg der Sozialhilfeempfängerhaushalte unter den Senioren ist. Es gilt daher, der Ausweitung der „schlechten Arbeit ohne Vorsorge" dringend Einhalt zu gebieten.

bb) Künftige Altersarmut

Abgesehen von den Mini-Jobs sind in Deutschland auch die atypisch Beschäftigen Mitglieder in der Arbeitnehmer-Sozialversicherung. In Japan ist jedoch die Hälfte der atypisch Beschäftigten in Bürger-Sozialversicherungen versichert, die nicht je zur Hälfte von Arbeitnehmer und Arbeitgeber finanziert werden. Dies führt dazu, dass sie keine einkommensbezogenen Rentenanwartschaften erwerben (Tabelle 2).

IV. Japanische Modelle der Niedriglohnbeschäftigung

1. Existenzsicherungsfunktion der Sozialversicherung

Die Bedeutung von Arbeit lässt sich sicherlich nicht nur anhand finanzieller und wirtschaftlicher Bedingungen messen. Betrachtet man Aspekte wie die Würde des Menschen und den Anspruch auf ein menschenwürdiges Leben, so müssen auch Voraussetzungen wie geistige Freiheit und Entfaltung der Persönlichkeit gegeben sein. Angesichts der erläuterten Realität der atypisch Beschäftigten ist es jedoch erforderlich – auch um dem Arbeitnehmer eine freie Wahl der Arbeitsweise und Arbeitszeit zu ermöglichen – die wirtschaftlichen Voraussetzungen durch das Sozialrecht sicherzustellen. Im Folgenden soll auf die wirtschaftlichen Voraussetzungen eingegangen werden, die den Arbeitnehmer vor den Wechselfällen des Lebens schützen sollen.

Die folgenden zwei typisch japanischen Beschäftigungsformen im Niedriglohnsektor sind nicht mit dem Arbeits- und Sozialrecht vereinbar, das ein menschenwürdiges Leben ermöglichen soll. Aus guter (normaler) Arbeit mit ausreichender Vorsorge entsteht eine existenzsichernde Altersvorsorge. Die erste Form ist die in den 1980er-Jahren geschaffene Teilzeitarbeit für einen unterhaltsberechtigten Ehepartner innerhalb des zulässigen Rahmens. Um die Freiheit der Wahl der Arbeitszeit zu garantieren, die dem Betreffenden Zeit für das Privat-/Familienleben sichern soll, müssen die dadurch entstehenden Lohneinbußen durch die soziale Sicherung ausgeglichen werden. Aber obgleich den Betreffenden durch die kürzeren Arbeitszeiten eine „bevorzugte" Stellung gewährt wird, entstehen keine Ansprüche auf Einkommenssicherung als Arbeitnehmer für Zeiten, in denen sie aufgrund von Krankheit oder Kindererziehung usw. zeitweise nicht arbeiten können.

Die zweite Form ist eine Beschäftigung in Vollzeit, die aber mit einem niedrigen Lohn vergütet wird. Diesen beiden Formen ist gemeinsam, dass das System von einer „Abhängigkeit von einem unterhaltspflichtigen Ehepartner oder Eltern" ausgeht (Familienunterhalt). Betrachten wir dies noch etwas näher.

2. Formen der Arbeit ohne existenzsichernde Vorsorge

a) Das Modell des zuverdienenden „Unterhaltsberechtigten" begünstigt die Zunahme von „Hausfrauen-Jobs" im Niedriglohnsektor

In Japan wurden soziale Sicherungssysteme geschaffen, die dem Bild einer „japanischen" Wohlfahrtsgesellschaft entsprechen. Ich möchte zeigen, dass dies zu einem Zustand geführt hat, in dem die betreffenden Arbeitnehmer keine Rechte haben.

Die soziale Sicherung geht von einem Familienmodell mit einem „unterhaltsberechtigten Ehepartner" aus, bei dem die Existenz durch die stabile Beschäftigung des arbeitenden Mannes gesichert ist. Der unterhaltsberechtigte Ehepartner (Ehefrau) arbeitete in dem Rahmen der für den „Zuverdiener" zulässigen kürzeren Arbeitszeiten.

Dies wurde durch den Ansatz des sogenannten „japanischen Modells der Wohlfahrtsgesellschaft" legitimiert, der in der zweiten Hälfte der 1970er-Jahre von der Liberaldemokratischen Partei (LDP) proklamiert und von entsprechen Maßnahmen begleitet wurde. Es ging dabei um eine „Überprüfung der Wohlfahrt", die der Familie besonderen Wert beimaß.

Im Sozialrecht wird die Funktion der Familie bei der Kindererziehung und der Pflege von Angehörigen hervorgehoben. Unter der Voraussetzung, dass der Betreffende Mitglied der Familie ist, vom Haushaltsvorstand unterhalten wird und (innerhalb eines bestimmten Jahreseinkommens) zur Unterstützung des Haushaltseinkommens bei kürzerer Teilzeitarbeit tätig ist, ist er von den Sozialversicherungsbeiträgen befreit, erhält eine Grundrente nach der Bürger-Sozialversicherung und kann der Familien-Krankenversicherung beitreten.

Vor demselben Hintergrund wie bei der Versicherungsfreiheit der Mini-Jobs in Deutschland wird davon ausgegangen, dass eine soziale Sicherung von Zuverdienenden nicht nötig ist, da der Unterhalt normalerweise durch die Einkünfte des Haushaltsvorstands gesichert ist. Es wird angenommen, dass die soziale Absicherung durch den regulär beschäftigten, in Vollzeit arbeitenden, Arbeitnehmer desselben Haushalts (Haushaltsvorstand) sich auch auf die Familie des Arbeitnehmers erstreckt. Der Arbeitgeber ist dabei von den Lohnnebenkosten (für die Zuverdiener) befreit (anders als bei den Mini-Jobs in Deutschland zahlt der Arbeitgeber keine Sozialversicherungsbeiträge).

Ferner wurden im Krankenversicherungsgesetz Kriterien für die Anerkennung als Unterhaltsberechtigter festgelegt. Für Arbeitnehmer mit einem bestimmten Jahreseinkommen (derzeit unter 1,3 Mio. Yen) wird dem Unterhaltsberechtigten die Krankenbehandlung gewährt (entspricht der Familienversicherung für Familienangehörige nach § 10 SGB V). Darüber hinaus wurde durch die Rentenreform 1985 geregelt, dass der unterhaltsberechtigte Ehepartner eines Versicherten der Arbeitnehmerversicherung zwar nicht verpflichtet ist, Rentenversicherungsbeiträge zu zahlen, aber dennoch Anspruch auf Grundrente hat.

Was die steuerlichen Aspekte angeht, muss der Arbeitnehmer keine Einkommenssteuer zahlen, wenn die Lohn/Gehalts-Einkünfte 1,03 Mio. Yen (im Jahr) nicht übersteigen. Zusätzlich ist ein bestimmter Betrag vom versteuerbaren Einkommen des Haushaltsvorstands abzugsfähig. Laut Kabinettsbeschluss vom 22. Dezember 2016 soll dieser Betrag auf 1,5 Mio. Yen erhöht werden (Ehepartner-Freibetrag), da jedoch das Einkommen der Haushaltsvorstände sinkt, weil die Zahl der regulär Beschäftigten abnimmt und das Einkommen der atypisch Beschäftigten noch niedriger ist, begünstigt dies unverändert die Niedriglohnarbeit von zuverdienenden Ehepartnern im für Unterhaltsberechtigte zulässigen Rahmen.

Auf der anderen Seite spielt auch die Tatsache, dass japanische Unternehmen entsprechend den Freibetragsgrenzen Ehepartnerzuschläge zahlen, eine wichtige Rolle für die arbeitenden Ehepartner bei der Festlegung ihrer Arbeitszeiten.

Weder Arbeitgeber noch Arbeitnehmer zahlen hierbei Versicherungsbeiträge, und es wird zwar einerseits ein Anspruch auf Grundrente entstehen, aber es wird andererseits kein Kranken- oder Mutterschaftsgeld aus der Krankenversicherung, kein Arbeitslosengeld aus der Arbeitslosenversicherung und keine Einkommenssicherung während des Erziehungsurlaubs gezahlt.

b) Ausweitung der Arbeit ohne ausreichende Vorsorge

Es wurde eine Ausweitung der Arbeit im Niedriglohnsektor herbeigeführt, die nicht durch die Arbeitnehmer-Sozialversicherung abgedeckt ist. In den

1980er-Jahren wurden interne Kriterien festgelegt, die es möglich machten, Teilzeitarbeitende, die weniger als 3/4 der üblichen Arbeitszeit arbeiteten, von der Anwendung der Arbeitnehmer-Sozialversicherung auszuschließen. Dies wurde zwar nicht explizit festgeschrieben, aber mit dieser Regelung in der Verwaltungspraxis wurde die „schlechte Arbeit ohne ausreichende Vorsorge" legitimiert.

Es entsteht also kein Anspruch für Zeiten, in denen es vorrübergehend schwierig ist zu arbeiten. Ein noch ernsteres Problem besteht darin, dass die „Niedriglohnarbeit im für Unterhaltsberechtigte anerkannten Rahmen" sich ausweitet und nicht mehr nur bei Hausfrauen, also Ehepartnern in einem Familienmodell mit einem regulär beschäftigten Haushaltsvorstand zu finden ist, sondern sich als „atypische Beschäftigung ohne sozialrechtliche Begünstigungen" ausbreitet und derzeit – wie erwähnt – besonders bei älteren Menschen drastisch zunimmt. Seit der zweiten Hälfte der 1990er-Jahre hat dies sogar zu fallenden Löhnen bei vollzeitnahen befristeten Beschäftigten mittleren Alters geführt.

Um den versicherten Personenkreis zu erweitern, wurden 2016 das Arbeitnehmerrentengesetz und das Arbeitnehmerkrankenversicherungsgesetz reformiert (seit 1.10.2016 in Kraft).

Im Reformgesetz wurden die Voraussetzungen für den Ausschluss von der Anwendung festgelegt (§ 12): Dies greift, wenn die festgesetzte wöchentliche Arbeitszeit des betreffenden Kurzzeitarbeiters weniger als 3/4 der Arbeitszeit der in demselben Betrieb beschäftigten (regulären) Arbeitnehmer beträgt und eine der folgenden Bedingungen zutrifft:

a) Die wöchentliche festgesetzte Arbeitszeit liegt unter 20 Stunden,
b) es ist nicht damit zu rechnen, dass der Betreffende dauerhaft ein Jahr oder länger im betreffenden Betrieb beschäftigt sein wird,
c) das Arbeitsentgelt liegt unter 88.000 Yen,
d) der Betreffende ist Student.

Es ist zu erwarten, dass durch die Gesetzesänderungen 250.000 Teilzeitarbeiter mit einer Arbeitszeit von mehr als 20 Stunden/Woche neu der Arbeitnehmer-Sozialversicherung beitreten werden.

Allerdings ist gemäß § 12b Arbeitnehmerrentengesetz (vgl. auch § 3 Abs. 1 Nr. 9 Arbeitnehmerkrankenversicherungsgesetz) nach der Gesetzesänderung von 2016 von der Anwendung ausgeschlossen, wenn nicht damit zu rechnen ist, dass der befristete Vertrag durch den Arbeitgeber so erneuert werden kann, dass der Betreffende dauerhaft ein Jahr oder länger im betreffenden Betrieb beschäftigt sein wird. Dadurch wird das Problem aufgeworfen, dass es von dem Arbeitgeber zu bestimmen ist, ob diese Vorschriften auf den befristet Beschäftigen mit einer

Arbeitszeit von weniger als 3/4 der Arbeitszeit eines regulär beschäftigten Arbeitnehmers anzuwenden sind.

3. Künftige Armut von in Vollzeit arbeitenden atypisch Beschäftigten

a) Altersarmut der in Vollzeit arbeitenden Beschäftigten im Niedriglohnsektor

Bei den atypisch Beschäftigten, die ebenso wie regulär Beschäftigte Vollzeit arbeiten, dies aber befristet oder als Leiharbeiter, ist eine zunehmende Ausweitung im Niedriglohnsektor festzustellen, die die Betreffenden in schwierige Lebenssituationen bringen.

Das liegt erstens daran, dass sie während ihrer Beschäftigung nicht genug zum Leben verdienen.

Zweitens ist das Lohngefälle zu den regulär beschäftigten Arbeitnehmern groß und zwar nicht nur in der aktiven Arbeitsphase, sondern diese Disparität wird auch mit ins Alter übernommen. Nicht nur das Problem der unzureichenden Lebenssicherung aufgrund der Beschäftigung bei niedrigem Lohn, sondern auch die unzureichende Zukunftsvorsorge für das Alter sind Ursachen für Armut im Alter. Es treten also ähnliche Probleme auf wie bei der Altersvorsorge von Niedriglohnbeschäftigten (Leiharbeiter, Werkvertragsarbeitnehmer) in Deutschland. Da – selbst wenn der Betreffende Mitglied einer Arbeitnehmer-Rentenversicherung ist – der Versicherungsbeitrag auf Basis der diskriminierenden Löhne ermittelt wird und sich auch die Rentenhöhe nach dem Lohn richtet, sind insbesondere bei der langfristigen Rentenversicherung diese Renten oft niedrig und liegen nicht über dem Niveau der Sozialhilfe. Besondere Bedeutung hat für alle Arbeitnehmer, dass auch in der Arbeitsphase die Beiträge zur Arbeitnehmer-Sozialversicherung nach dem existenzsichernden Ertrag aus der Arbeit entrichtet werden. Alle Arbeitnehmer dürften die Ansprüche auf die Rente haben, deren Höhe sich nach dem hohen Ertrag aus der Arbeitstätigkeit bemisst.

Bei der Annahme von 40 lückenlosen Versicherungsjahren und einer 40-Stunde-Woche in Tokyo ist ein Bruttolohn von ca. 1315 Yen (ca. 10,87 €) ~ 1431 Yen (ca. 11,83 €) in der Stunde notwendig, um auf eine Arbeitnehmerrente (einschließlich Grundrente) in Höhe der Sozialhilfe von älteren Menschen ab 65 Jahren (alleinstehend) einschließlich der Unterkunftskosten im Monat zu kommen (Tabelle 3 Zur Situation in Deutschland: *Waltermann*, Sozialrecht, 12. Aufl., 2016, Rn. 140 und 369).

Tabelle 3: Tokyo, alleinstehend.

Stundenlohn	**907 Yen (Milo*)**	**1315 Yen**	**1431 Yen**	**Monatsbetrag der Sozialhilfe für die alleinstehende Seniorenhaushalte (2016)**	
Bruttolohn pro Monat	157.636	228.547	255.178	Hilfe zum Lebensunterhalt 79.000 Yen	
Standardisierter Bruttolohn pro Monat	160.000	220.000	260.000		
Arbeitnehmerrente Grundrente(fest)	41.816 +65.040	57.998 65.040	67.692 65.040	Unterkunftskosten +46.282** (höchstens) 53.700	
Rentenhöhe(Summe)	106.856 Yen	123.038 Yen	132.732 Yen	125.282 Yen	132.700 Yen

*Angenommen ist der im Jahre 1951 geborene Arbeitnehmer, der in Tokyo bis zum Geschäftsjahr 2015 arbeitete und seit 2016 Arbeitnehmerrente (einschließlich Grundrente) bezieht, mit einer Erwerbsbiographie von 40 Jahren bei einer mindestens ständigen 40 Stunden-Woche (monatliche Durchschnittsstunden: 173,8 Stunden). Dieser Mindestlohn von 907 Yen je Zeitstunde gilt vom 1. Oktober 2015 bis zum 30. September 2016.

**Durchschnittswert der anerkannten Aufwendungen in ganz Tokyo (einschließlich der Dörfer) im Geschäftsjahr 2015.

*Im Fall von Okinawa**

Stundenlohn	**693 Yen (Milo)**	**(642 Yen)**	**744 Yen**	**Monatsbetrag der Sozialhilfe für die alleinstehende Seniorenhaushalte (2016)**	
Bruttolohn pro Monat	120.443 Yen	(111.580)	129.307 Yen	Hilfe zum Lebensunterhalt 67.100 Yen	
Standardisierter Bruttolohn pro Monat	118.000 Yen	(110.000)	126.000 Yen		
Arbeitneh-merrente Grundrente	31.108 Yen 65.040 Yen	(28.999) (65.040)	33.217 Yen 65.040 Yen	Unterkunftskosten + 27.337 Yen, (höchstens) 32.000 Yen	
Rentenhöhe (Summe)	96.148 Yen	(94.039)	98.257 Yen	94.437 Yen	99.100 Yen

*Angenommen ist das Gleiche wie oben in Tokyo. Der Stundenlohn von 642 Yen, der notwendig ist, um auf eine Arbeitnehmerrente (einschließlich Grundrente) in Höhe der Sozialhilfe von älteren Menschen ab 65 Jahren (alleinstehend) einschließlich der Unterkunftskosten (Durchschnittswert bei 27,337 Yen) zu kommen, liegt schon unter dem Mindestlohn (693 Yen) im Jahr 2015.

Die ungewollte atypische Beschäftigung (bei der Leiharbeit sowie bei vollzeitnahen Befristungen) betrifft nicht nur Personen mittleren Alters, sondern weitet sich auch auf junge Menschen aus, die nach dem Schulabschluss anfangen zu arbeiten, die Arbeitsstelle aber früh wieder aufgeben (siehe oben I. 2. a)). Ein Grund hierfür sind die harten Arbeitsbedingungen, die das Verweilen erschweren. Da es darüber hinaus auch schwierig ist, eine gute neue Anstellung zu finden, müssen die folgenden zwei Punkte erfüllt sein, um eine gute Arbeit zu sichern, die wiederum Voraussetzung für eine gute soziale Sicherung ist (in diesem Zusammenhang eine Arbeitnehmerrente, von der man leben kann).

Erstens müssen die Bedingungen dafür geschaffen werden, dass man am Arbeitsplatz verbleibt und dauerhaft beschäftigt bleibt. Zweitens gilt es, eine Arbeitslosenversicherung zu schaffen, die Arbeitnehmern, die ihre Stelle aufgeben, für eine gewisse Zeit der Arbeitslosigkeit ein Einkommen sichert und eine Berufsausbildung ermöglicht. Gute Absicherung im Fall der Arbeitslosigkeit ermöglicht die Integration in gute Arbeit und resultiert in guten Renten nach Abschluss des Berufslebens.

b) Japanische Besonderheiten: Niedriglohnarbeitnehmer in Vollzeit

Es ist von wesentlicher Bedeutung, dass in Deutschland davor gewarnt wird, dass die sozialrechtliche Aufstockung von Niedriglöhnen durch Grundsicherung (steuerfinanzierte Transferleistungen) negative Auswirkungen auf den Arbeitsmarkt hat und die Verhandlungssmacht der Arbeitnehmer schwächt. In Japan erfüllt die Sozialhilfe ihre Ergänzungsfunktion nicht einmal in Fällen, in denen Arbeitnehmer im erwerbsfähigen Alter zu Niedriglöhnen arbeiten, welche das Existenzminimum nicht übersteigen – das an sich ist ein ernstes Problem.

Auch wenn die Niedriglohnarbeitnehmer in Zukunft ein Leben im Alter in Armut erwartet, mag die niedrige Grundrente durch zuverdienende atypische Beschäftigung vielleicht etwas aufgestockt werden, die Rente wird dadurch aber nicht angehoben. Weder die steuerfinanzierten sozialen Sicherungssysteme noch die Unternehmen, die die Arbeitskraft einsetzen, erfüllen eine lebenssichernde Funktion – das Leben im Alter wird der Eigenverantwortung der Betroffenen überlassen.

In Japan werden auch befristete Arbeitnehmer, die vollzeitnah arbeiten, von der Arbeitnehmer-Sozialversicherung ausgeschlossen, wenn keine Aussicht auf Fortsetzung der Beschäftigung besteht.

Die Unternehmen umgehen so viele Kosten, die nach dem Sozialversicherungsgesetz vom Arbeitgeber zu tragen sind, indem sie Unterhalt für erwachsene Kinder, die bei den Eltern leben (Familienunterhalt) oder Grundrente im Alter mit in die Rechnung einbeziehen.

Zu fragen ist, ob die nicht mit dem Ertrag der Arbeit verbundene Grundrente unter dem Sozialhilfeniveau für viele Arbeitnehmer zu unserer Sozialrechtsordnung passt (Tabelle 2 und Tabelle 3).

Anders als bei den in Kurzteilzeit arbeitenden unterhaltsberechtigten Ehepartnern erreicht der volle Betrag der Grundrente dieser in Vollzeit Arbeitenden nicht einmal das Niveau der Sozialhilfe, obwohl die Betreffenden selbst die Renten- und Krankenversicherungsbeiträge der Bürger- Sozialversicherung zahlen.

Auch in Japan liegt bei längerem Verbleib in ertragsschwachen Arbeitsverhältnissen – selbst bei Vollzeitarbeit – das Niveau der Altersrente unter der Sozialhilfe (Tabelle 3). Wenn man nicht 40 Jahre lang Beiträge in die Arbeitnehmer-Sozialversicherung eingezahlt hat, fällt die Rente noch niedriger aus.

Die durchschnittliche Arbeitnehmerrente eines Rentenempfängers liegt derzeit bei 144.886 Yen (die Grundrente allein beträgt 54.000 Yen im Monat (65.008 Yen (voller Betrag)) im Monat), Abteilung für Renten, Ministerium für Arbeit, Gesundheit und Wohlfahrt, „Überblick über Arbeitnehmerrentenversicherung und Volksrente, 2014“: Die Modellrente eines Zweipersonen-(Ehepaar-)Haushalts beträgt 163.000 Yen.

Das ist noch nicht alles. In der Bürger-Sozialversicherung, in der viele atypisch Beschäftigte Mitglied sind, steigt die Zahl der Personen, die mit ihren Beitragszahlungen im Rückstand sind (inzwischen sind es 40 %[16]). Bei der Grundrente werden die Beiträge nicht vom Lohn abgeführt, sondern der Betreffende zahlt die Beiträge selbst ein. Wenn er kein ausreichendes Einkommen hat, um diese zu zahlen, kommt es leicht zu Zahlungsrückständen.

Dies dürfte falsche Anreize schaffen, da es einfacher wäre, keine hohen Rentenbeiträge zu zahlen, sondern stattdessen Sozialhilfe zu beziehen.

In einer Studie wird davor gewarnt, dass „Arbeit, die ein Leben ohne Rente im Alter nach sich zieht“ zu Altersarmut führt.[17]

Eine Rentenanwartschaft besteht in der japanischen Grundrente überhaupt erst nach 25 Versicherungsjahren, daher wird geschätzt, dass derzeit 1,5 % (420.000) der älteren Menschen im Alter von 65 Jahren oder älter (27,44 Mio.) keine Rente beziehen (Ministerium für Arbeit, Gesundheit und Wohlfahrt, 2006).

16 Studie zur Situation der Versicherten in der Volksrentenversicherung, 2015.

17 *Akiko Tsuji*, NIRA 2008. Der Think Tank NIRA geht davon aus, dass von den ca. 1,2 Mio. atypisch Beschäftigten und Personen ohne Arbeit, die die „Eiszeit auf dem Arbeitsmarkt“ hervorgebracht hat, nach Abzug der Hausfrauen und Mitglieder in der Arbeitnehmerrente, 774.000 Personen im Alter Sozialhilfeempfänger werden (April 2008).

Um die Zahl der Personen, die im Alter ohne Rente leben einzudämmen, entsteht ab 2017 (Inkrafttreten: 1.8.2017) eine Grundrentenanwartschaft, wenn man zehn Jahre Mitglied der Versicherung war (der Anteil der Personen ohne Rente, die weniger als 10 Jahre Rentenbeiträge gezahlt haben, liegt bei 59 %. Mehr als 40 % können eine Grundrente beziehen, wenn die Mindestgrenze auf 10 Jahre reduziert wird), allerdings verringert sich die Grundrente in Abhängigkeit von der Dauer der Mitgliedschaft in der Bürger-Sozialversicherung (Jahresbetrag: 195.000 Yen < 780.100 Yen x 10/40) und ist damit nicht armutsfest.

4. Kurze Zusammenfassung

Die wirtschaftliche Basis, um die für eine nachhaltige Gesellschaft nötigen künftigen Generationen zu gebären und aufzuziehen, ist in Japan schwach (siehe oben I.). Da für viele Arbeitnehmer auch in der Arbeitsphase die notwendigen Voraussetzungen nicht gegeben sind, um Kinder zu bekommen und aufzuziehen und sie auch den dafür notwendigen Unterhalt nicht verdienen, sinken die Geburtenraten und die Kinderarmut nimmt zu.[18] Voraussetzung für eine nachhaltige Gesellschaft ist deshalb, dass eine Ausweitung der Armut aufgrund atypischer Beschäftigung vermieden wird. Dies ist nur ein Aspekt der Existenzsicherungsfunktion des Arbeitsverhältnisses.

Damit der Arbeitnehmer über das lange Berufsleben hinweg verantwortungsbewusst planen kann, ist ein Schutz vor Wechselfällen des Lebens, die aufgrund eines zeitweisen oder anhaltenden Leistungsrückgangs zu Einkommenseinbrüchen führen, unabdingbar. Sowohl Arbeitnehmer in Teilzeitarbeit, die innerhalb der Einkommensgrenzen für Unterhaltsberechtigte arbeiten, als auch atypisch Beschäftigte in Vollzeit können derzeit durch ihre Beschäftigung keine Vorsorge für die Zukunft treffen. Daher kann man nicht behaupten, dass diese Arbeitsformen dem Arbeitnehmer real eine Wahlmöglichkeit gewähren.

Zum Abschluss

Angesichts der Realität der atypisch beschäftigten Arbeitnehmer in Japan muss man zu der Schlussfolgerung kommen, dass die Voraussetzungen für eine nachhaltige Arbeitsgesellschaft nicht gegeben sind. Für eine nachhaltige Gesellschaft bedarf es guter Arbeit mit guter sozialer Sicherung. Bedingung dafür ist, dass das Sozialrecht die existenzsichernde Funktion der Arbeitsverhältnisse sowie die Wahlfreiheit des Einzelnen flankiert, der seine Arbeitszeit wirklich frei wählen

18 *Fujiwara*, DIO Nr. 306 (2015).

soll, damit er ein gesundes und eigenes Leben führen kann.[19] Um allen Individuen, die von ihrer Arbeitskraft leben, eine Existenzsicherung durch Arbeit zu gewährleisten, müssen 1. nicht nur die wirtschaftlichen Voraussetzungen geregelt werden, die den derzeit beschäftigten Arbeitnehmern einen gewissen Lebensstandard ermöglichen, sondern 2. muss in der Arbeitsphase eine existenzsichernde Vorsorge durch Versicherung für zeitweilige Unterbrechungen, in denen nicht gearbeitet werden kann, sowie für den andauernden Verlust der Beschäftigung im Alter gewährleistet werden, um Anwartschaften und Ansprüchen zu begründen. Eine Absicherung durch die Arbeitsnehmer-Sozialversicherung gegen gesellschaftliche Risiken auf Grundlage gerechter Löhne wird zum Modell für eine nachhaltige Existenzsicherung.[20]

---

19 *Schlegel*, AuR 2016, 268.

20 *Waltermann*, Abschied vom Normalarbeitsverhältnis?, Verhandlungen des 68. Deutschen Juristentags 2010, S. 87 und 91.

Professor Dr. Rolf Wank

Ruhr-Universität Bochum

Atypische Beschäftigungsverhältnisse, mit besonderem Bezug zur Reform der Leiharbeit

Abstract: *Atypical employment includes in Germany and in Japan part-time work, fixed-term work and agency work. The article focuses on the latest change in agency work in Germany. The discussion concentrates on the meaning of "temporary", on equal pay, sanctions, agency work during a strike and on thresholds in laws referring to the number of employees.*

Ich danke Frau Kuwamura für ihre Unterstützung.

Unter **atypischen Beschäftigungsverhältnissen** versteht man in Deutschland wie in Japan drei Arten, Teilzeitbeschäftigung, befristete Beschäftigung und Leiharbeit.[1] Man kann diese Abweichungen vom sog. Normalarbeitsverhältnis rein beschreibend verstehen. Dann ist der Gegensatz die unbefristete Vollzeitbeschäftigung beim eigenen Arbeitgeber. Mit atypischer Beschäftigung verbindet sich aber vielfach die Vorstellung von „prekärer Arbeit"; d. h. nach dieser Bezeichnung ist atypische Arbeit eine Arbeit zweiter Klasse. Man stellt sich dabei vor: Sie wird vom Arbeitnehmer nicht gewünscht und erfolgt zu schlechteren Arbeitsbedingungen. Die Unterschiede betreffen vor allem die Lohnhöhe und die Arbeitsplatzsicherheit.[2] Die Frage der Lohnhöhe ist verbunden mit dem Antidikriminierungsrecht, und damit insbes. mit der Benachteiligung von Frauen[3] und von atypisch Beschäftigten. Aber man muss beide Aspekte jeweils getrennt für die einzelnen Formen von atypischer Arbeit betrachten.

Ich möchte den aktuellen Stand zur atypischen Beschäftigung vorstellen. Vor einigen Jahren fand unter dem Stichwort „Abschied vom Normalarbeitsverhältnis" eine Diskussion

1 Rechtsvergleichend Deutschland/Japan: *Wank*, Non-regular Employment in Germany and in Japan, Nagoya 2014 (zit. Employment); für Japan s. *Kuwamura*, Atypische Beschäftigung und Arbeitsrecht in Japan, in diesem Band, unter I. Bei *Hanami/Komiya/Yamakawa*, Labour Law in Japan, 2. Aufl. 2015, Rn. 100 finden sich zusätzlich daily workers, arubaito, contract employees.

2 *Hanami/Komiya/Yamakawa*, Japan Labour Law, Rn. 100; *Kuwamura*, in diesem Band, S. 47, 49 ff., 55 ff.

3 *Ogata*, Familiäre Pflege und das Arbeitsrecht unter dem Genderaspekt – Abschied vom Modell des Mannes als Ernährer, in diesem Band, S. 113 ff.

über die atypischen Arbeitsverhältnisse statt.[4] Änderungen hat es seitdem aber im Wesentlichen nur im Bereich der Leiharbeit gegeben, so dass darauf mein Schwerpunkt liegen soll.

I. Befristete Beschäftigung

1. Deutschland

Das allgemeine Recht der befristeten Beschäftigung ist im Teilzeit- und Befristungsgesetz geregelt (TzBfG). In diesem Gesetz sind keine Änderungen erfolgt.

a) Interessenlage

Die Frage, ob befristete Beschäftigung[5] prekäre Beschäftigung ist, lässt sich nicht einfach beantworten.

Nur selten wird eine befristete Beschäftigung vom **Arbeitnehmer** gewünscht.[6] Das ist nur dann der Fall, wenn er sicher weiß, dass er nur vorübergehend bei diesem Arbeitgeber arbeiten wird und wenn er auch die Dauer im Voraus weiß. Ansonsten kann er leicht kündigen: Weder braucht er einen Kündigungsgrund noch gelten für ihn lange Kündigungsfristen.

Arbeitgeber sind an einer befristeten Beschäftigung interessiert: als einem Ersatz für eine Probezeit oder als Ersatz für eine Kündigung, bei Arbeit für ein bestimmtes Projekt oder bei ungewisser Auftragslage. Während eine Probezeit nur solange dauern darf, wie der Arbeitgeber für eine Erprobung braucht, darf eine sachgrundlos befristete Beschäftigung bis zu zwei Jahren dauern. Während der Arbeitgeber nur unter erschwerten Bedingungen kündigen darf – er braucht einen Kündigungsgrund und muss Kündigungsfristen einhalten –, endet ein befristetes Arbeitsverhältnis nach Ablauf der Frist ohne weiteres; selbst ein Sonderkündigungsschutz entfällt.

Steht von vorneherein fest, dass ein Arbeitnehmer nur für eine bestimmte Aufgabe benötigt wird, ist die Befristung eine sachgerechte Lösung. Bei einer schwankenden Auftragslage ist eine betriebsbedingte Kündigung nur dann wirksam, wenn der Arbeitgeber nachweisen kann, dass auch auf absehbare Zeit nicht mit einer Besserung zu rechnen ist; ansonsten muss er den Arbeitnehmer auch dann weiter beschäftigen, wenn er derzeit für ihn keine sinnvollen Aufgaben hat.[7]

---

4 Gutachten *Waltermann* für den 68. DJT, 2010; Kurzfassung NJW 2010, 81; dazu *Wank*, RdA 2010, 193.

5 Empirische Daten bei *Wank*, Employment, S. 38.

6 *Wank*, Employment, S. 39.

7 *Wank* in Münchener Handbuch zum Arbeitsrecht, 4. Aufl. 2018, § 103 Rn. 35.

Befristet Beschäftigte können entsprechend der Dauer der vorhersehbaren guten Auftragslage eingestellt werden.

b) Neue Entwicklungen

aa) In der Rechtsprechung hat sich insofern eine Änderung ergeben, als der EuGH eine **Missbrauchskontrolle** für die befristete Beschäftigung gefordert hat.[8] Die einzelne Beschäftigung mag mit sachlichem Grund erfolgen. Aber eine Aneinanderreihung von befristeten Beschäftigungen kann darauf beruhen, dass in Wahrheit eine Daueraufgabe vorliegt, für die das Rechtsinstitut des befristeten Arbeitsvertrages nicht gedacht ist. Die Umsetzung der EuGH-Rechtsprechung in deutsches Recht ist noch im Fluss: Ab wieviel Beschäftigungen ist ein Missbrauch anzunehmen?

Im Hinblick auf Indizien für einen Missbrauch fragt das BAG, wie oft ein Arbeitnehmer bisher befristete Verträge zur Vertretung erhalten hat und ob die einzelnen Vertretungsfälle den gleichen Arbeitsinhalt oder verschiedene Arbeitsinhalte betrafen.[9] Mit diesem üblichen Ansatz kann man das Problem jedoch nach meiner Ansicht nicht lösen. Nimmt man als Beispiel die Befristung zur Vertretung, dann wird typischerweise bei jedem neuen befristeten Vertrag ein anderer Mitarbeiter vertreten, die Arbeitsinhalte sind unterschiedlich. Man könnte aber zusammenfassend sagen: Der Arbeitnehmer nimmt die Daueraufgabe eines Springers wahr. Der Arbeitgeber könnte genauso gut den Arbeitnehmer als Springer dauerhaft einstellen. Nun sagt aber das BAG, kein Arbeitgeber sei verpflichtet, eine Personalreserve vorzuhalten.[10] Folgerichtig könnte dann auch die wiederholte Beschäftigung zur Vertretung nie zum Missbrauch führen. Allerdings hat das BAG im Laufe der Zeit ein juristisch überzeugendes und für die Praxis brauchbares Prüfschema entwickelt.[11]

Rechtspolitisch empfiehlt sich auch für wiederholte Befristungen mit Sachgrund ein zusätzliches formales Kriterium, entweder nach der Zahl der Befristungen oder nach der Gesamtdauer der befristeten Verträge, beispielsweise höchstens drei Befristungen und höchstens für eine Gesamtdauer von zwei Jahren. § 14 Abs. 2 TzBfG bietet dafür ein übertragbares Muster.

---

8 EuGH NZA 2012, 135 – Kücük.

9 BAG NZA 2012, 1351.

10 BAG NZA 2010, 34; NZA 2013, 777.

11 Dazu *Kiel*, NZA Beilage 2/2016, S. 72, 83.

bb) Geändert wurde vor kurzem das **Wissenschaftszeitvertragsgesetz** (WissZeitVG). Zu diesem Gesetz gibt es aus neuerer Zeit eine Reihe von Urteilen.[12] In ihm geht es um die Beschäftigung von Mitarbeitern in wissenschaftlichen Einrichtungen, insbes. in Universitäten. Im Kern gibt es hier zwei Arten von Mitarbeitern, diejenigen, die mit Daueraufgaben betraut sind, und diejenigen, die nur vorübergehend in der Universität beschäftigt sind. Es geht also darum, eine missbräuchliche Gestaltung in der Weise zu verhindern, dass Dauerstellen mit befristet Beschäftigten besetzt werden.[13] Ein sachlicher Grund für eine Befristung kann darin liegen, dass es sich um eine Ausbildung handelt, wie bei Wissenschaftlichen Mitarbeitern, dass eine Kongruenz von Drittmittelzahlungen und Dauer des Beschäftigungsverhältnisses bestehen muss, oder dass im Rahmen des Rotationsprinzips eine Stelle nach einander für mehrere Personen zur Verfügung stehen soll.

2. Japan

a) Bestandsschutz

Nach einer Prüfung der verschiedenen Modelle für ein Recht der befristeten Beschäftigung in mehreren europäischen Ländern hatte eine Kommission dem japanischen Gesetzgeber vorgeschlagen, auf ein Sachgrunderfordernis zu verzichten.[14] Stattdessen wurden nur Höchstfristen für eine befristete Beschäftigung vorgesehen.[15] Der Vorschlag wurde umgesetzt in Art. 14 AVG (drei Jahre) und in Art. 18 AVG: Nach fünf Jahren hat der Arbeitnehmer das Recht, in eine unbefristete Beschäftigung zu wechseln. Die schwierigen Fragen: „Was ist ein zulässiger Sachgrund? Wann liegt trotz Sachgrund ein Missbrauch vor?" hat sich der japanische Gesetzgeber erspart. Allerdings ist fraglich, ob ein Zeitraum von drei Jahren (in Deutschland zwei Jahre für die sachgrundlose Befristung) nicht eine zu lange Zeit der Unsicherheit bedeutet.

Soweit eine längere Frist zulässig ist (§ 14 Abs. 1 ASG),[16] besteht jedenfalls nach fünf Jahren ein Anspruch auf Übernahme in ein unbefristetes Arbeitsverhältnis,

---

12 Zur Rechtsprechung des BAG *Kiel*, NZA Beilage 2/2016, S. 72, 81, 83.

13 MünchArbR/*Wank*, § 104 Rn. 10.

14 Dazu *Hashimoto*, Bulletin der Japanisch-deutschen Gesellschaft für Arbeitsrecht Nr. 12 (2011), S. 61 ff.

15 *Hanami/Komiya/Yamakawa*, Labour Law in Japan, Rn. 209.

16 Dazu *Kuwamura*, in diesem Band, S. 47, 56 ff.

§ 18 Abs. 1 AVG.[17] Einen gesteigerten Schutz erfahren Arbeitnehmer dadurch, dass § 19 AVG eine Missbrauchskontrolle dadurch ersetzt hat, dass die Vorschriften über die Kündigung entsprechend anwendbar sind.[18]

b) *Diskriminierungsschutz*

Dem deutschen Diskriminierungsverbot entspricht § 20 AVG, wonach befristet Beschäftigte keine „unangemessene“[19] Ungleichbehandlung erfahren dürfen.

Nach § 20 AVG kommt es auf folgende Kriterien an:

- Inhalt der Arbeit
- dazugehörige Verantwortung
- die Reichweite der Änderungen, die sich hinsichtlich Tätigkeit und Position ergeben
- sonstige Umstände.

Die gleiche Problematik wie nach § 20 AVG für die befristete Beschäftigung stellt sich nach § 8 n. F. Teilzeitgesetz für die Teilzeitbeschäftigung und wird dort entsprechend gelöst.

Wenn es um eine unzulässige Ungleichbehandlung geht, kommt es in allen arbeitsrechtlichen Diskriminierungsvorschriften in Japan wie in Deutschland darauf an, mit wem man den angeblich benachteiligten Arbeitnehmer vergleicht. Dabei kann man nicht nur ein Merkmal berücksichtigen (hier: befristet/unbefristet), sondern es geht gedanklich darum, den „*vergleichbaren Arbeitnehmer*“ zu finden, gleichgültig ob diese Rechtsfigur in einem Gesetz genannt wird oder nicht.[20] Die Vergleichbarkeit kann sich auf die Person beziehen (z. B. bezüglich Lebensalter, Dienstalter, Ausbildung, Fähigkeiten) oder auf die Art der Arbeit (gleiche Arbeit, gleichartige Arbeit, gleichwertige Arbeit) oder auf die Arbeitsbedingungen (Tagesschicht, Nachtschicht usw.). Das Problem tritt im deutschen Arbeitsrecht bisher schon u. a. in § 1 Abs. 3 KSchG, § 1 Abs. 2 Satz 2 KSchG, § 4 Abs. 1 TzBfG, § 4 Abs. 2 TzBfG, § 3 Abs. 1 und 2 AGG, § 8 AÜG n. F. auf sowie in § 4 Entgelttransparenzgesetz.[21]

---

17 *Hanami/Komiya/Yamakawa*, Labour Law in Japan, Rn. 125; *Kuwamura*, in diesem Band, S. 47, 57 f.

18 *Hanami/Komiya/Yamakawa*, Labour Law in Japan, Rn. 123 f.; *Kuwamura*, in diesem Band, S. 47, 56 f.

19 Vgl. in Deutschland § 17 Abs. 1 Satz 1 Berufsbildungsgesetz: „Ausbildende haben Auszubildenden eine angemessene Vergütung zu gewähren.“

20 BAG, RdA 2017, 259 (*Wank*).

21 S. *Lars Lubisch*, Der vergleichbare Arbeitnehmer im Arbeitsrecht, 2014.

Ein Problem bei allen Antidiskriminierungsvorschriften in Japan ergibt sich daraus, dass sich der „vergleichbare Arbeitnehmer" nur schwer ermitteln lässt. Die Arbeitsbedingungen und insbes. die Löhne ergeben sich weniger aus einem festen Schema als vielmehr aus dem jeweiligen Arbeitsvertrag.[22]

II. Teilzeitbeschäftigung

1. Deutschland

a) Interessenlage

Die Interessenlage bei einer Teilzeitbeschäftigung[23] ist von der bei einer befristeten Beschäftigung verschieden.

Für **Arbeitgeber** kann eine Teilzeitbeschäftigung dadurch einen Vorteil bieten,[24] dass zwei ausgeruhte und motivierte Teilzeitkräfte mehr leisten als eine am Nachmittag erschöpfte vollzeitbeschäftigte Person. Andererseits treten bei einer Teilzeitbeschäftigung erhöhte organisatorische Probleme auf, und auch die Kosten steigen.

Eine Teilzeitbeschäftigung wird häufig von **Arbeitnehmern** gewünscht.[25] Meist handelt es sich um Frauen, die während der Zeit der Kinderbetreuung nicht den ganzen Tag am Arbeitsplatz verbringen möchten.

Sind Kinder im Alter bis zu 3 Jahren vorhanden, so sind 45 % der Mütter gar nicht erwerbstätig, 23 % in Vollzeit und 45 % in Teilzeit. Aber auch beim Vorhandensein von Kindern bis zu 18 Jahren sind 18 % der Mütter nicht erwerbstätig, 31 % in Vollzeit und immer noch 51 % in Teilzeit.[26]

Viele Mütter sehen sich zu einer Teilzeitarbeit gegen ihren Wunsch gezwungen. Kindertagesstätten (Kitas), Kindergärten und Schulen betreuen vielfach die Kinder nur vormittags oder bis zum frühen Nachmittag. Die Kinder müssen von einem Elternteil zu einer Zeit abgeholt werden, zu der in Vollzeit noch gearbeitet wird. Der Staat, der vorgibt, sich um Eltern zu bemühen, ist bis heute nicht in der Lage, genügend Kitas und Ganztagsplätze bereit zu stellen. Wichtiger als ein Entgelttransparenzgesetz und als Änderungen im Teilzeit- und Befristungsrecht wäre es wahrscheinlich, genügend Kita- und Kindergartenplätze bereitzustellen

---

22 *Hanami/Komiya/Yamakawa*, Labour Law in Japan, Rn. 69, 177 ff.; *Kuwamura*, in diesem Band, S. 47, 49 ff.; *Wank*, RdA 2015, 294, 297.

23 Rechtstatsachen bei *Wank*, Employment, S. 28.

24 *Wank*, Employment, S. 28.

25 *Wank*, Employment, S. 29.

26 Quelle: Handelsblatt v. 16.1.2017, S. 24.

und für Öffnungszeiten zu sorgen, die mit den Arbeitszeiten konform gehen. Auch das Arbeitszeitrecht müsste entsprechend angepasst werden.

b) Bestandsschutz

aa) Rückkehrrecht

Im Bundesarbeitsministerium war eine Änderung im Hinblick auf ein Rückkehrrecht geplant.[27] Wenn eine Mutter Elternurlaub nimmt, dauert ihre Abwesenheit vom Betrieb oft so lange, dass sich der Arbeitgeber nicht mit Überbrückungsmaßnahmen behelfen kann. Er wird meist gezwungen sein, eine andere Mitarbeiterin oder einen anderen Mitarbeiter befristet für die Zeit des Elternurlaubs einzustellen. Nach geltendem Recht hat die zurückkehrende Mutter einen Anspruch auf weitere Beschäftigung bei ihrem Arbeitgeber, aber nicht notwendigerweise auf ihrem bisherigen Arbeitsplatz.[28]

In der Praxis häufig ist der Fall, dass eine Mutter, die bisher eine Vollzeitstelle hatte, während der ersten Zeit der Kinderbetreuung in eine Teilzeitstelle wechselt. Sie hat nach geltendem Recht nicht die Möglichkeit, eine Teilzeitstelle nur für eine bestimmte Zeit zu beantragen, sondern ihre Stelle wird dauerhaft in eine Teilzeitstelle umgewandelt. Will sie später wieder in Vollzeit wechseln, kann der Arbeitgeber dies aus betrieblichen Gründen ablehnen. Für diese Fälle will das Ministerium eine Bestimmung vorsehen, die eine Rückkehr auf eine Vollzeitstelle ermöglicht.

Im Einzelnen sah der Gesetzentwurf vor:

- Der Anspruch auf eine Rückkehr besteht nur, wenn der Arbeitgeber mehr als 15 Mitarbeiter beschäftigt.
- Das Arbeitsverhältnis muss mehr als sechs Monate bestanden haben.
- Arbeitnehmerinnen müssen die vorübergehende Teilzeit mindestens drei Monate vorher beantragen.

bb) Weitere Änderungen

Unabhängig vom Rückkehrrecht waren zwei weitere Änderungen geplant:

- Wünscht ein Arbeitnehmer eine Änderung seiner Arbeitszeit, muss der Arbeitgeber das mit ihm erörtern, auch im Kleinbetrieb.

---

27 Referentenentwurf zum Anspruch auf befristete Verringerung der Arbeitszeit (Rückkehrrecht); dazu NZA aktuell 2/2017, S. XIII; *Kleinebrink*, DB 2017, M5; *Thüsing*, NJW-aktuell, 2017, 7.

28 *Wank*, Employment, S. 35.

- Will ein Arbeitnehmer aus unbegrenzter Teilzeit eine Verlängerung seiner Arbeitszeit erreichen, so muss der Arbeitgeber das Fehlen eines entsprechenden Arbeitsplatzes darlegen.

Das Vorhaben ist im Gesetzgebungsverfahren zunächst gescheitert.

Der Grundgedanke des Rückkehrrechts ist begrüßenswert; die vorgesehene Umsetzung wirft dagegen Fragen auf. Richtig ist es, dass Mütter, die eine Teilzeitstelle beantragen, dadurch in eine „Teilzeitfalle" geraten können und später von der Teilzeittätigkeit gegen ihren Willen nicht mehr loskommen. Das Rückkehrrecht bedeutet, dass schon beim Antrag auf Teilzeit feststeht, dass sie später wieder eine Vollzeitstelle erhalten müssen.

Bei der konkreten Durchführung müsste der Gesetzgeber allerdings, wie schon bei der allgemeinen Regelung im TzBfG, die Arbeitgeberinteressen stärker berücksichtigen. Der Arbeitnehmer (die Arbeitnehmerin)

- braucht nach dem Gesetzentwurf keinen Grund für eine Teilzeit mit Rückkehrrecht anzugeben (statt: Vertragsänderung zur Kinderbetreuung)
- braucht keinen Endtermin für die Teilzeittätigkeit anzugeben (richtig z. B.: zwei Jahre).

Der Arbeitgeber hat es schwer, für einen befristeten Zeitraum eine qualifizierte Ersatzkraft zu finden. Diese erhält zwangsläufig nur einen befristeten Arbeitsvertrag; auch auf ihre Interessen wird keine Rücksicht genommen. Einen Ausweg könnte der Einsatz eines Leiharbeitnehmers bedeuten. Aber insoweit hat der Gesetzgeber gerade die gesetzliche Voraussetzung für eine längerdauernde Vertretung beseitigt (s. u. IV 2 b). Obwohl das Bundesarbeitsministerium sowohl für Befristungsrecht als auch für Leiharbeitsrecht zuständig ist, scheint es nicht möglich, beides unter einem einheitlichen Blickwinkel zu sehen. Inzwischen hat das Bundesministerium für Arbeit und Soziales den „Entwurf des Gesetzes zur Weiterentwicklung des Teilzeitrechts – Einführung einer Brückenteilzeit" vorgelegt.[29]

cc) Diskriminierungsschutz

Der in § 4 Abs. 1 TzBfG normierte Diskriminierungsschutz wird inzwischen in Rechtsprechung und Praxis verwirklicht. Da Teilzeitbeschäftigung überwiegend von Frauen ausgeübt wird, geschieht dies weitgehend über die Gleichstellung von Frauen mit Männern.

---

29 Abgedr. NZA aktuell 9/2018, S. VIII; dazu *Benkert*, NJW-Spezial 2018, 306; *Thüsing*, BB 2018, 1076.

2. Japan

Bis 2014 gab es ein Diskriminierungsverbot in Art. 8 TzG a.F., das an drei Voraussetzungen geknüpft war. Art. 9 TzG enthielt – für diejenigen Arbeitnehmer, die diese Voraussetzungen nicht erfüllten, eine „Bemühensvorschrift".

Seit der Reform von 2014 knüpft das Diskriminierungsverbot nur noch an zwei Voraussetzungen an, die Regelung steht jetzt in Art. 9 n.F. Zum früheren Recht war die Rechtsfolge eines Verstoßes umstritten. Nach einer Meinung hatte die Vorschrift für das Zivilrecht keine zwingende Wirkung. Nach jetzigem Recht hat das Diskriminierungsverbot nach h. M. zwingende Wirkung. Für diejenigen Arbeitnehmer, die die zwei Voraussetzungen nicht erfüllen, gilt nach Art. 8 n.F. das Verbot der unangemessenen Differenzierung und nach Art. 10 n.F. (Art. 9 a. F.) eine Bemühenspflicht bezüglich der angemessenen Entgeltfestsetzung.

Es muss jedoch berücksichtigt werden, dass befristet Teilzeitbeschäftigte bis 2014 von der Vorschrift nicht erfasst wurden. De facto sind aber in Japan Teilzeitarbeit und befristete Beschäftigung so gut wie immer gekoppelt, so dass die Vorschrift in der Praxis ins Leere ging.[30] Im Jahre 2014 wurde das Erfordernis der unbefristeten Beschäftigung zwar aufgegeben, § 9 TzG.[31] Aber wegen der weiter bestehenden Erfordernisse betr. Vergleichbarkeit werden auch jetzt nur 2,1 % der Teilzeitbeschäftigten erfasst.[32]

Beim Vergleich der beiden Länder zeigt sich, dass beide eine sachgrundlose Befristung kennen, in Deutschland für zwei Jahre, in Japan für drei Jahre. In Deutschland gibt es daneben die Sachgrundbefristung; hierbei besteht aber das Problem der Missbrauchskontrolle bei mehreren Befristungen, die mit Sachgrund hintereinander erfolgen. Demgegenüber hat der japanische Gesetzgeber den Weg über eine zeitliche Höchstgrenze gewählt.

III. Scheinselbständige und der Arbeitnehmerbegriff des neuen § 611a BGB

1. Deutschland

a) Die Abgrenzung Werkvertrag/Leiharbeit als Aufgabe des Gesetzgebers

Im Zusammenhang mit der Abgrenzung von echten Werkverträgen einerseits und scheinbaren Werkvertragsverhältnissen andererseits, die in Wahrheit

30 *Wank*, RdA 2015, 294, 297 f. mwN.
31 *Kuwamura*, in diesem Band, S. 47, 51 ff.
32 *Kuwamura*, in diesem Band, S. 47, 52.

Leiharbeitsverhältnisse sind, ist auch wieder die Problematik der **Scheinselbständigkeit** ins Bewusstsein gerückt. Im Koalitionsvertrag zwischen CDU, CSU und SPD zu Beginn der Legislaturperiode war die Aufgabe für den Gesetzgeber formuliert worden, eine Regelung zu schaffen, nach der man Leiharbeit und echte Werkverträge rechtssicher voneinander abgrenzen kann.[33] Der Gesetzgeber hat im Laufe des Gesetzgebungsverfahrens erkannt, dass man nicht einfach Werkvertrag und Leiharbeit voneinander abgrenzen kann, sondern dass man zwei Fälle unterscheiden muss:

> 1. Fall: Ein Auftragnehmer arbeitet ohne Mitarbeiter für einen anderen. Er kann echter Selbständiger sein, typischerweise auf Grund eines Dienstvertrages oder eines Werkvertrages, oder Scheinselbständiger, also in Wahrheit Arbeitnehmer. Handelt es sich um einen echten Selbständigen, spricht man vom Solo-Beschäftigten.[34]

Diese Problematik hat der Gesetzgeber in der Weise gelöst, dass er im Rahmen des „Gesetzes zur Änderung des Arbeitnehmerüberlassungsgesetzes und anderer Gesetze" einen neuen § 611a ins BGB gestellt hat. Dieser enthält eine Definition des Arbeitsvertrages und damit implizit eine Definition des Arbeitnehmers.

> Im zweiten Fall arbeitet der Auftragnehmer ebenfalls für einen anderen, aber er beschäftigt Mitarbeiter. Diese sind bei einem echten Vertrag eines Selbständigen im Verhältnis zum Auftraggeber seine Erfüllungsgehilfen beim Vertrag nach § 278 BGB, und im Innenverhältnis seine Arbeitnehmer, die nur seinen Weisungen unterliegen. Sind diese Arbeitnehmer dagegen in den Betrieb des Auftraggebers eingegliedert und unterliegen sie dessen Weisungen, so liegt in Wahrheit Leiharbeit vor.
>
> Systematisch gesehen geht es um den Vertrag zwischen Verleiher und Entleiher und nicht um den Arbeitsvertrag.[35]

Der Gesetzgeber hat dieses Problem dadurch gelöst, dass er im neuen Gesetz in § 1 Abs. 1 Satz 2 Arbeitnehmerüberlassungsgesetz (AÜG) eine Definition der Leiharbeit eingestellt hat.

b) Der neue § 611a BGB

Ich möchte mich zunächst mit dem neuen § 611a BGB befassen.[36] Die Vorschrift wurde im Laufe des Gesetzgebungsverfahrens mehrfach geändert. Am wichtigsten

---

33 Deutschlands Zukunft gestalten, Koalitionsvertrag vom 27.11.2013 zwischen CDU, CSU und SPD, 18. Legislaturperiode, S. 69; zu ihm *Henssler/Pickenhahn* in Henssler/Grau, Arbeitnehmerüberlassung und Werkverträge, 2017, § 1 Rn. 14 f.

34 Dazu *Henssler*, RdA 2017, 83, 86.

35 *Henssler*, RdA 2017, 83, 86.

36 Dazu *Wank*, AuR 2017, 140 ff.

ist der Unterschied zwischen dem ersten Referentenentwurf des Bundesarbeitsministeriums und der Gesetzesfassung.

Der **erste Referentenentwurf** versuchte, in *einer* Vorschrift sowohl die Abgrenzung zur Scheinselbständigkeit vorzunehmen als auch die Abgrenzung zwischen echtem Werkvertrag und Leiharbeit. Dieser Ansatz wurde, wie dargelegt, später mit Recht aufgegeben; es handelt sich um zwei voneinander zu trennende Probleme.

Im Übrigen ist dieser erste Entwurf entgegen verbreiteter Kritik positiv zu sehen. Die übliche Arbeitnehmerdefinition vermag im konkreten Fall nicht immer weiterzuhelfen. Das Gericht ist auf weitere Gesichtspunkte angewiesen, auf **Indizien**. Derartige Indizien werden üblicherweise nicht im Zusammenhang genannt, weder in der Rechtsprechung noch in der Literatur. Zwar gab es für kurze Zeit im Sozialversicherungsrecht eine Vorschrift (§ 7 SGB IV), die solche Hilfskriterien nannte. Aber sie war gesetzestechnisch nicht ausgereift und wurde bald wieder abgeschafft. Das Ergebnis war, dass Rechtsprechung und Literatur ganz auf Hilfskriterien verzichteten und alles auf eine Gesamtbetrachtung im Einzelfall schoben – die dem Bürger, der im Voraus wissen will, wie die Rechtslage ist, nicht weiterhilft.

Wenn ein Gesetz über eine abstrakte Formulierung hinausgehen und dem Bürger operationale Kriterien an die Hand geben will, muss er zwischen **Merkmalen und Indizien** unterscheiden. Merkmale eines sog. Klassenbegriffs müssen alle erfüllt sein, damit ein Wort im Gesetzestext (Tatbestandsmerkmal) gegeben ist. Zur Konkretisierung der Merkmale kann man Indizien heranziehen. Das geschieht in der Rechtsprechung ohnehin im Rahmen der Beweiswürdigung. Aber für den Bürger – für Arbeitgeber und Arbeitnehmer gleichermaßen – ist es von Vorteil, wenn er die entsprechenden Indizien bei Vertragsabschluss kennt, statt dass ihn ein Gericht am Ende eines Verfahrens auf Grund einer diffusen Abwägung „aller Umstände des Einzelfalles“ mit seiner Entscheidung überrascht.

Der erste Referentenentwurf[37] hat im Ansatz seine Aufgabe gelöst und zum einen zwingend erforderliche Merkmale genannt und zum anderen Indizien. Dass es sich nur um Indizien handeln sollte, war aus der Formulierung klar erkennbar („können berücksichtigt werden“, „insbesondere“).

Der endgültige **Gesetzestext** verzichtet demgegenüber ganz auf Indizien und nennt nur Merkmale. Gesetzestechnisch bietet er eine Reihe von Schwächen:[38]

---

37 RefE vom 16.11.2015; dazu *Henssler/Pickenhahn* in Henssler/Grau (Fn. 33), § 1 Rn. 16.

38 *Wank*, AuR 2017, 140, 142 ff.

- Der Arbeitsvertrag wird als Unterfall des Dienstvertrages angeführt. Deshalb sind alle Merkmale im neuen § 611a BGB, die auch für den freien Dienstvertrag gelten, überflüssig.
- Abs. 1 Satz 1 nennt auf den ersten Blick dasselbe dreimal: weisungsgebunden, fremdbestimmt und persönlich abhängig. Entweder sind dann zwei von drei Merkmalen überflüssig oder sie besagen etwas anderes als „weisungsgebunden"; was das sein könnte, ist unklar.
- Da entgegen der langjährigen Rechtsprechung und entgegen der allgemeinen Meinung im Schrifttum die Eingliederung nicht genannt wird, muss der Gesetzgeber mit „fremdbestimmt" anscheinend „eingegliedert" meinen.
- Da „persönlich abhängig" immer schon die Zusammenfassung aus Weisungsbindung und Eingliederung ist, ist dieses Merkmal überflüssig.

Das neue Gesetz enthält für dieselbe Frage – Wer ist Arbeitnehmer? – drei Definitionen:

Definition 1: § 1 Abs. 1 Satz 2 AÜG: Weisungsbindung und Eingliederung

Definition 2: § 611a Abs. 1 Satz 1 und 2 BGB: unvollständig, ohne ausdrückliche Nennung der Eingliederung, aber mit örtlicher Weisungsbindung

Definition 3: § 611a Abs. 1 Satz 3 BGB: unvollständig, ohne Eingliederung und ohne örtliche Weisungsbindung.

Entgegen den Behauptungen des Gesetzgebers, des BAG und vieler Autoren unterscheiden sich alle drei Definitionen von einander.[39]

Ein ganz wesentlicher Einwand gilt zudem gegenüber allen drei Definitionen:

Eine den Anforderungen an eine juristische Definition gerecht werdende Definition muss **teleologisch** gebildet sein.[40] Sie muss im Tatbestand widerspiegeln, welche Rechtsfolgen an diese Definition anknüpfen sollen. Das geschieht weder in der Rechtsprechung, noch in § 611a BGB, noch in großen Teilen der Literatur. Wenn man alle arbeitsrechtlichen Gesetze analysiert, zeigt sich, dass sie den Berufsschutz und den Existenzschutz von Arbeitnehmern bezwecken.[41] Die Verbindung von Weisungsbindung auf der Tatbestandsseite und Schutz vor unbilligen Weisungen auf der Rechtsfolgenseite ist offensichtlich zu eng; sie erklärt nur einen Teil des arbeitsrechtlichen Schutzes. Den Sinnzusammenhang zwischen Tatbestand und Rechtsfolge kann man herstellen, wenn man zusätzlich zu Weisungsbindung und Eingliederung prüft, ob der Beschäftigte nach dem Vertrag

39 *Wank*, AuR 2017, 140, 147 f.

40 *Wank*, Die juristische Begriffsbildung, 1985, S. 90 ff.

41 *Wank*, Arbeitnehmer und Selbständige, 1988, S. 56 ff.

die Möglichkeit zu unternehmerischer Tätigkeit auf eigene Rechnung hat.[42] Da dieses Merkmal im Gesetz fehlt, leistet der neue § 611a BGB für die Praxis in Zweifelsfällen keine Hilfe.

c) Regelungsdefizite

Im Übrigen ist der neue § 611a BGB ausschließlich **rückwärtsgewandt**. Von einem neuen Gesetz erwartet man, dass es auf neue Rechtsentwicklungen eingeht. Wer allerdings eine Antwort darauf sucht, wie Crowdwork, Nullstundenverträge, Verträge nach der sharing economy und andere neue Erscheinungen arbeitsrechtlich zu qualifizieren sind,[43] sucht sie in § 611a BGB vergeblich.

Auch das EU-Recht erfordert neue Antworten. So sind nach der Rechtsprechung des EuGH in den Rechtssachen Danosa[44] und Balkyaya[45] **GmbH-Fremdgeschäftsführer** – anders als nach der Rechtsprechung von BAG und BGH – nicht freie Dienstnehmer, sondern Arbeitnehmer. Das wurde in der deutschen Literatur von einigen Autoren auf Grund eines teleologischen Arbeitnehmerbegriffs schon seit langem vertreten.[46] Der deutsche Gesetzgeber hat aus diesen Urteilen noch keine Folgerungen gezogen.

Zu klären ist auch, inwieweit auf **kraft Mitgliedschaft Beschäftigte** Arbeitsrecht anzuwenden ist.[47] Wer (ohne zugleich Geschäftsführer der Gesellschaft zu sein) als Mitglied einer Gesellschaft Dienste leistet, unterliegt nach deutschem Recht dem Gesellschaftsrecht und nicht dem Arbeitsrecht. Dieses kann allerdings in manchen Punkten eine analoge Anwendung von Arbeitsrecht erfordern – so steht auch einem Gesellschafter Urlaub zu. In seinem neuen Urteil Ruhrlandklinik[48] von November 2016 hat der EuGH in Bezug auf Schwestern vom Roten Kreuz entschieden, dass auf diese – obwohl als Mitglieder der Trägergesellschaft und nicht als Arbeitnehmerinnen beschäftigt und an Kliniken ausgeliehen – Leiharbeitsrecht unter dem Aspekt der „Beschäftigten" anzuwenden sein kann; und das obwohl die Richtlinie ausdrücklich sagt, dass die Definition des Arbeitnehmers im Sinne der Richtlinie dem Mitgliedstaat überlassen bleibt. Das BAG hat demgegenüber zum Befristungsrecht zutreffend entschieden, dass dem Begriff des

---

42 *Wank*, AuR 2017, 140, 152.

43 Dazu *Wank*, EuZA 2016, 143, 167 f. mwN.

44 EuGH Rs. C-232/09 v. 11.11.2010 – Danosa, NZA 2011, 1243.

45 EuGH Rs. C-229/14 v. 9.7.2015 – Balkaya, NZA 2015, 861.

46 *Wank*, Festschrift für Wiedemann, 2002, S. 587 mwN.

47 *Wank/Maties*, NZA 2007, 353.

48 EuGH Rs. C-216/15 v. 17. 11. 2016 – Ruhrlandklinik, NZA 2016, 41; dazu *L. Schmitt*, ZESAR 2017, 167; *Wank*, EuZW 2018, 21 ff.

Beschäftigungsverhältnisses keine andere Bedeutung zukommt als dem Begriff Arbeitsverhältnis.[49] Dagegen ist es zur Ruhrlandklinik dem EuGH gefolgt.[50] Auch zu diesem Problem müsste sich eine Arbeitnehmerdefinition äußern.

2. Japan

Im japanischen Labor Contract Act von 2007 heißt es in Art. 2: „The term „worker" in this Act means a person who works by being employed by an employer and to whom wages are paid."

Hier wird eine Unbekannte – der worker – durch zwei andere Unbekannte ersetzt, „employer" und „employed". Die entscheidende Frage, was den Arbeitsvertrag in der Sache von anderen Verträgen unterscheidet, wird nicht beantwortet. Arbeitgeber und Arbeitnehmer sind deshalb auf die Analyse der Rechtsprechung angewiesen.

IV. Leiharbeit

Die gravierendsten Änderungen im Recht der atypischen Beschäftigung sind im Recht der Leiharbeit[51] erfolgt. Am 1.4. 2017 ist das „Gesetz zur Änderung des Arbeitnehmerüberlassungsgesetzes und anderer Gesetze" in Kraft getreten (Art. 7). Die rechtspolitische Einstellung zur Leiharbeit ist ambivalent.[52]

Für **Arbeitgeber** bietet Leiharbeit den Vorteil personeller Flexibilität.[53] Auch entfällt der organisatorische Aufwand, selbst einen Arbeitnehmer zu suchen und die Personalabteilung mit dieser Stelle zu beschäftigen. Schließlich bedarf es keiner Kündigung, sondern der Vertrag mit dem Verleiher kann für eine beliebige Zeit geschlossen werden.

Von **Gewerkschaftsseite** und in der Presse findet Leiharbeit eine schlechte Kritik: Betont wird die schlechtere Bezahlung gegenüber einem Normalarbeitsverhältnis und die unsicherere Existenz angesichts kurzfristiger Beschäftigungen. Hierbei müssen aber auch die positiven Seiten für Arbeitnehmer gesehen werden. Arbeitnehmer, die arbeitslos sind und vergebens eine Stelle suchen, können über Leiharbeit den Weg in eine reguläre Beschäftigung finden.

---

49 BAG NZA 2017, 244, Rn. 40.

50 BAG AP BetrVG 1972 § 99 Einstellung Nr. 67 = NZA 2017, 662 m. Anm. *Joussen*, ZESAR 2017, 401; *Wank*, jM 2017, 368.

51 Empirische Daten bei *Wank*, Employment, S. 45 f.

52 Regierungsbegründung, BT-Drs. 18/9232, S. 1; *Krause*, ZfA 2014, 349, 354; *Wank*, RdA 2017, 100, 101.

53 *Wank*, Employment, S. 46; zu Japan S. 64 f.

Eine Aufgabe für den Gesetzgeber nach dem Koalitionsvertrag war es auch, die Arbeitsbedingungen für Leiharbeitnehmer zu verbessern. Ich möchte nicht auf alle Details des neuen Gesetzes eingehen, sondern mich auf die Kernpunkte beschränken.

1. Der Verleiher

Da Leiharbeit von der Politik kritisch gesehen wird, unterliegen Verleiher einer behördlichen Kontrolle. Wer Arbeitnehmer verleihen will, braucht dafür eine Erlaubnis. Diese kann bei Unzuverlässigkeit versagt oder später entzogen werden.

Vom AÜG erfasst wird, entsprechend der zugrunde liegenden EU-Richtlinie, nur der Verleih von Arbeitnehmern. Das bedeutet: Wer Selbständige vermittelt oder überlässt, fällt nicht unter das Gesetz.[54]

a) Wirtschaftliche Tätigkeit

Erfasst wird, wer Leiharbeit als „wirtschaftliche Tätigkeit" betreibt. In Deutschland hat man früher karitative Verleiher vom Gesetz ausgenommen. Dahinter steht wohl der Gedanke, dass man diese Organisationen nicht zusätzlich belasten will und dass sich eine Organisation ohne Gewinnabsicht gegenüber den Beschäftigten fair verhält. Die Richtlinie sieht jedoch nur auf die Tätigkeit und nicht auf das Motiv.[55]

b) Bereichsausnahmen

Arbeitgeber unterliegen dann nicht dem AÜG, wenn das Gesetz entweder bestimmt, dass diese Personen keine Verleiher im Sinne dieses Gesetzes sind oder dass sie zwar Verleiher sind, aber vom Gesetz ausgenommen werden.

Ein nationaler Gesetzgeber darf, unter Beachtung des Art. 3 Abs. 1 GG, so vorgehen. Da aber das AÜG auf einer EU-Richtlinie beruht, kann es Ausnahmen nur vorsehen, wenn entweder auch bei objektiver Betrachtung keine Leiharbeit vorliegt und das Gesetz nur eine Klarstellung im Einklang mit der Richtlinie bringt oder wenn die Richtlinie selbst diese Ausnahme zulässt.

Schon bislang hatte das AÜG ein **Konzernprivileg** vorgesehen, d. h. ein Verleih innerhalb eines Konzerns, also zwischen selbständigen Gesellschaften,

---

54 BAG AP AÜG § 1 Nr. 18.

55 ErfK-*Wank*, 18. Aufl. 2018, § 1 AÜG Rn. 31.

unterliegt nicht dem AÜG. Die Literatur hält dies mit Recht für einen Verstoß gegen EU-Recht.[56]

Im neuen AÜG wird eine weitere Bereichsausnahme für den **öffentlichen Dienst** eingeführt, § 1 Abs. 3 AÜG n. F. Voraussetzung ist, dass Aufgaben eines Arbeitgebers auf einen andern verlagert werden und dass ein Tarifvertrag des öffentlichen Dienstes die Aufrechterhaltung des Arbeitsverhältnisses bestimmt. Im zweiten Fall genügt es, dass juristische Personen des öffentlichen Rechts Tarifverträge des öffentlichen Dienstes anwenden. Der Staat nimmt sich selbst von den für alle geltenden Gesetzen aus, ohne dass es dafür eine Rechtfertigung gibt. Die Vorschrift verstößt gegen EU-Recht.[57]

2. Der Leiharbeitnehmer

a) Arbeitnehmer

aa) Schon bei der erst vor kurzem erfolgten Änderung des AÜG im Anschluss an die zugrunde liegende EU-Richtlinie wurden zwei Änderungen vorgenommen:

Zum einen wurde das bisherige Merkmal „gewerbliche Tätigkeit“ durch „wirtschaftliche Tätigkeit“ ersetzt. Zum andern wurde in die Definition der Leiharbeit eingefügt, dass diese nur **„vorübergehend“** erfolgt.

Eigentliches Ziel der jetzigen Neuregelung war es, die Arbeitnehmerüberlassung **vom** echten **Werkvertrag abzugrenzen**.[58] In manchen Fällen trat ein Unternehmer als Werkunternehmer auf, der in Wahrheit nur als Verleiher tätig war. Da immer dann, wenn objektiv gesehen Leiharbeit vorliegt, Leiharbeitsrecht anzuwenden ist – was u. a. bedeutet, dass der Unternehmer eine Verleiherlaubnis braucht – gab es in der Vergangenheit Probleme bei der Abgrenzung. Man hätte erwartet, dass der Gesetzgeber eine Regelung schafft, die der Praxis eine Hilfe bietet. Tatsächlich hat der Gesetzgeber in § 1 Abs. 1 Satz 1 und 2 AÜG nur die beiden Merkmale aus der BAG-Rechtsprechung übernommen; auf die Angabe irgendwelcher Indizien hat er verzichtet.

---

56 *Blanke*, DB 2010, 1528; Boemke/*Lembke*, AÜG, 3. Aufl. 2013, § 1 Rn. 195 ff.; ErfK-*Wank*, § 1 AÜG Rn. 57; *ders.*, demn. BB 2018; *Hamann*, EuZA 2009, 287, 303; *ders.*, RdA 2011, 333; *Lembke*, NZA 2011, 319, 320; *ders.*, NZA 2012, 319; *Sansone*, Gleichstellung von Leiharbeitnehmern im deutschen und Unionsrecht, 2011, S. 476; Ulber/*Ulber*, AÜG, 4. Aufl. 2011, § 1 Rn. 16; *Ulber/Stang*, AuR 2015, 250.

57 *Bauer*, DB 2014, 60, 61; *Kock*, NJW 2014, 2607; *Lembke*, NZA 2017, 1, 12; *Lembke/Ludwig*, NJW 2014, 1329, 1334; *Ulber/Stang*, AuR 2015, 250, 253; a.A. *Fieberg*, NZA 2014, 187; *Grau/Sittard* in Henssler/Grau (Fn. 33), § 5 Rn. 54 ff.

58 Koalitionsvertrag (Fn. 33), S. 69.

So enthält § 1 Abs. 1 AÜG jetzt eine **Legaldefinition** der Arbeitnehmerüberlassung. Es heißt jetzt: „Arbeitnehmer werden zur Arbeitsleistung überlassen, wenn sie in die Arbeitsorganisation des Entleihers eingegliedert sind und seinen Weisungen unterliegen." Da Leiharbeitnehmer Arbeitnehmer sind, ist es nicht verwunderlich, dass für die Definition des Leiharbeitnehmers dieselben Kriterien gelten, wie nach richtiger Ansicht für die Definition des Arbeitnehmers im Allgemeinen. Während in der Literatur z. T. nur auf die Personalhoheit und damit auf die Weisungsbindung abgestellt wurde, hatte das BAG mit Recht beides verlangt, Weisungsbindung und Eingliederung.[59]

Im Hinblick auf die Weisungsbindung ist zwischen **werkvertraglichen und arbeitsvertraglichen Weisungen** zu unterscheiden. Arbeitsvertragliche Weisungen sind z. B. Weisungen betr. Beginn und Ende der Arbeitszeit oder betr. der Art der Durchführung der Arbeit.[60] Voraussetzung ist nach der Rechtsprechung, dass beide Parteien die Tatsachen, aus denen sich der Charakter als Arbeitnehmerüberlassung ergibt, entweder kennen oder die Behandlung als Werkvertrag trotz der Zweifel dulden.[61]

Auffällig ist, dass derselbe Gesetzgeber in demselben Gesetz bei der allgemeinen Definition in § 611a BGB die Eingliederung (fälschlicherweise) nicht explizit nennt, wohl aber in § 1 Abs. 1 Satz 2 AÜG.

In zwei Punkten weicht das Gesetz – zu Unrecht – von der Rechtsprechung des BAG ab.

- Das BAG hatte auf die *volle* Eingliederung und auf das *alleinige* Weisungsrecht des Entleihers abgestellt. Die Gesetzesfassung verzichtet auf diese Einschränkungen.[62]
- Das BAG hatte mit Recht auf die Kenntnis der Arbeitsvertragsparteien abgestellt. Das Gesetz verzichtet auf diese Einschränkung. Das ist rechtsstaatlich bedenklich. In Fällen, in denen die rechtliche Qualifizierung zweifelhaft ist, führt das Gesetz zu einer Gefährdungshaftung ohne Zurechnungsgrund.

Missverständlich ist es, wenn gesagt wird, das Gesetz stelle von einer typologischen Betrachtung auf feste Tatbestandsmerkmale um.[63] Hier wird das Verhältnis von Tatbestandsmerkmalen zu Indizien verkannt: Auch bei einer Regelung

---

59 BAG, NZA 1979, 2636; BAG NZA 1995, 462; krit. *Thüsing*, DB 2016, 2663.

60 *Maschmann*, NZA 2013, 1305, 1309.

61 BAG NZA 1992, 23; ebenso *Lanzinner/Naht*, NZS 2015, 210, 213.

62 Krit. *Tuengerthal/Andorfer*, BB 2016, 1909, 1911 f.; *Henssler* in Henssler/Grau (Fn. 33), § 3 Rn. 19; *Henssler*, RdA 2017, 83, 87.

63 *Kainer/Schweipert*, NZA 2017, 13, 15.

durch Klassenbegriffe mit verbindlichen Tatbestandsmerkmalen kann eine Konkretisierung durch Indizien vorgenommen werden.

Der Gewinn an Rechtssicherheit ist gering, wenn das, was die Rechtsprechung schon immer entschieden hat, jetzt im Gesetz steht. Viel wichtiger wäre es gewesen, wenn das Gesetz Hilfskriterien, **Indizien**, nennen würde, wie z. B.

- die Art der Abrechnung
- Koordinierung der Tätigkeit entsprechend der Betriebsorganisation
- die Benutzung von Material des Auftraggebers[64]
- die Arbeit in den Räumen des Auftraggebers[65] usw.

Dies wären keine Merkmale, sondern bloße Indizien. Je mehr von ihnen vorliegen, desto mehr spricht für Arbeitnehmerüberlassung; sind nur einige erfüllt, ist eine Abwägung erforderlich. So verfährt die Rechtsprechung schon jetzt, aber die Kriterien sind den Beteiligten nicht bekannt.

bb) Wird ein Vertrag zwischen zwei Unternehmen als Werkvertrag bezeichnet, obwohl bei objektiver Betrachtung Arbeitnehmerüberlassung vorliegt, dann kommt es nicht auf die Bezeichnung an, sondern auf die **tatsächliche Durchführung**, 12 Abs. 1 Satz 2 AÜG n.F. Das galt auch bisher schon nach Rechtsprechung[66] und Literatur, wird aber jetzt ausdrücklich im Gesetz genannt.

cc) Eine beachtliche Neuerung betrifft den Rückgriff auf eine **Vorratserlaubnis**. Bisher konnte ein Unternehmer, der dem Vertragstext nach einen Werkvertrag geschlossen hatte, der später vom Gericht als Arbeitnehmerüberlassungsvertrag qualifiziert wurde, darauf vertrauen, dass er über eine Verleiherlaubnis verfügte, so dass er sich nunmehr auf diese Erlaubnis berief.[67] Sie war gleichsam sein Fallschirm, eine Vorratserlaubnis.[68] Nunmehr muss der Vertrag schon bei seinem Abschluss, wenn es ein Überlassungsvertrag ist, als solcher bezeichnet und abgewickelt werden. Der Arbeitnehmer muss über seinen Einsatz als Leiharbeitnehmer informiert werden. Das ist wichtig für Mischbetriebe, in denen Arbeitnehmer teils im eigenen Betrieb beschäftigt und teils anderen Unternehmen überlassen werden. Im Hinblick auf die Rechtsfolge wird die „verdeckte Arbeitnehmerüberlassung" der Arbeitnehmerüberlassung ohne Erlaubnis gleichgestellt. Das ist in

---

64 BAG, NZA-RR 2012, 455.
65 LAG Hamm, BeckRS 2011, 68558.
66 BAG BeckRS 2014, 70025.
67 S. *Hamann/Rudnik*, NZA 2015, 449, 450 ff.; krit. *Schüren*, NZA 2013, 176, 178.
68 Das BAG hatte eine analoge Anwendung des § 10 AÜG abgelehnt, BAG NZA 2014, 196, 198.

dieser Pauschalität verfehlt, sondern nur bei einer bewussten Umgehung angebracht.[69] Die Regelung ist verfassungswidrig. Eine teleologische Reduktion ist nicht möglich, da der Gesetzgeber diese verfehlte Konstruktion ausdrücklich wollte.[70]

Der Verleiher muss die Person des Leiharbeitnehmers konkretisieren, § 1 Abs. 1 Satz 6. Dazu heißt es in der Literatur: „Die Vorschrift ist verwirrend, überflüssig und…kontraproduktiv".[71]

dd) Wie dargelegt, bezieht sich das Arbeitnehmerüberlassungsrecht nur auf Arbeitnehmer. Bei einigen neuen Erscheinungsformen ist noch nicht geklärt, wie sie rechtlich einzuordnen sind. Hier sind beispielsweise **Uber** und Unternehmen für Haushaltsdienstleistungen wie Helpling zu nennen.[72]

Fraglich ist, ob die vermittelten Kraftfahrer oder Haushaltshilfen Selbständige sind, wie es in den zugrunde liegenden Verträgen heißt, oder Arbeitnehmerähnliche oder Arbeitnehmer. Als Selbständige oder als Arbeitnehmerähnliche würden sie nicht dem AÜG unterfallen.

Folgt man der h. M. zum Arbeitnehmerbegriff oder, seit dem 1.4. dieses Jahres, § 611a BGB, dann ist entscheidend, ob diese Personen Weisungen von Uber oder von Helpling unterliegen. Man könnte das deshalb verneinen, weil die konkreten Arbeitsanweisungen von den Kunden, die gefahren werden oder von den anfordernden Hausfrauen stammen. Aber, wie gezeigt, kommt es gerade nicht auf diese arbeitsbezogenen Weisungen an, sondern darauf, ob die Beschäftigten selbst unternehmerisch tätig werden. Genau das ist nicht der Fall. Die Rahmenbedingungen werden von Uber und Helpling festgesetzt und nicht von den Fahrern und den Haushaltshilfen. Wenn man also, wie hier vorgeschlagen, einen teleologischen Arbeitnehmrbegriff zugrunde legt, dann sind Uber und Helpling Verleiher und bedürfen einer Verleiherlaubnis.[73]

ee) Die Neuregelung soll nach der Aussage des zuständigen Bundestagsausschusses die Tätigkeit von **IT-Beratern** nicht beeinträchtigen.[74] Das kommt allerdings nur in den Materialien zum Ausdruck, im Gesetz steht dazu nichts.[75]

---

69 *Kainer/Schweipert*, NZA 2017, 13, 15 f.

70 *Kainer/Schweipert*, NZA 2017, 13, 16.

71 *Lembke*, NZA 2017, 1, 8; s. auch *Henssler*, RdA 2017, 83, 88; *Kainer/Schweipert*, NZA 2017, 13, 17.

72 *Wank*, EuZA 2016, 143, 167.

73 S. auch *Waas/Liebman/Lyubarski/Kezuka*, Crowdwork – A Comparative Law Perspective, 2017.

74 BT-Drs. 18/9232; BT-Drs. 18/10064, 16; s. *Henssler*, RdA 2017, 83, 90.

75 *Lembke*, NZA 2017, 1, 2.

ff) Eine weitere Neuerung bringt das Gesetz insofern, als nunmehr **Kettenverleih** untersagt wird.[76] Zulässig ist also nur ein Verleih in der Weise, dass der Verleiher Arbeitnehmer unmittelbar einem Entleiher zur Verfügung stellt, und nicht in der Weise, dass der Verleiher die Arbeitnehmer einem Dritten zur Verfügung stellt, der sie dann an einen Entleiher weitergibt, § 1 Abs. 1 Satz 3 AÜG n. F.

b) Leiharbeit als vorübergehende Beschäftigung – Überlassungshöchstdauer

In der Leiharbeitsrichtlinie der EU wird Leiharbeit als vorübergehende Beschäftigung definiert. Der deutsche Gesetzgeber war also gezwungen, dieses Merkmal in deutsches Recht umzusetzen. Um das Merkmal zu verstehen, muss man fragen, wer mit diesem Merkmal geschützt werden soll, der Leiharbeitnehmer selbst oder die Stammbelegschaft des Entleihers oder der Arbeitsmarkt.[77]

aa) Der **Leiharbeitnehmer** ist an einer Dauerstelle interessiert.[78] Wenn das Gesetz ihm nur eine vorübergehende Beschäftigung erlaubt, ist das gegen seine Interessen.[79] Selbst wenn er beim Verleiher für eine längere Zeit beschäftigt wird, liegt es nicht in seinem Interesse, in dieser Zeit ständig den Arbeitsplatz zu wechseln. In einer Richtlinie und in einem deutschen Gesetz, die den Leiharbeitnehmer nach eigener Aussage schützen wollen, findet sich also eine Regelung, die den Interessen des Leiharbeitnehmers widerspricht.

Die Erklärung dafür liegt darin, dass mit dieser Regelung nicht der Leiharbeitnehmer geschützt werden soll, sondern der Arbeitsmarkt. Wenn man Leiharbeit im Vergleich zu einem Normalarbeitsverhältnis als nicht wünschenswert betrachtet, muss man ihren Einsatz beschränken. Damit schützt man zugleich die **Stammbelegschaft** eines Unternehmens davor, dass Leiharbeitnehmer ihnen die Arbeitsplätze wegnehmen.

bb) Wenn man dieses Ziel verfolgt, kann man einen zeitlichen oder einen inhaltlichen Ansatz wählen. Das finnische Leiharbeitsgesetz hat sich mit Recht für einen inhaltlichen Ansatz entschieden.[80] Derartige Gesetze nennen keine Zeitspanne, sondern sagen, **für welche Zwecke** Leiharbeit eingesetzt werden darf. Wenn man sich überlegt, dass befristete Beschäftigung und Leiharbeit weitgehend

---

76 Dazu *Lembke*, NZA 2017, 1, 2; *Pickenhahn* in Henssler/Grau (Fn. 33), § 5 Rn. 27 ff.

77 *Wank*, RdA 2017, 100, 101.

78 *Hamann/Rudnik*, NZA 2017, 209, 210; *Schüren/Fasholz*, NZA 2015, 1473, 1474.

79 *Henssler*, RdA 2017, 83, 91 f.

80 S. EuGH 17.3.2015 Rs. C-533/13 AP RL 2008/104/EG Nr. 1 = NZA 2015, 1233 – AKT.

dieselbe personalpolitische Aufgabe erfüllen, dann wird Folgendes deutlich: Das Teilzeit- und Befristungsgesetz kennt zum einen die sachgrundlose Befristung. Daneben gibt es die Befristung mit Sachgrund. Hervorzuheben ist dabei die Vertretung für einen anderen Arbeitnehmer für die Zeit, in der dieser nicht arbeitet. Da die Arbeit getan werden muss und der zeitweise abwesende Mitarbeiter später wieder seinen Arbeitsplatz einnehmen soll, bleibt dem Arbeitgeber nur die Lösung, einen anderen Arbeitnehmer befristet oder als Leiharbeitnehmer einzusetzen. Das ist gerecht und sachgerecht. Dementsprechend könnte man auch die meisten der im TzBfG genannten Sachgründe als Sachgründe für den zulässigen Einsatz von Leiharbeit normieren. Das Merkmal vorübergehend würde dann nicht auf eine bestimmte Zeitspanne Bezug nehmen, sondern auf eine **vorübergehende Arbeitsaufgabe**. Die Chance zu dieser sinnvollen Lösung hat der deutsche Gesetzgeber vertan. Er hat gemeint, er müsse „vorübergehend" durch eine Überlassungshöchstdauer umsetzen.

Vor der Gesetzesänderung war eine inhaltliche Prüfung vorzunehmen: Nahm der Arbeitnehmer eine Daueraufgabe wahr oder war er nur vorübergehend beschäftigt? Das BAG stellt im Falle einer Vertretung darauf ab, ob der Vertretene mit Sicherheit auf seine Stelle zurückkommt (dann vorübergehende Beschäftigung) oder ob die Rückkehr ungewiss ist (dann Dauerbeschäftigung).[81]

Der Gesetzgeber hat nunmehr eine Überlassungshöchstdauer von 18 Monaten geschaffen, § 1 Abs. 1b AÜG. Er hätte allerdings gleichzeitig regeln können, dass bis zu einer Beschäftigung von 18 Monaten in Zukunft keine inhaltliche Überprüfung mehr stattfindet, vgl. § 14 Abs. 2 TzBfG. Stattdessen hat er das Merkmal „vorübergehend" beibehalten, so dass bis zu einem Zeitraum von 18 Monaten weiterhin eine inhaltliche Überprüfung stattfinden muss.

cc) Es ist verfehlt, die Grenze bei 18 Monaten anzusetzen. Im Befristungsrecht gilt eine Grenze von **zwei Jahren**. Da Befristung und Leiharbeit ähnliche Funktionen erfüllen, wäre eine parallele Regelung angebracht.[82]

dd) In § 1 Abs. 1b AÜG n. F. heißt es: „Der Verleiher darf denselben Leiharbeitnehmer nicht länger als **18 aufeinander folgende Monate** demselben Entleiher überlassen…" Bisher gab es einen Meinungsstreit: Ist das Merkmal vorübergehend auf den Arbeitsplatz bezogen, bezieht es sich also auf eine vorübergehende Aufgabe, oder ist es auf den einzelnen Arbeitnehmer bezogen, darf dieser also auf demselben Arbeitsplatz nicht länger als 18 Monate beschäftigt werden? Vom

81 BAG NZA 2013, 1296; s. ErfK-*Wank*, § 1 AÜG Rn. 37c.
82 *Lembke*, NZA 2017, 1, 3.

Zweck der Richtlinie und vom oben genannten Zweck des AÜG her kommt offensichtlich nur eine arbeitsplatzbezogene Lösung in Frage.[83] Dem neuen Gesetz liegt demgegenüber eine arbeitnehmerbezogene Sicht zugrunde,[84] als müsse man den einzelnen Arbeitnehmer davor schützen, zu lange an derselben Stelle beschäftigt zu werden. Dadurch wird die Vorschrift allerdings zum Papiertiger: Der Entleiher kann ohne weiteres beliebig lange denselben Arbeitsplatz mit Leiharbeitern besetzen; nach 18 Monaten braucht nur der Leiharbeitnehmer durch einen anderen ausgetauscht zu werden. Nach dem Gesetzestext ist es auch zulässig, nach drei Monaten und einem Tag[85] denselben Arbeitnehmer an derselben Stelle weiter zu beschäftigen, § 1 Abs. 1b Satz 2.

ee) **Von der gesetzlichen Höchstüberlassungsdauer** kann unter bestimmten Voraussetzungen **abgewichen** werden. So kann in einem Tarifvertrag von Tarifvertragsparteien der Entleiherbranche eine andere Überlassungshöchstdauer festgelegt werden, § 1 Abs. 1b AÜG n. F. Diese Bestimmung hat allerdings nur geringe Bedeutung, da sie voraussetzt, dass Arbeitgeber und Arbeitnehmer tarifgebunden sind – was in der Leiharbeitsbranche nur selten der Fall ist. Wichtiger ist, dass ein tarifgebundener Arbeitgeber im Wege einer Betriebsvereinbarung die tarifliche Regelung übernehmen kann.

Aber auch wenn der Arbeitgeber nicht tarifgebunden ist, kann er die tarifliche Regelung übernehmen; allerdings beträgt dann für ihn die Überlassungshöchstdauer 24 Monate, auch wenn der Tarifvertrag eine längere Überlassungshöchstdauer vorsieht, § 1 Abs. 1b Satz 4 AÜG n. F.

ff) Die **starre Frist** ist nicht optimal. Wie eine sachlich bessere Regelung aussehen kann, zeigt § 14 TzBfG. Danach ist eine Befristung ohne sachlichen Grund nur bis zu zwei Jahren zulässig. Liegt demgegenüber ein sachlicher Grund vor, z. B. der Sachgrund der Vertretung, gilt keine Höchstgrenze. Geht z. B. eine Frau für drei Jahre in Elternzeit, dann kann auch eine Vertretung auf drei Jahre eingestellt werden. Dagegen ist es in Zukunft unzulässig, in einem solchen Fall für drei Jahre eine Vertretung in Form der Leiharbeitnehmerin zu beschäftigen.

---

83 Nach *Lembke*, NZA 2017, 1, 4 wäre ein betriebsbezogener Ansatz statt eines unternehmensbezogenen vorzugswürdig.

84 *Lembke*, NZA 2017, 1, 4; *Zimmermann*, BB 2016, 53.

85 Zur Fristberechnung *Lembke*, NZA 2017, 1, 4.

3. Gleichstellung beim Lohn (Equal Pay)

a) Grundsatz

Nach der Leiharbeits-Richtlinie gilt der Grundsatz, dass Leiharbeitnehmern der gleiche Lohn zu zahlen ist wie den vergleichbaren Arbeitnehmern im Entleiherbetrieb. Allerdings gab es bei Schaffung der Richtlinie in der damaligen EG zwei Modelle zur Leiharbeit.[86] Nach dem einen war der Verleiher nur eine Art Vermittler, und die Leiharbeitnehmer erhielten das gleiche Entgelt wie die Arbeitnehmer im Entleiherbetrieb, und zwar vom ersten Tag an; so z. B. in Frankreich. In Deutschland und in einigen anderen Ländern galt dagegen das **verleiherbetriebsbezogene Modell:** Die Leiharbeitnehmer sind Arbeitnehmer des Verleihers, so dass es eigentlich folgerichtig gewesen wäre, dass sich ihr Entgelt nach dem Verleiherbetrieb richtet. Deshalb lässt die Richtlinie zu, durch Tarifvertrag von dem Gleichstellungsgebot abzuweichen. Entsprechend gibt es in Deutschland Tarifverträge speziell für die Leiharbeit mit eigenen Entgeltsystemen. Auch nicht tarifgebundene Arbeitgeber können auf diese Tarifverträge Bezug nehmen[87] und sind dann nicht an das Gleichstellungsgebot gebunden. Voraussetzung ist, dass der Verleiher in den Geltungsbereich des Tarifvertrages fällt, § 8 Abs. 2 Satz 2 und Abs. 4 Satz 2.[88] Bei dieser Rechtslage bleibt es auch im neuen Recht – allerdings nur bis zu einer Dauer der Beschäftigung von bis zu neun Monaten, § 8 Abs. 4 Satz 1. Danach gilt nach der Neuregelung in § 8 AÜG für den Leiharbeitnehmer das Entlohnungssystem des Entleihers, soweit nicht ein Branchen-Zuschlagstarifvertrag besteht (dazu sogleich). Die Zeitberechnung bezieht sich auf einen bestimmten Leiharbeitnehmer bei einem bestimmten Entleiher.[89]

In der Praxis ist es für den Verleiher allerdings schwierig festzustellen, welches Entgelt für den einzelnen Arbeitnehmer im Entleiherbetrieb gezahlt wird;[90] insofern gilt ein weiter Entgeltbegriff.[91] Um dem Verleiher die genaue Entgeltermittlung zu ersparen, wird nach § 8 AÜG vermutet, dass der Gleichstellungsgrundsatz gewahrt ist, wenn dem Leiharbeitnehmer das Tarifentgelt gezahlt wird. Das ist entweder der im Entleiherbetrieb geltende Tariflohn oder sonst der in der Branche

86 *Wank*, RdA 2003, 1, 3.

87 Zur europarechtlichen Zulässigkeit *Henssler*, RdA 2017, 83, 93; *Schüren/Wank*, RdA 2011, 289, 292.

88 *Bayreuther*, NZA 2017, 18, 19.

89 *Lembke*, NZA 2017, 1, 7; zur Fristberechnung *Bayreuther*, NZA 2017, 18, 19.

90 *Bayreuther*, NZA 2017, 18, 21.

91 Krit. *Henssler*, RdA 2017, 83, 92.

des Entleihers gezahlte Tariflohn.[92] Das Tarifentgelt in einem Zuschlagstarifvertrag muss gleichwertig sein mit dem tarifvertraglichen Arbeitslohn vergleichbarer Arbeitnehmer in der Entleiherbranche, § 8 Abs. 4 Satz 2. Maßgeblich ist also die Entleiherbranche und nicht der konkrete Entleiherbetrieb.

b) Branchenzuschlagstarifverträge

Die Entlohnung nach einem Leiharbeits-Tarifvertrag kann dazu führen, dass der Leiharbeitnehmer im Entleiherbetrieb für die gleiche Arbeit, wie sie ein Stammarbeitnehmer verrichtet, einen niedrigeren Lohn erhält. Um dieses – eigentlich systemkonforme, aber teilweise als ungerecht empfundene – Ergebnis zu vermeiden, haben einige Tarifvertragsparteien Tarifverträge abgeschlossen, nach denen dem Leiharbeitnehmer vom Verleiher ein Lohnzuschlag gezahlt wird, der eine weitgehende Angleichung bewirkt. Da der Gesetzgeber die Tarifautonomie stärken wollte, hat er die Lösung über Branchenzuschlagstarifverträge[93] als zulässige Ausnahme im Gesetz anerkannt, § 8 Abs. 4 Satz 2 AÜG. Nach einer Einarbeitungszeit von höchstens 6 Wochen müssen die Arbeitnehmer stufenweise in einem Zeitraum von insgesamt 15 Monaten an den Tariflohn herangeführt werden. Bei fehlender Tarifbindung ist eine Bezugnahme möglich, § 8 Abs. 4 Satz 2 AÜG. Da eine Beschäftigung von Leiharbeitnehmern unter Beachtung der Gleichstellung beim Lohn unrentabel ist, werden wohl noch mehr Brachen derartige Zuschlagstarifverträge einführen.[94]

4. Das Sanktionssystem

Wenn Verleiher oder Entleiher die Gesetzesvorschriften des AÜG nicht beachten, treten mehrere Sanktionen ein. Sie sind teilweise für alle Gesetzesverstöße gleich, teilweise weichen sie voneinander ab; auf diese Unterschiede werde ich nicht eingehen, sondern nur das System vorstellen.

a) Erfüllungsanspruch

Wie bei Juristen üblich, wird eine naheliegende Rechtsfolge meist nicht erwähnt: Die Beteiligten haben einen Anspruch darauf, dass der Vertragspartner geltendes Recht beachtet. Von daher ist es z. B. überflüssig, dem Leiharbeitnehmer auch

---

92 Krit. *Thüsing*, DB 2016, 2663, 2664.

93 Dazu *Bayreuther*, BB 2014, 1973; *Bissels/Mehnert*, DB 2014, 2407; *Mehnert/Stubbe/Haber*, BB 2013, 1269.

94 *Bayreuther*, NZA 2017, 18, 20.

nach der Gesetzesänderung ein Zurückbehaltungsrecht bezüglich des Einsatzes in einem bestreikten Betrieb einzuräumen, wenn dieser Einsatz ohnehin verboten ist und der Arbeitnehmer gesetzwidrige Weisungen nicht zu befolgen braucht.

b) Fingiertes Arbeitsverhältnis

Bei bestimmten Verstößen tritt gem. § 10 AÜG die Rechtsfolge ein, dass an Stelle des bisherigen Arbeitsverhältnisses zwischen Verleiher und Leiharbeitnehmer kraft Gesetzes ein Arbeitsverhältnis zwischen Entleiher und Leiharbeitnehmer entsteht. Beim unzulässigen Kettenverleih entsteht ein gesetzliches Arbeitsverhältnis zum letzten Entleiher, § 10a AÜG n. F.[95]

c) Versagung und Widerruf der Verleiherlaubnis

Ist für die Erlaubnisbehörde bei Prüfung des Antrags auf Erteilung einer Verleiherlaubnis erkennbar, dass gegen Gesetzesrecht verstoßen wird, so ist die Verleiherlaubnis zu versagen. Findet später ein Verstoß statt, kann die Erlaubnis widerrufen werden. Beim unzulässigen Kettenverleih wurde die Anordnung dieser Rechtsfolge vom Gesetzgeber vergessen.[96]

d) Bußgeld

Die meisten Verstöße sind zudem mit einem Bußgeld bedroht.

e) Mitbestimmung des Betriebsrats

Im Falle eines Gesetzesverstoßes kann der Betriebsrat der Einstellung des Leiharbeitnehmers widersprechen, § 99 Abs. 2 Nr. 1 BetrVG.

5. Das Widerspruchsrecht des Leiharbeitnehmers – Festhaltenserklärung

Die genannte Sanktion des § 10 AÜG, das gesetzliche Arbeitsverhältnis mit dem Entleiher, wird von Leiharbeitnehmern nicht immer gewünscht.[97] Das kann z. B. der Fall sein, weil dieses fingierte Arbeitsverhältnis befristet ist,[98] weil der Entleiher insolvent zu werden droht, weil beim Entleiher die Wartezeit nach § 1 KSchG

95 *Lembke*, NZA 2017, 1, 3.
96 *Lembke*, NZA 2017, 1, 2.
97 *Hamann*, NZA 2016, 1309, 1312; *Kainer/Schweipert*, NZA 20127, 13, 17; *Ulrici*, NZA 2015, 456, 459.
98 *Hamann/Rudnik*, NZA 2017, 22, 26.

neu läuft[99] oder weil die Arbeitsbedingungen beim Entleiher schlechter sind. In Rechtsprechung und Literatur war streitig, ob der Leiharbeitnehmer deshalb im Hinblick auf das Grundrecht der Berufsfreiheit aus Art. 12 GG das Recht haben muss, dem Übergang des Arbeitsverhältnisses zu widersprechen.[100] Das neue Gesetz räumt dem Arbeitnehmer in den Fällen des § 9 Abs. 1 Nr. 1, 1a und 1b iVm. § 10 und § 10a AÜG ein Widerspruchsrecht ein; er kann eine sog. Festhaltenserklärung abgeben. Rechtsfolge ist, dass sein Arbeitsverhältnis mit dem Verleiher fortbesteht. Die Unwirksamkeit wird rückwirkend beseitigt.[101]

Der Widerspruch muss **einen Monat** nach dem Zeitpunkt erklärt werden, zu dem das gesetzliche Arbeitsverhältnis nach § 10 AÜG begründet wird. Die Regelung ist bedenklich, da der Leiharbeitnehmer von dieser Rechtsfolge vielfach gar keine Kenntnis hat oder diese Kenntnis erst zu spät erlangt. Maßgeblich müsste vielmehr der Zeitpunkt sein, zu dem der Leiharbeitnehmer von den für den Übergang des Arbeitsverhältnisses maßgebenden Tatsachen[102] Kenntnis gewinnt.[103] Ob sich allerdings diese Korrektur des Gesetzes mit Hilfe von Auslegung erreichen lässt,[104] ist fraglich. Immerhin nimmt die amtliche Begründung auf die Kenntnis des Arbeitnehmers Bezug.[105]

Die schriftliche Erklärung muss nach § 9 Abs. 2 AÜG vom Leiharbeitnehmer **persönlich** bei einer Agentur für Arbeit vorgelegt werden, und sie muss spätestens am dritten Tag nach der Vorlage in der Agentur für Arbeit dem Verleiher oder dem Entleiher zugehen.[106] Diese Regelung wird allgemein nicht als sinnvoll angesehen.[107]

6. Kein Leiharbeitnehmer als Streikbrecher

Im Falle eines Streiks versuchen Arbeitgeber, die Arbeit, die auszufallen droht, mit Hilfe von Leiharbeitnehmern fortzuführen. Da Streiks meist nicht lange dauern,

---

99 *Hamann/Rudnik*, NZA 2017, 22, 26.

100 Vgl. BVerfG AP Art. 12 GG Nr. 146; BAG NZA 2014, 196; *Boemke/Lembke*, AÜG, 3. Aufl. 2013, § 10 Rn. 37; ErfK-*Wank*, 17. Aufl. 2017, § 10 AÜG Rn. 8.

101 *Hamann/Rudnik*, NZA 2017, 22, 25.

102 Nicht bezüglich der rechtlichen Einordnung, *Hamann/Rudnik*, NZA 2017, 22, 24.

103 *Lembke*, NZA 2017, 1, 9.

104 *Lembke*, NZA 2017, 1, 10.

105 BT-Drs. 18/9232, 26; dazu *Kainer/Schweipert*, NZA 2017, 12, 17; *Hamann/Rudnik*, NZA 2017, 22, 24.

106 Dazu *Hamann/Rudnik*, NZA 2017, 22, 24.

107 Krit. *Henssler*, RdA 2017, 83, 99: „Bürokratiemonster"; *Kainer/Schweipert*, NZA 2017, 13, 17; *Lembke*, NZA 2017, 1, 10.

ist es regelmäßig unmöglich, für die Dauer des Streiks andere Arbeitnehmer befristet einzustellen. Schon bislang konnten Leiharbeitnehmer der Entsendung in einen bestreikten Betrieb widersprechen[108] (jetzt § 11 Abs. 5 Satz 3 AÜG). Das erschien dem Gesetzgeber nicht ausreichend.[109] Nunmehr ist zusätzlich im Gesetz geregelt, dass Verleiher Leiharbeitnehmer nicht auf Stellen beschäftigen dürfen, die bis dahin von nunmehr streikenden Arbeitnehmern besetzt waren, und dementsprechend dürfen Entleiher auf diesen Stellen keine Leiharbeitnehmer beschäftigen, § 11 Abs. 5 Satz 1 und 2 AÜG. Das Verbot ist einerseits sehr weitgehend, weil es auch mittelbare Streikbrechertätigkeit erfasst; andererseits ist es aber auf den Betrieb und nicht auf das Unternehmen bezogen.[110]

Die Regelung ist wegen Verstoßes gegen die Kampfmittelwahlfreiheit des Entleihers und Verstoßes gegen den Grundsatz der Staatsneutralität im Arbeitskampf verfassungswidrig.[111]

7. Berücksichtigung von Leiharbeitnehmern bei Schwellenwerten im Betriebsverfassungsrecht und im Mitbestimmungsrecht

Für zahlreiche Vorschriften des Arbeitsrechts kommt es auf die Anzahl der im Betrieb oder im Unternehmen beschäftigten Arbeitnehmer an. Nach dem Grundmodell des deutschen Leiharbeitsrechts sind Leiharbeitnehmer allein Arbeitnehmer des Verleihers. Demnach dürften sie folgerichtig bei der Zahl der Arbeitnehmer des Entleihers in keinem Fall mitgezählt werden. Allerdings hat der Gesetzgeber davon für bestimmte Fälle, u. a. für das Wahlrecht der Leiharbeitnehmer zum Betriebsrat des Entleiherbetriebs, eine Ausnahme gemacht.

Das BAG hat sich nicht an den Ausnahmecharakter dieser Bestimmungen gehalten. Es hat vielmehr in diesem Fall einer Rechtsgebietskonkurrenz[112] (Betriebsverfassungsgesetz hier, Leiharbeitsrecht da) nicht nach dem Grundgedanken des in diesem Falle vorrangigen Leiharbeitsrechts entschieden, sondern methodisch unzutreffend nach der Teleologie des Betriebsverfassungsrechts.[113] Es hat Leiharbeitnehmer weitestgehend den Arbeitnehmern im Entleiherbetrieb bei den Schwellenwerten gleichgestellt. Der Gesetzgeber hat diese

---

108 *Bauer/Haußmann*, NZA 2016, 807.

109 BT-Drs. 18/9232, 27 f.

110 *Lembke*, NZA 2017, 1, 11.

111 *Bauer/Haußmann*, NZA 2016, 803, 808; *Franzen*, RdA 2015, 141, 151; *Henssler*, RdA 2016, 18, 24; *Lembke*, BB 2014, 1333, 1340; *ders.*, NZA 2017, 1, 11; *Willemsen/Mehrens*, NZA 2015, 897, 901; *Thüsing*, NZA 2015, 1478, 1479; *Ubber/Löw*, BB 2015, 3125.

112 Dazu allgemein *Wank*, Arbeitnehmer (Fn. 41), S. 385 ff.

113 Anders *Schubert/Liese*, NZA 2016, 1297, 1302 f.

Rechtsprechung übernommen, er ist sogar darüber hinausgegangen. Entgegen der Rechtsprechung[114] und entgegen dem Koalitionsvertrag[115] wird nicht einmal geprüft, ob eine Gleichstellung bei der jeweiligen Vorschrift sachgerecht ist.[116]

8. Zusammenfassende Bewertung

Ziel der Gesetzesreform in Deutschland sollte sein, die Situation von Leiharbeitnehmern zu verbessern. Ob das gelungen ist, erscheint fraglich.[117]

Mehrere Bestimmungen werden in der Literatur als **verfassungswidrig** oder **nicht EU-Rechts-konform** angesehen. Das betrifft:

- das Konzernprivileg
- das entsprechende Behördenprivileg
- das Verbot des Einsatzes von Leiharbeitnehmern in bestreikten Betrieben
- die Haftung ohne Verschulden bei verdeckter Leiharbeit.

Die Regelung der **Überlassungshöchstdauer** ist aus mehreren Gründen nicht gelungen. Unabhängig davon geht die Regelung weitgehend ins Leere. Statt an den Arbeitsplatz wird an die Beschäftigungsdauer des einzelnen Arbeitnehmers angeknüpft. Nach 18 Monaten kann der Leiharbeitnehmer problemlos ausgetauscht werden, und das ad infinitum. Aus der Debatte um den Rechtsmissbrauch bei Kettenbefristungen hat der Gesetzgeber nichts gelernt. Richtig wäre dagegen, einen Sachgrund für eine nur vorübergehende Beschäftigung zu fordern, wie in § 14 Abs. 1 TzBfG.

Die **Gleichstellung beim Arbeitsentgelt** mit den Arbeitnehmern des Entleihers ist zwar im Hinblick auf das deutsche verleiherbetriebsbezogene Modell systemwidrig. Da sie aber erst nach 9 Monaten einsetzt, ist die Regelung vertretbar. In der Praxis wird sie vermutlich dazu führen, dass – abgesehen von Leiharbeitnehmern mit Branchenzuschlagstarifverträgen – kein Leiharbeitnehmer länger als 9 Monate an derselben Stelle eingesetzt wird.

---

114 BAG NZA 2016, 559.

115 „sofern dies der Zielsetzung der jeweiligen Norm nicht widerspricht".

116 Krit. *Oetker*, NZA 2017, 29, 32.

117 *Wank*, jM 2017, 192.

9. Japan

Das erste Arbeitnehmerüberlassungsgesetz in Japan datiert von 1985.[118] Das geltende Recht beruht auf der Reform von 2015.[119]

In Japan gab es bis 2015 zwei Arten von Arbeitnehmerüberlassung. Bei der einen brauchte der Verleiher, wie in Deutschland, eine Erlaubnis der Behörde (sog. allgemeine Arbeitnehmerüberlassung, Art. 5 a.F.). Hierzu zählten auch Verleiher, die sowohl unbefristet als auch befristet eingestellte Leiharbeitnehmer beschäftigten. Bei der anderen (sog. besondere Arbeitnehmerüberlassung, Art. 16 a.F.) bedurfte es nur einer Meldung des Verleihers an die Behörde. Sie betraf diejenigen Verleiher, die *nur* unbefristet (und länger als ein Jahr befristet) eingestellte Leiharbeitnehmer beschäftigten. Seit der Reform ist die Verleihtätigkeit immer an eine Genehmigung gebunden.

Seit 2015 gilt einheitlich eine Höchstüberlassungsdauer von drei Jahren. Aber wie in Deutschland ist die „vorübergehende" Arbeitnehmerüberlassung arbeitnehmerbezogen und nicht arbeitsplatzbezogen. Die Frist wird für jeden Arbeitnehmer und für jeden Betrieb des Entleihers berechnet. Nach Anhörung der Mehrheitsgewerkschaft darf der Entleiher nach drei Jahren einen anderen Leiharbeitnehmer auf dem Arbeitsplatz beschäftigen.

Verleiher sind in Japan verpflichtet, sich um eine anschließende Beschäftigungsmöglichkeit für den Leiharbeitnehmer zu kümmern.[120]

Wie in § 10 AÜG gibt es auch in Japan die Fiktion eines Arbeitsverhältnisses mit dem Entleiher in bestimmten Fällen illegaler Arbeitnehmerüberlassung, § 40-6 JAÜG.[121]

---

118 In Japan spricht man auf Englisch vom „Worker Dispatching Law", vgl. für alle *Hanami/Komiya/Yamakawa*, Labour Law in Japan, Rn. 108. Nach europäischem Sprachgebrauch sind das entsandte Arbeitnehmer, während Leiharbeitnehmer „agency worker" genannt werden.

119 Zur Rechtslage bis 2014 s. *Wank*, Employment, S. 64 ff.; zur Rechtsentwicklung s. *Takahashi*, Arbeitnehmerüberlassung in Japan, unveröffentlichter Vortrag 2016.

120 *Hanami/Komiya/Yamakawa*, Labour Law in Japan, Rn. 110; *Kuwamura*, in diesem Band, S. 47, 60.

121 *Kuwamura*, in diesem Band, S. 47, 61.

Professorin Keiko Ogata

Nanzan Universität Nagoya

Familiäre Pflege und das Arbeitsrecht unter dem Genderaspekt – Abschied vom Modell des Mannes als Ernährer

Abstract: *This paper discusses the desirable form of sustainable labor law in Japan's aging society from a gender perspective which aims to reconcile family nursing care with work.*

Taking care of others, which includes nursing care, is something unavoidable in human society. As such, the various laws and systems which shape society must be designed so that people who undertake the provision of care are not put in a seriously disadvantageous position during that time or after.

Most of the people tasked with the nursing care of family members are women. In Japan, wives and daughters are charged with caring for aged and ill family members, while husbands and sons earn the money for those expenses. This family model in which men are the breadwinners is deeply rooted in society, which creates the high risk of a heavy lifetime burden on women. When a woman who provides nursing care for family members is not employed, or if she works part-time or performs some other non-regular job and she gets divorced or her breadwinner husband dies, her livelihood is instantly ruined.

A society which regards such a situation as a result of the woman "making her own decisions" or considers that "it is her own responsibility" cannot be called fair. Bringing about a fair society requires a change in the "conception of the proper person" as seen traditionally in our laws. We must reimagine the "conception of the proper person" under law as people who take care of family members, and who, for a certain length of time, therefore cannot perform their jobs to the same extent as coworkers or must take a leave of absence.

From this perspective, this paper examines the significance of legal systems for family-care leave and other matters, the interpretation of prohibitions on disadvantageous treatment of employees because they use those systems, and the problem of working hours.

I. Einleitung

Mit diesem Bericht soll diskutiert werden, wie ein nachhaltiges Arbeitsrecht in der alternden Gesellschaft unter dem Genderaspekt aussehen sollte. Zunächst wird auf die Bedeutung des Genderaspekts eingegangen. Anschließend wird die arbeitsrechtliche Frage aufgegriffen, die sich als eins der Probleme aus dem Genderaspekt bezüglich familiärer Pflege und Berufstätigkeit ergibt.

II. Ein nachhaltiges Arbeitsgesetz in der alternden Gesellschaft und der Genderaspekt

1. Was ist der Genderaspekt?

Der Begriff „Gender“ wird allgemein als das soziale/kulturelle Geschlecht eines Menschen definiert. Der Begriff hat mehrere Bedeutungen, auf die an dieser Stelle jedoch nicht weiter eingegangen werden soll, weil sie für die hier zu diskutierende Frage nebensächlich sind. Wichtiger ist an dieser Stelle, warum der Begriff „Gender“ in diesem Zusammenhang überhaupt auftaucht.

Die Gender-Theorie entstand als Antwort auf die ausgesprochen starre Auffassung über das Geschlecht, nach welcher die geschlechtlichen Unterschiede durch das biologische Geschlecht festgelegt und als „Schicksal“ nicht veränderbar seien. Das Ziel der Gender-Theorie ist es, den Menschen von diesem „Schicksal“ zu befreien und zu verdeutlichen, dass die Geschlechterrolle bzw. die geschlechtliche Zuordnung eines Menschen nicht durch das biologische, sondern durch das soziale Geschlecht, also das sog. Gender, bestimmt wird; dass das Geschlecht sozial und kulturell vielfältige Geschlechterrollen umfasst und dass die Menschen, die eine Gesellschaft bilden, ihre Geschlechterrolle und die daraus folgenden geschlechtlichen Unterschiede verändern können.

In Japan existiert seit der Zeit der Erneuerung zum Ende des 19. Jahrhunderts bis in die gegenwärtige Gesellschaft hinein in den verschiedensten Bereichen ein festes Gendersystem. Das Gesetz als die oberste Autorität und Macht der Gesellschaft spiegelt diese Genderrollen in der Gesellschaft wider und verkörpert sie. Mit anderen Worten, auch im Gesetz, das auf den ersten Blick gegenüber den Geschlechtern neutral erscheint, zeigt sich das Bild von Mann und Frau so, wie es in der betreffenden Gesellschaft als wünschenswert angesehen wird.[1]

Das Gesetz unter dem Genderaspekt zu betrachten bedeutet also, im auf den ersten Blick gegenüber den Geschlechtern neutral erscheinenden Gesetzsystem die verborgenen Mechanismen aufzudecken, durch die entweder Männer oder Frauen (in den meisten Fällen sind es Frauen) benachteiligt werden. Ziel ist es, diese Probleme zu verdeutlichen, um sie zu überwinden und lösen zu können. Der Versuch mag zunächst als Bemühen erscheinen, lediglich die Ungerechtigkeiten zwischen Männern und Frauen beseitigen zu wollen. Tatsächlich geht er jedoch

---

1 *Asakura, Mutsuko*, Jendā shiten no igi to rōdōhō (Die Bedeutung des Genderaspekts und das Arbeitsgesetz); *Araki, Masayuki/Kuwabara, Yoko* (Hrsg.), Shakai hoshōhō/Fukushi to rōdōhō no shintenkai (Neue Entwicklungen des Sozialversicherungsesetzes und des Wohlfahrts- und Arbeitsgesetzes), 2010, S. 412–517.

darüber hinaus, denn die zwischen Männern und Frauen gemachten ungerechtfertigten Unterschiede wirken sich letztendlich auch stark negativ auf männliche Arbeitnehmer aus, weil die Nachteile, die den Angehörigen eines Geschlechts entstehen, letztendlich eine Verzerrung der gesamten Gesellschaft bewirken. Wenn über ein „nachhaltiges" Arbeitsrecht nachgedacht wird, muss deshalb selbstverständlich auch die Überwindung solcher Einflüsse im Blickpunkt stehen.

2. Familiäre Pflege und das Arbeitsgesetz

Bei den Überlegungen zu einem nachhaltigen Arbeitsgesetz in der alternden Gesellschaft ist die familiäre Pflege, die von Arbeitnehmern übernommen wird, ein Schlüsselbegriff. Für Arbeitnehmer ist die Familie der Ort, an dem sie ihre Arbeitskraft regenerieren können. Gleichzeitig hat sie die Funktion der Fürsorge für die zugehörigen Mitglieder. In Japan steht aufgrund fehlender Pflegeeinrichtungen und vor dem Hintergrund von Kultur und Tradition nicht so sehr die Pflege in Pflegeeinrichtungen, sondern die familiäre Pflege zu Hause im Mittelpunkt. In Japan leben 60 % bis 70 % der Menschen mit pflegebedürftigen Personen zusammen.

Das bedeutet, dass Arbeitnehmer, während sie für ihren Lebensunterhalt und ihr eigenes Leben arbeiten, gleichzeitig die Pflege von Angehörigen übernehmen müssen. Je weiter die Alterung der Gesellschaft fortschreitet, desto höher wird auch die Wahrscheinlichkeit, dass dieser Fall eintritt.

Die Statistik zeigt, dass in Japan die Anzahl pflegebedürftiger Senioren von Jahr zu Jahr steigt. Die Zahlen der pflegebedürftigen Personen über 65 Jahre zeigen für Ende des Rechnungsjahres 2013 etwa 5,457 Mio. Menschen. Das waren 2,58 Mio. Menschen mehr als 2001.[2] Die Statistik erfasst allerdings nur diejenigen, die von der Pflegeversicherung als pflegebedürftig anerkannt wurden. Tatsächlich dürfte die Zahl alter Menschen, die in irgendeiner Weise Hilfe von Familienangehörigen benötigen, erheblich höher sein.

Auf der anderen Seite gibt es jährlich etwa 100.000 Menschen, die wegen der Übernahme von Pflege ihre Arbeit aufgeben. 80 % von ihnen sind Frauen.

In dieser Situation hat die Regierung Abe im Juni 2016 einen Kabinettsbeschluss zur Förderung des umfassenden Engagements der Bürger („Promoting Dynamic Engagement of All Citizens") gefasst.[3] Daraus spricht das Bewusstsein für die Gefahren, die der japanischen Gesellschaft durch das Andauern der niedrigen

---

2 *Kabinettsbüro* (Hrsg.), Heisei 26 nen kōrei shakai hakusho (Weißbuch zur alternden Gesellschaft 2014), abrufbar unter: http://www8.cao.go.jp/kourei/whitepaper/w-2014/zenbun/s1_2_3.html.

3 Abrufbar unter: http://www.kantei.go.jp/jp/singi/ichiokusoukatsuyaku/dai8/siryou2.pdf.

Geburtenrate und die fortschreitende Alterung der Gesellschaft und damit die Verringerung des Arbeitsangebots entstehen. Ziel des neuen Lösungsplans ist es, dass niemand mehr gezwungen sein soll, wegen Pflege seine Arbeit aufzugeben.

Um zu vermeiden, dass Arbeitnehmer ihre Arbeit wegen der Übernahme von Pflege aufgeben, wurden zunächst als konkrete Maßnahmen die Absicherung, Ausbildung und Verbesserung der Arbeitsbedingungen von Pflegepersonal sowie die Aufnahme ausländischer Arbeitskräfte angeführt.

Um jedoch tatsächlich zu erreichen, dass kein Arbeitnehmer mehr zur Aufgabe seiner Arbeit gezwungen ist, ist ein System erforderlich, mit dem pflegende Arbeitnehmer sowohl Arbeit als auch Pflege miteinander vereinbaren können, ohne dafür ihre eigene Lebenssituation opfern zu müssen. Eine Diskussion über Mittel und Wege dazu ist also unumgänglich. Mit einem Ausbau des Sozialversicherungssystems allein ist dies nicht zu erreichen. Auch eine Reform des Arbeitsrechtssystems und ein Umdenken in der Arbeitsrechtstheorie sind erforderlich.

III. Probleme der familiären Pflege

1. Einseitige Belastung unter dem Modell des Mannes als Ernährer und düstere Aussichten für die Zukunft?

a) Die gegenwärtige Situation[4]

1991 betrug die Anzahl der Menschen, die familiäre Pflege übernahmen, etwa 3,6 Mio. 2011 war ihre Anzahl mit rund 6,8 Mio. auf etwa das Doppelte gestiegen. 1991 waren etwa 30 % von ihnen Männer und 70 % Frauen, 2011 lag der Anteil der Männer bei etwa 40 % und der der Frauen bei 60 %. Es zeigt sich also, dass in der Zwischenzeit mehr Männer die Pflege im familiären Bereich übernommen haben.

2001 lebten etwa 70 % aller Menschen mit pflegebedürftigen Personen zusammen, 2010 waren es mit 65 % etwas weniger. Die gepflegten Personen waren meist der Ehepartner, die eigenen Eltern oder die Schwiegereltern. Wenn die gepflegte Person im selben Haushalt wohnte, betrug bei den pflegenden Personen der Anteil der Frauen 70 % gegenüber 30 % Männer.

Ein Blick auf das Alter der pflegenden Personen zeigt, dass mehr als 60 % von ihnen über 50 Jahre alt waren, wobei bei den pflegenden Frauen ein relativ großer Anteil von 30 % zwischen 40 und 50 Jahre alt war. 60 % derjenigen, die mit der gepflegten Person zusammen lebten, gaben an, nicht berufstätig zu sein (2010).

---

4 *Ministerium für Gesundheit, Arbeit und Soziales* (Hrsg.), Heisei 24 nenban/hataraku josei no jitsujō (Zur Lage der werktätigen Frauen Ausgabe 2012), abrufbar unter: http://www.mhlw.go.jp/bunya/koyoukintou/josei-jitsujo/12.html.

Hinsichtlich der Beschäftigungsform von Arbeitnehmern, die Angehörige gepflegt haben, wird deutlich, dass bei den Frauen Teilzeitbeschäftigte (40,3 %) den größten Anteil ausmachten. Insgesamt liegt bei den Frauen der Anteil atypisch Beschäftigter bei 60 % gegenüber 34,8 % regulär Beschäftigter. Dem gegenüber sind bei den Männern 60 % regulär beschäftigt, danach folgen die Beschäftigten mit befristetem Arbeitsvertrag (5,9 %).

b) Prognosen für die Zukunft

Wie die Statistik zeigt, sind es häufig Frauen, die die Pflege von Angehörigen übernehmen. Das heißt, die Ehefrau, die Tochter oder die Schwiegertochter übernimmt die Pflege und der Ehemann oder der Sohn verdient die für die Pflege erforderlichen finanziellen Mittel. Hier zeigt sich deutlich, wie tief das Modell des Mannes als Ernährer verwurzelt ist.

Diese Form der Arbeitsteilung entspricht auch der traditionellen Arbeitsteilung innerhalb der Familie. Wenn jedoch die Frauen, die in der Familie die Pflege übernehmen, nicht beschäftigt sind oder in atypischer Beschäftigung wie Teilzeit oder ähnlichem arbeiten, sehen die Aussichten für die Zukunft der betreffenden Frau nicht eben gut aus. Auch wenn keine Pflege mehr notwendig ist, weil z. B. die zu pflegende Person verstorben ist, wird die betreffende Frau in den meisten Fällen bereits in einem Alter sein, in dem es nicht mehr einfach ist, eine neue Arbeitsstelle zu finden. Es ist auch nicht sehr wahrscheinlich, dass sie genug Geld aus Ersparnissen oder ähnlichem zur Verfügung hat, um angemessen davon leben zu können. Auch wenn sie in atypischer Beschäftigung arbeitet, muss sie entweder hohe Beiträge für die Rentenversicherung einzahlen, die nach dem Einkommen bemessen werden, oder aber sie bleibt weiterhin nach Typ 3 versichert (vom Hauptverdiener abhängige Personen mit einem Jahreseinkommen von weniger als 1,3 Mio. Yen). Damit bleibt auch die Altersrente, die ihr später zusteht, auf einem niedrigen Niveau.

Wenn sie ein gutes Verhältnis zu ihrem Ehemann hat, welcher als Ernährer regulär beschäftigt ist, und wenn das Einkommen des Ehemanns im Alter abgesichert ist, ist es möglich, dass auch sie selbst ein gesichertes Leben führt. Es besteht aber auch stets die Gefahr, dass der Ehemann stirbt oder dass die Ehe auseinander geht und die Frau damit ihre Lebensgrundlage verliert. Frauen allgemein, und besonders Arbeitnehmerinnen, haben für lange Zeit die Gefahr dieser Unsicherheit widerspruchslos hingenommen.

Es war die fest in der Gesellschaft verankerte Arbeitsteilung der Geschlechter, die diese Lebensweise mit ihrer latenten Gefahr gestützt hat. Man darf durchaus behaupten, dass die Arbeitsteilung der Geschlechter diese Gefahren verschleiert hat.

Die geschlechtsspezifische Arbeitsteilung an sich kann aber nicht länger aufrechterhalten werden, denn die sichere Position des regulär Beschäftigten als Ernährer ist ins Wanken geraten, atypische Beschäftigung ist bei Weitem keine Ausnahme mehr, und für junge Menschen ist es längst nicht mehr so einfach wie früher, in ein reguläres Arbeitsverhältnis zu kommen. Hinzu kommt, dass immer weniger Menschen heiraten. Vor diesem Hintergrund wächst gleichzeitig die Gruppe derjenigen, die in der alternden Gesellschaft die Belastung der familiären Pflege als tägliche Aufgabe übernehmen. Damit wächst die Gefahr einer prekären Lebenssituation auch für Männer.

2. Die Auffassung eines „Rechts auf familiäre Pflege“ als grundlegendes Menschenrecht

Es erhebt sich die Frage, ob die Pflege der eigenen Eltern, der Schwiegereltern oder des Ehepartner, oder auch der Wunsch nach einer solchen Pflege, im Bedarfsfall ein Gegenstand gesetzlichen Schutzes sein kann.

Zu dieser Frage gibt es die Auffassung,[5] dass der Wunsch eines Pflegebedürftigen, von der eigenen Familie gepflegt zu werden, ein Naturrecht sei, das als „Recht auf Pflege durch die Familie“ bezeichnet werden kann. Der Kontakt zur Familie über die Pflege gehöre zum Recht auf Streben nach Glück (Verfassung Artikel 13). Und um dieses Recht eines Pflegebedürftigen zu realisieren, müsse auch der Familie ein „Recht zu pflegen“ gewährt werden. Auch dies sei ein Naturrecht und im Recht auf Streben nach Glück enthalten. Selbstverständlich wird damit die Familie nicht rechtlich zur Pflege eines Pflegebedürftigen verpflichtet. Ebenfalls selbstverständlich beschränkt sich die Art und Weise der Pflege nicht nur auf direkte, selbst ausgeführte Pflege, sondern schließt unter anderem auch die Verfahren zur Nutzung von Pflegediensten ein.

Jeder Mensch hat in seinem Leben zumindest eine, womöglich auch mehrere Phasen, in denen er von anderen Menschen abhängig ist. Sie können unterschiedlich lang sein. Zumindest in der Kindheit, häufig aber auch im Alter, wenn der Mensch noch nicht oder nicht mehr für sich selbst sorgen kann, ist er auf die Hilfe anderer angewiesen. Irgendjemand muss sich also um solche Menschen kümmern. Mit anderen Worten, Hilfe für andere ist ein fester Teil der menschlichen Gesellschaft.

Ausgehend von der Unumgänglichkeit dieser Hilfe wird deutlich, dass die verschiedenen Gesetze und Systeme, auf denen unsere Gesellschaft basiert, Mittel und Möglichkeiten enthalten müssen, um diejenigen, die Hilfe leisten, sowohl während

---

5 *Yamawaki, Takushi*, Kazoku kaigo mondai to hōseisaku (Probleme der familiären Pflege und gesetzliche Maßnahmen), in: Kaigo to kazoku (Pflege und Familie), 2005, S. 66.

der Hilfeleistung als auch nach deren Abschluss ausreichend dafür zu würdigen und es ihnen zu ermöglichen, am Streben nach gesellschaftlichem Wohlstand teilzunehmen.

Demgegenüber zeigen die eingangs angeführten statistischen Untersuchungen und die daraus folgenden trüben Aussichten, dass diejenigen, die Hilfe leisten – in der Mehrzahl Frauen – gegenüber denjenigen, die keine Hilfe leisten – in der Mehrzahl Männer – deutlich auf einer benachteiligten Position sind.

Warum kommt es dazu? Der Grund hierfür ist offenbar, dass die auf dem Gesetz basierende Gerechtigkeitstheorie ein ideales Menschenbild anstrebt, dem zufolge alle Menschen gleichermaßen frei, selbständig, selbstgenügsam und gleichberechtigt in der Gesellschaft stehen. Von der Diskussion um dieses Menschenbild werden jedoch sowohl Abhängige als auch Menschen, die für Abhängige sorgen, ausgeschlossen. Konkret bedeutet das: Wenn ein Arbeitnehmer den Wunsch hat, einen Familienangehörigen zu pflegen, und dazu seine Arbeitsstelle aufgeben oder in ein atypisches Arbeitsverhältnis wechseln muss, um die Belastung durch die Arbeitszeit und/oder durch den Inhalt der Arbeit zu verringern, besteht die Möglichkeit, dass der betreffende Arbeitnehmer zukünftig in eine prekäre Lage gerät. Wenn dies jedoch als „persönliche Entscheidung des Betreffenden" oder „Eigenverantwortung" abgetan wird, stellt sich die Frage, wo hier die Gerechtigkeit bleibt.

Wenn man diese Situation nicht auf sich beruhen lassen will, ist eine Wandlung des nach den Vorstellungen des Gesetzes „anzustrebenden Menschenbildes" erforderlich. Dieses Bild müsste dann nämlich auch berücksichtigen, dass es Menschen gibt, die für die Pflege von Familienangehörigen für eine gewisse Zeit nicht dieselbe Arbeitsbelastung wie ihre Kollegen übernehmen können oder die ihre Arbeit ganz aufgeben. Wäre ein Bürgerrecht denkbar, das ein auf diesem Menschenbild basierendes Gesetzessystem mit entsprechenden politischen Maßnahmen und juristischen Auslegungen verlangt und gleichzeitig das Recht auf die am höchsten zu achtende persönliche Freiheit bzw. das Recht auf Streben nach Glück beinhaltet?

3. Die aus der Verbindung von Arbeit und Pflege entstehenden Risiken und die Besonderheiten von Arbeitnehmern, die Pflege übernehmen

Bekanntlich ist Pflege etwas anderes als die Erziehung von Kindern. Arbeitnehmer, die Pflege übernehmen, sind anderen Risiken ausgesetzt als solche, die Kinder erziehen.[6]

---

6 *Nishikubo, Koji*, Kaigo risusku to rishoku kanōsei (Das Pflegerisiko und die Möglichkeit der Aufgabe der Arbeit), in: DIO N. 302, 2015, S. 4 ff.

Erstens ist im Fall der Pflege schwer abzuschätzen, wann die Pflege beendet sein wird. Zeitliche Prognosen sind deshalb schwierig.

Zweitens ist es bei der Pflege gut möglich, dass mehrere pflegebedürftige Personen gleichzeitig betreut werden müssen. Damit steigen auch die Schwierigkeiten bei der Vereinbarung von Arbeit und Pflege sprunghaft an.

Drittens besteht bei der Pflege eine hohe Wahrscheinlichkeit, dass sich der Zustand der gepflegten Person verschlechtert und dass weitere Erschwernisse wie Demenz oder ähnliches hinzukommen, so dass die Belastungen für die pflegende Person im Laufe der Zeit größer wird.

Viertens haben pflegende Arbeitnehmer sowohl hinsichtlich ihres Alters als auch innerhalb des Unternehmens allgemein eine relativ hohe Position inne. Wenn sie im Unternehmen durch ihre Tätigkeit oder Stellung eine hohe Verantwortung tragen, ist es häufig schwierig, ihre Arbeit von anderen Mitarbeitern übernehmen zu lassen, selbst wenn sie ihrer Arbeit nur kurzfristig fern bleiben. Wenn sich auch der betreffende Arbeitnehmer selbst dieses Problems bewusst ist, zögert er häufig, seinem Arbeitgeber gegenüber mitzuteilen, dass er sich der Notwendigkeit von Pflege gegenüber sieht und Unterstützung braucht. Er schleppt also eine Art „Coming-out-Problem“ mit sich.

Fünftens ergibt sich, wenn der Arbeitnehmer nicht mit der pflegebedürftigen Person im selben Haushalt wohnt, die Notwendigkeit, die Pflege über eine gewisse Entfernung hinweg auszuführen. In solchen Fällen steigt die Belastung durch die für die Entfernung benötigte Zeit, die Fahrkosten sowie auch die physische Anstrengung.

Sechstens sind aufgrund der vielfältigen Formen der familiären Situation des Arbeitnehmers und der pflegebedürftigen Person auch die Formen vielfältig, in denen die Verbindung von Arbeit und Pflege unterstützt werden muss. Wenn z. B. bei der Kindererziehung vor allem die Mutter die Erziehung und Pflege übernimmt, kann von einer Unterstützung hauptsächlich für die betreffende Mutter ausgegangen werden. Im Fall der Pflege hingegen gibt es Unterschiede je nachdem, wer genau die Pflege übernimmt, ob es einen Ehepartner der pflegebedürftigen Person gibt, wie die familiäre Beziehung zu dem Arbeitnehmer ist, ob sie gemeinsam in einem Haushalt leben usw. Alle diese Faktoren beeinflussen den Inhalt der erforderlichen Unterstützung.

All dies sind schwerwiegende Problem, wobei besonders Punkt Vier die Lage des pflegenden Arbeitnehmers stark beeinflusst. Deshalb soll als nächstes auf das System eingegangen werden, mit dem die Verbindung von Pflege und Arbeit in Japan unterstützt wird.

4. Unterstützung für die Verbindung von Pflege und Arbeit und Japan

a) *Garantie des Pflegeurlaubs*

In Japan wird die Unterstützung für die Verbindung von Pflege und Arbeit gesetzlich durch das Gesetz über Erziehungs- und Pflegeurlaub geregelt. Dieses Gesetz wurde erst im März 2016 mit Schwerpunkt auf der Vereinbarkeit von Pflege und Arbeit geändert und ist am 1. Januar 2017 in Kraft getreten.

Zunächst erteilt dieses Gesetz dem Arbeitgeber die Pflicht, ein System für den Pflegeurlaub bereitzustellen. Die Urlaubszeit beträgt insgesamt 93 Tage. Vor der Gesetzesänderung war ein einmaliger Urlaub von maximal 93 Tagen möglich. Nach der Änderung kann er nun auf drei Mal aufgeteilt werden. Während des Pflegeurlaubs ist der Arbeitgeber nicht zur Gehaltszahlung verpflichtet. Der Arbeitnehmer bekommt aus der Arbeitslosenversicherung eine Zahlung für den Pflegeurlaub. Diese Zahlung wurde von 40 % auf 67 % des durchschnittlichen Tageseinkommens erhöht.

Dass die Zeit für den Pflegeurlaub in Japan mit nur 93 Tagen relativ kurz ist, liegt daran, dass sie nicht so sehr als Zeit für die tatsächliche Pflege eines Angehörigen gesehen wird, sondern als erste Notmaßnahme, wenn Pflege notwendig wird. Allerdings ist es zweifelhaft, dass in Japan, wo das Angebot von Pflegeleistungen in Einrichtungen nicht ausreicht, eine Zeit von 93 Tagen genügt.

Die Realität zeigt, dass der Anteil von pflegenden Arbeitnehmern, die Pflegeurlaub in Anspruch genommen haben, bei lediglich 3,2 % liegt.[7] Am häufigsten wird hierfür die Begründung „Ich wusste nicht, dass es dieses System gibt“ mit 32,6 % angegeben. Danach folgen „Ich kann den normalen bezahlten Jahresurlaub nutzen“ mit 18 %, „Ich habe weniger Einkommen“ mit 17,2 %, „Ich bereite meinen Kollegen Unannehmlichkeiten“ mit 15,7 % sowie „Es gibt niemanden, der meine Arbeit übernehmen könnte“ mit 14,4 %. Abgesehen von der Begründung, das System sei nicht bekannt gewesen, dürfte die Gesetzesänderung eine Verbesserung in der Frage des verringerten Einkommens infolge von Pflegeurlaub bringen. Ob es auch zu den anderen Gründen Verbesserungen bringt, wird sich erst noch zeigen müssen.

Bei unzureichendem Angebot an Pflegeeinrichtungen und einer maximalen Zeit von drei Monaten für den Pflegeurlaub vor die Wahl gestellt, werden sich

---

7 *Ministerium für Gesundheit, Arbeit und Soziales* (Hrsg.), Heisei 24 nenban/hataraku josei no jitsujō (Zur Lage der werktätigen Frauen Ausgabe 2012), abrufbar unter: http://www.mhlw.go.jp/bunya/koyoukintou/josei-jitsujo/12.html.

also viele Arbeitnehmer zum Aufgeben ihrer Arbeit entscheiden. Und hierbei ist die Wahrscheinlichkeit sehr viel höher, dass sich Frauen so entscheiden und nicht Männer.

Weiterhin können Arbeitnehmer fünf Urlaubstage im Jahr für allgemeine Pflegezwecke nehmen. Mit dem geänderten Gesetz können diese nicht mehr nur wie bisher als ganze, sondern auch als halbe Tage genommen werden. Ein Blick auf den Anteil von Arbeitnehmern, die Pflegeurlaub genommen haben, zeigt jedoch, dass von den pflegenden Arbeitnehmern lediglich 2,3 % diese Art von Urlaub in Anspruch genommen haben. Sieht man dies im Zusammenhang mit der Tatsache, dass die Inanspruchnahme von Urlaub bei den Arbeitnehmern in Japan sowieso nicht einmal 50 %[8] erreicht, wird deutlich, dass generell Urlaub nicht einfach zu nehmen ist.

Darüber hinaus müssen Arbeitgeber weitere Möglichkeiten anbieten, zum Beispiel verkürzte oder flexible Arbeitszeiten, versetzter Arbeitszeitbeginn, Pflegezuschläge und ähnliches (Pflicht zum Angebot von Möglichkeiten). Den Arbeitnehmern ist das Recht garantiert, solche Maßnahmen innerhalb von drei Jahren mindestens zwei Mal zu nutzen.

Zusätzlich dazu wurde mit der Gesetzesänderung eine Befreiung von Überstunden festgelegt. Das heißt, den Arbeitnehmern wird das Recht zuerkannt, für die Zeit bis zur Beendigung der Pflege von Überstunden ausgenommen zu werden.

Zur Angebotspflicht von Möglichkeiten gehörte vor der Gesetzesänderung nur die Möglichkeit, insgesamt 93 Tage Pflegeurlaub zu nehmen. Nun können zusätzlich zum Pflegeurlaub weitere Möglichkeiten genutzt werden, was einen großen Fortschritt bedeutet. Auch die bisher nicht vorhandene Möglichkeit, von Überstunden ausgenommen zu werden, ist als Verbesserung zu begrüßen.

Allerdings kann es der Arbeitgeber ablehnen, einen Arbeitnehmer von Überstunden auszunehmen, wenn damit der reguläre Betrieb des Unternehmens beeinträchtigt wird. Hinzu kommt, dass, wie oben bereits erläutert, pflegende Arbeitnehmer häufig in höheren Positionen beschäftigt sind. Das bedeutet in vielen Fällen, dass sie von vornherein von den allgemeinen Arbeitszeitregelungen ausgenommen sind. In solchen Fällen gibt es selbst dann, wenn dem Arbeitnehmer das Recht auf verkürzte Arbeitszeit oder Befreiung von Überstunden

---

8 Z. B. der vom Ministerium für Gesundheit, Arbeit und Wohlfahrt herausgegebenen Untersuchung „2014 nen shūrōjōken sōgōchōsa" (Umfassende Untersuchung der Arbeitsbedingungen 2014), abrufbar unter: http://www.mhlw.go.jp/toukei/itiran/roudou/jikan/syurou/14/gaiyou01.html, zufolge liegt der Anteil des Urlaubs, der von den Arbeitnehmern in Japan genommen wird, bei 48,8 %.

zugestanden wird, keinen Spielraum, dieses Recht umzusetzen. Darüber hinaus muss der Arbeitnehmer zur Nutzung dieses Rechts seine familiäre Situation offenlegen. Dieser Umstand lässt den Arbeitnehmer möglicherweise ebenfalls zögern, seine Rechte zu nutzen (Coming-Out-Problem).

b) Das Verständnis von „nachteiliger Behandlung"

Das Gesetz über den Erziehungs- und Pflegeurlaub verbietet, dass ein Arbeitnehmer, der Pflegeurlaub oder ähnliche Maßnahmen nutzt, aus diesem Grund durch den Arbeitgeber mit Kündigung oder ähnlichem nachteilig behandelt wird. Wie steht es jedoch, wenn allein durch das Fernbleiben von der Arbeit, das unausweichlich ist, wenn der Arbeitnehmer die Maßnahmen nutzt, regelmäßige Gehaltserhöhungen und Beförderungen verzögert und/oder Bonussätze gesenkt werden? Und ist es zulässig, einen Arbeitnehmer von einer leitenden Position auf eine niedrigere Position zu versetzen, damit er Pflege und Arbeit mit einander vereinbaren kann?

Zu dieser Frage hat das Oberste Gericht geurteilt, dass es praktisch einen Verlust der gesetzlich festgelegten Garantien bedeutet, wenn Fernbleiben von der Arbeit aufgrund der Nutzung von gesetzlich gewährten freien Tagen oder Urlaub zu benachteiligter Behandlung bei der Arbeitsvergütung oder im Personalsystem führt. Das widerspricht der allgemeinen Gerechtigkeit.[9]. Dies wird als Kriterium der Kontrollfunktion bezeichnet.

Solch ein Kriterium der Kontrollfunktion ist zwar angemessen, wenn es nur darum geht, die Wirksamkeit der Systemnutzung abzusichern. Viele Arbeitnehmer, die das System nutzen und sich dadurch benachteiligt fühlen, empfinden jedoch diese Behandlung als ihrer Leistung und Stellung nicht angemessen. Damit stimmt das Kriterium der Kontrollfunktion nicht mit dem Problembewusstsein der Betroffenen überein. Um diese Diskrepanz zu korrigieren, wird darauf hingewiesen, dass nicht nur das Kriterium der Kontrollfunktion, sondern auch die Beeinträchtigung der Arbeit aufgrund der Nutzung des gesetzlichen Systems angemessen anerkannt werden müsse (Kriterium der angemessen Anerkennung), und dass eine Balance zwischen der Nutzung des gesetzlichen Systems und der daraus entstehenden Benachteiligung geschaffen werden muss (Kriterium der balancierten Anerkennung).[10]

---

9 Fall NBC, Urteil des OG vom 16. Juli 1985; Fall Nihon Sheering, Urteil des OG vom 14. Dezember 1989; Fall Tōhō Gakuen, Urteil des OG vom 4. Dezember 2003.

10 *Hasegawa, Junko*, Kazoku ni totte no rōdōhōsei no arikata (Beschaffenheit eines Arbeistrechtssystems für die Familie), in: Hō to Seiji Nr. 66-3, 2015, S. 100.

Der Hinweis auf die Einführung der Kriterien der angemessenen und der balancierten Anerkennung wird als sehr wichtig erachtet. Unbestreitbar ist, dass ein Arbeitnehmer, der die Pflege eines Familienangehörigen auf sich nimmt, damit aus Sicht des Arbeitgebers, selbst wenn es nur vorübergehend ist, zu einem „unbrauchbaren Angestellten" wird. Wenn solch ein Arbeitnehmer jedoch im Vergleich zu anderen Arbeitnehmern, die nicht pflegen, unangemessen gering anerkannt und behandelt wird, wird er umso stärker zögern, das vorhandene System zu nutzen. Die Behandlung von Personal mit dieser Tendenz bringt gerade in der alternden Gesellschaft die Arbeitnehmer in eine immer schwierigere Lage.

Berücksichtigt man weiterhin, dass die Pflege von Angehörigen durch einen Arbeitnehmer – ob länger oder kürzer – ein zeitweiliger Zustand ist, muss ein System geschaffen werden, mit dem der Arbeitnehmer, falls er vorübergehend benachteiligt wurde, später diese Benachteiligung weitestgehend wieder ausgleichen kann.

Aus den oben dargestellten Überlegungen ergibt sich Folgendes: Ein gesetzliches System für die Pflege muss so ausgelegt sein, dass die sich ergebenden Nachteile so gering sind, dass sie die Nutzung des Systems nicht verhindern; das Verhältnis zwischen der Nutzung des Systems und der möglichen Arbeitsleistung muss angemessen gewürdigt werden und Würdigung und Behandlung müssen ausgewogen sein; und es muss möglich sein, die Nachteile, die durch die Nutzung des Systems entstehen, später wieder auszugleichen.

In Fällen, in denen ein pflegender Arbeitnehmer wegen der Ungesetzlichkeit der ihm entstehenden Nachteile klagt, müssen diese Gesichtspunkte zur Beurteilung herangezogen werden. Eine solche Auslegung des Gesetzes garantiert die persönliche Würde des Arbeitnehmers in der alternden Gesellschaft und damit die Freiheit, die Pflege eines Familienangehörigen zu übernehmen.

c) Probleme der Arbeitszeit

Wie bereits erwähnt, ist das Alter von Arbeitnehmern, die die Pflege von Familienangehörigen übernehmen, relativ hoch und sie befinden sich innerhalb des Unternehmens in vergleichsweise hohen Positionen. Solche Mitarbeiter sind häufig von vornherein von den Arbeitszeitenregelungen ausgenommen. Wegen ihrer verantwortungsvollen Position im Unternehmen sehen sie sich oft vor dem Problem, dass sie die Notwendigkeit, einen Angehörigen pflegen zu müssen, nicht frei heraus bekannt geben können.

Um dieser Situation zu begegnen, müssen auch die Arbeitszeitenregelungen unter dem Aspekt der Möglichkeit von Pflegeübernahme und der wachsenden Bedeutung von Pflege in der alternden Gesellschaft erneut überdacht werden.

Vor Kurzem wurde dem japanischen Parlament ein Entwurf zur Verbesserung des Arbeitszeitsystems vorgelegt, der darauf abzielt, Arbeitnehmer mit einem jährlichen Einkommen über einer bestimmten Summe (etwa 10 Mio. Yen, derzeit etwa 800 000 Euro) aus den Regelungen für die Arbeitszeit herauszunehmen und sie nach erbrachter Leistung zu entlohnen („white collar excemption").

Wenn die Länge der Arbeitszeit nicht mehr die Grundlage für die Berechnung des Gehalts ist, wird es Arbeitnehmern vielleicht tatsächlich möglich, eigenständig ihre Arbeitszeit zu bestimmten und in der für sie optimalen Art und Weise die Arbeit nach eigenem Ermessen auszuführen. Vielleicht ergibt sich damit für Arbeitnehmer auch die Chance, die Zeit für ihr Privatleben einschließlich der familiären Pflege selbst zu bestimmen. Das würde auch Möglichkeiten eröffnen, das Problem des zuvor erwähnten „Coming-Out" zu lösen.

Dieser Ansatz birgt aber auch die große Gefahr lediglich oberflächlicher Verbesserungen in sich. Wenn ein Arbeitnehmer seine Arbeit nach eigenem Ermessen ausführt, muss zwischen eigenem Ermessen der Arbeitsweise einerseits und des Arbeitsumfangs andererseits unterschieden werden. Selbst wenn der Arbeitnehmer die Arbeitszeit selbst bestimmen kann, wird doch nach wie vor von ihm zu viel Arbeitsleistung verlangt werden, sofern er nicht auch den Arbeitsumfang selbst bestimmen kann. Dies wiederum bringt die Gefahr mit sich, dass die Balance zwischen Privatleben und Arbeit des Arbeitnehmers noch weiter zerstört wird. Ein wissenschaftlicher Mitarbeiter an einer Universität mag vielleicht in einem Arbeitsverhältnis sein, in dem er als Angestellter seinen Arbeitsumfang nach eigenem Ermessen festlegen kann. Aber wie viele Arbeitnehmer in der Gesellschaft haben sonst noch diese Möglichkeit? Die Bedeutung des „Ermessens" für den Arbeitnehmer muss deshalb genau überlegt werden.

In jedem Fall muss genau und gründlich untersucht werden, wie eine gesetzliche Arbeitszeitenregelung aussehen soll, mit der pflegende Arbeitnehmer sowohl die Pflege übernehmen und dabei gleichzeitig ein eigenes erfülltes Arbeitsleben haben können.

IV. Zusammenfassung

In Japan herrschte bisher das Modell der Frau als Trägerin der familiären Pflege vor, die vom Mann als Ernährer gestützt wird. Das Modell des Mannes als Ernährer trägt unter dem Genderaspekt zahlreiche Probleme in sich. Das unter dem Modell des Mannes als Ernährer zwangsläufige Bild des Arbeitnehmers – also des regulär Beschäftigten mit gesichertem Arbeitsplatz, der Vollzeit arbeitet und genug verdient, um die Familie zu ernähren – beginnt in der gegenwärtigen gesellschaftlichen Situation zu zerfallen und zu einem großen sozialen Problem zu werden.

Dieser Bericht untersucht, wie die Pflege von Angehörigen und die damit zusammenhängenden juristischen Probleme als ein Problem des Arbeitsrechts in der alternden Gesellschaft unter dem Genderaspekt zu sehen ist. Selbstverständlich ist dies nicht das einzige Problem des Arbeitsrechts, in welches der Genderaspekt eingebracht werden muss. In der heutigen Gesellschaft mit ihrer fortschreitenden Alterung ist es jedoch zweifellos ein dringendes Problem, zu dem die Untersuchungen so bald wie möglich vertieft werden müssen.

Professorin Dr. Astrid Wallrabenstein

Goethe-Universität Frankfurt am Main

Betriebliche Altersversorgung in Deutschland – Nachhaltige Vorsorge in einer alternden Gesellschaft?

Abstract: *In Germany, company pension schemes play a decent, but compared to other countries like Japan modest role in the population's old age income. Regarded as a matter of sustainable pension schemes in an ageing society, a change in the design of company pension schemes from company internal to external implementation and from defined benefits to defined contributions took place in the last decades. Recent reforms aim to inforce this process by reducing employer's default liability. In light of ongoing difficulties of fruitful capital investment the question arises if this shift from collective systems to individual provisions for old age pensions is the deserved silver bullet.*

I. Einführung

In der deutschen Rentenpolitik gilt der Ausbau der betrieblichen Altersversorgung (bAV) als notwendiger oder gar wesentlicher Baustein einer nachhaltigen Altersvorsorge. Der vorliegende Beitrag soll kritisch hinterfragen, ob dies tatsächlich zutrifft, ob tatsächlich eine Ausweitung betrieblicher Altersversorgung in der Breite – also eine höhere Zahl Berechtigter – und vielleicht auch in der Tiefe – also mit einem größeren Beitrags- und Leistungsumfang – die Probleme einer alternden Gesellschaft sinnvoll adressiert.

II. Das deutsche Argument: Mehr Generationengerechtigkeit durch „kollektive Eigenvorsorge"

Vereinfacht lautet das zentrale Argument für den Ausbau der bAV in Deutschland in etwa wie folgt: Seit der Rentenreform von 1957 war und ist die gesetzliche Rentenversicherung die wichtigste Säule der Altersversorgung.[1] Sie ist aber nach dem Generationenumlageverfahren organisiert, das bei einer Verschlechterung der Relation von erwerbstätiger = zahlender zu im Ruhestand stehender = empfangender

1 S. etwa im aktuellen Alterssicherungsbericht der *Bundesregierung* BT-Drs. 18/10571, S. 22; *Ruland*, SGb 2008, 570.

Generation unter Druck steht.[2] Daher bedarf es einer stärkeren „Eigenvorsorge" einer jeweiligen Generation, d.h. einer Kapitalanlage der erwerbstätigen Generation, die im Alter von den Renditen und dem Verzehr dieser Kapitalanlage leben soll.[3] Hierfür ist die betriebliche Altersvorsorge der beste Weg – neben individueller, privater Altersvorsorge – weil dieser Kapitalanlageprozess kollektiv, nämlich durch den Arbeitgeber und/oder die Tarifpartner gesteuert wird.[4]

III. Die deutsche Realität: Situation der bAV

In der Realität hat die bAV in Deutschland zwar einen durchaus angestammten Platz im Set der verschiedenen Altersversorgungsformen, sie ist aber etwa im Vergleich zu einigen anderen europäischen Staaten[5] oder den USA,[6] aber auch wohl zu Japan[7] deutlich weniger breit in der Bevölkerung vertreten. Nachdem 2001 mit verschiedenen Rentenreformelementen auch die bAV gestärkt wurde, hat die Verbreitung zwar unter der erwerbstätigen Bevölkerung zugenommen,[8] aber zum einen stagnieren die Zahlen mehr oder weniger seit der Finanzkrise[9] und zum anderen sind diese Jahrgänge noch recht weit vom Rentenbezugsalter entfernt, so dass unter heutigen Rentnern die bAV eine relativ geringe Rolle spielt.[10]

---

2 Zur demografischen Entwicklung als Problem für die gesetzliche Rentenversicherung s. etwa *Kelwing/Hellkamp*, VersR 2008, 743 (744); entsprechende Prognosen gestützt auf die Bevölkerungsvorausberechnungen des Statistischen Bundesamtes bestimmen etwa die jährlichen Rentenversicherungsberichte der *Bundesregierung*, s. aktuell BT-Drs. 18/10570, S. 37.

3 Zum Argument der „Generationengerechtigkeit" s. ebenfalls *Kelwing/Hellkamp*, VersR 2008, 743 (744).

4 Gesetzentwurf zum Betriebsrentenstärkungsgesetz, BT-Drs. 18/11286, S. 30; bereits *Rürup*, BetrAV 2004, 97.

5 S. *European Commission*, The 2015 Ageing Report, S. 82; für das Vereinigte Königreich vgl. die Berichte zu automatic enrolement etwa Department for Work and Pensions, Automatic Enrolment evaluation report 2015.

6 Vgl. http://www.pensionfundsonline.co.uk/content/country-profiles/usa/122.

7 Japan Institute for Labour Policy and Training, Labor Situation in Japan and Its Analysis: General Overview 2015/2016, S. 193 ff., http://www.jil.go.jp/english/lsj/general/2015-2016/6-3.pdf.

8 Alterssicherungsbericht, S. 99: Zwischen 2001 und 2011 stieg die Absicherungsquote der aktiven sozialversicherungspflichtig Beschäftigten von 48,7 auf 58,7 Prozent.

9 Alterssicherungsbericht, S. 99: Nach einem Höchststand von 59 Prozent im Jahr 2012 sank die Absicherungsquote auf 57 Prozent.

10 Alterssicherungsbericht, S. 61: Der Verbreitungsgrad der zusätzlichen Alterssicherung in der heutigen Rentenbeziehergeneration beträgt bei der bAV 15 Prozent und bei der

1. bAV im Altersvorsorgemix

Um den Stellenwert und die Bedeutung der bAV in Deutschland zu verstehen, möchte ich zunächst einen groben Überblick über die unterschiedlichen Wege der Altersversorgung insgesamt (seit 2001) geben.[11]

In Deutschland existiert kein allgemeines, die gesamte Bevölkerung erfassendes Rentensystem. Die gesetzliche Rentenversicherung erfasst nur abhängig beschäftigte Arbeitnehmer und ihre Familienangehörigen, aber einige Berufsgruppen wie Ärzte oder Rechtsanwälte und außerdem (staatliche) Beamte sind in eigenen Versorgungssystemen „versichert" und Selbständige bzw. schlicht „Nicht-Abhängig-Beschäftigte" sind gesetzlich in gar keiner Weise zur Altersvorsorge verpflichtet. Die gesetzliche Rentenversicherung ist dabei relativ streng einkommensabhängig, so dass aus geringen Beschäftigungszeiten und geringem Lohn während der Erwerbsphase auch nur niedrige, keineswegs existenzsichernde Renten folgen.[12] „Nach unten" konkurriert daher die gesetzliche Rentenversicherung mit dem gesamtstaatlichen, steuerfinanzierten Existenzsicherungssystem der Grundsicherung (und dem Wohngeld). Praktisch ist dies heute – zum Glück – noch nicht allzu relevant, da nur wenige Prozent der Rentengeneration meist ergänzende Existenzsicherungsleistungen beziehen.[13] Aber konzeptionell wirft die Konkurrenz

---

Zusatzversicherung im öffentlichen Dienst 11 Prozent. Die Durchschnittsbeträge je Bezieher belaufen sich auf 503 Euro für die bAV und 289 Euro für die Zusatzversorgung im öffentlichen Dienst. Betrachtet man nur die Rentnerinnen und Rentner, deren letzte berufliche Stellung die eines Arbeiters oder Angestellten war, so beziehen in den alten Bundesländern 54 Prozent (41 Prozent über eine bAV in der Privatwirtschaft und 14 Prozent im öffentlichen Dienst) der Männer Durchschnittsbeträge von 594 bzw. 423 Euro und 24 Prozent (10 Prozent bAV in der Privatwirtschaft und 14 Prozent im öffentlichen Dienst) der Frauen Durchschnittsbeträge von 246 bzw. 267 Euro. In den neuen Bundesländern spielt die zusätzliche Altersversorgung nur eine untergeordnete Rolle.

11 Vgl. differenzierter mit entsprechenden Daten zum Bevölkerungsanteil sowie den Volumina den Alterssicherungsbericht.

12 Die sogenannte Rentenformel findet sich in § 64 SGB VI; ausschlaggebend sind insbesondere die persönlichen Entgeltpunkte, die gemäß § 66 SGB VI in erster Linie für die Beitragszeiten errechnet werden, s. detaillierter etwa *Ruland*, in: von Maydell/Ruland/Becker (Hrsg.), Sozialrechtshandbuch, 5. Aufl., 2012, § 17 Rn. 83 ff.

13 Alterssicherungsbericht, S. 72: 4 Prozent der Ehepaare und 6 Prozent der Alleinstehenden über 65 Jahren beziehen Transferleistungen, die oft ergänzend zur Rente gezahlt werden. Die Höhe der Transferleistungen beträgt im Durchschnitt 378 Euro für Ehepaare und 298 Euro für Alleinstehende. Weitere Details ab S. 94.

von „ersparter“ Rente und bedarfsorientierter Grundsicherung Probleme auf,[14] die die Rentenpolitik beschäftigen aber hier nicht vertieft werden können.

Die rentenpolitischen Modelle sehen neben der gesetzlichen Rente für Arbeitnehmer aber noch zwei weitere „Säulen“ der Altersversorgung vor. Zum einen soll jeder Bürger privat vorsorgen; zu diesem Zweck wird die individuelle private Altersvorsorge in Form von Lebensversicherungen oder in Form bestimmter anderer verrentender Anlageformen seit 2001 steuerlich gefördert (nach dem damaligen Arbeits- und Sozialminister Riester-Renten genannt). Zum anderen soll für die abhängig beschäftigten Arbeitnehmer die bAV eine zweite „Säule“ zwischen gesetzlicher Rente und individueller Riester-Rente bilden. Sie wird insbesondere bei rentenpolitischen Berechnungsmodellen in Anschlag gebracht, in denen die demografiebedingte Absenkung des gesetzlichen Rentenniveaus durch eine umfangreichere bAV kompensiert werden soll. Politisch gesprochen ist die bAV also die Antwort bzw. ein Teil der Antwort, die der Gesetzgeber auf das Problem einer alternden Bevölkerung gegeben hat: Um die Beiträge in der gesetzlichen Rentenversicherung einigermaßen stabil halten zu können, wurde die Rentenhöhe nach unten korrigiert. Während in der Vergangenheit das Rentenniveau im Verhältnis zum Erwerbseinkommen über 50 % betrug, sehen die Planungen bis 2030 eine Absenkung auf weniger als 45 % vor.[15] Um im Ergebnis kein verschlechtertes Rentenniveau zu erreichen, werden betriebliche und private Altersvorsorge als Regelfall angenommen.[16]

2. Verbreitung bAV in der Bevölkerung

Natürlich betrifft diese Kalkulation des Rentenniveaus nur die abhängig Beschäftigten, aber auch hier erreicht die bAV keineswegs alle Arbeitnehmerinnen und Arbeitnehmer gleichermaßen.[17] Hierfür gibt es zahlreiche Gründe. Der vielleicht wichtigste ist, dass bAV traditionell nur von großen Unternehmen angeboten wird, während in Deutschland viele kleine und mittelständische Unternehmen einen großen Teil der Arbeitnehmer (rund 60 %)[18] beschäftigen. Dieser Effekt wird noch dadurch verstärkt, dass bAV oft im Rahmen von Tarifverträgen

---

14 S. etwa die Stellungnahme zur Debatte um die sogenannte solidarische Lebensleistungsrente im Gutachten des *Sozialbeirates* der Bundesregierung zum Rentenversicherungsbericht 2015, S. 24 ff.

15 Vgl. etwa Rentenversicherungsbericht, S. 31.

16 Ebenfalls Rentenversicherungsbericht, S. 31.

17 Vgl. erneut die differenzierte Darstellung im Alterssicherungsbericht ab S. 61.

18 Nach der Definition des *Instituts für Mittelstandsforschung* sind KMU Unternehmen mit bis zum 500 Beschäftigten (enger die EU-Kommission mit bis zu 249

und/oder Betriebsvereinbarungen mit der gewerkschaftlich organisierten Arbeitnehmerschaft verhandelt werden. Dort, wo die Tarifabdeckung bzw. das Mitbestimmungsrecht nicht hinreicht, also wiederum bei kleinen und auch nicht selten mittelständischen Unternehmen, fehlt der tarifpartnerschaftliche Druck. Weitere Effekte dieser ungleichen Verteilung der bAV sind etwa, dass für bestimmte Ausbildungsberufe bzw. Branchen, allen voran die Kredit- und Versicherungsgewerbe, die bAV eine reale Größe ist (81 %), während in anderen Berufszweigen, etwa Hotel und Gaststätten, bAV kaum existiert (20 %).[19] Aber auch zwischen den Geschlechtern bestehen signifikante Unterschiede – Männer haben eher und höhere bAV als Frauen – was zum einen mit den angesprochen Berufen und Branchen, aber auch mit weiteren Anforderungen an eine bAV-Berechtigung wie Vollzeitbeschäftigung oder Dauer der Betriebszugehörigkeit zusammen hängt. Weitere gesellschaftspolitisch bedeutsame Unterschiede bestehen zwischen Ost- und Westdeutschland sowie zwischen Zugewanderten und „Einheimischen".

An den Ungleichverteilungen setzt die Rentenpolitik an und konzentriert sich gegenwärtig darauf, bAV auch für kleine und mittelständische Unternehmen attraktiver zu machen.[20] Interessant ist, dass dieses Anliegen unmittelbar mit einer Veränderung der Struktur und des Charakters der bAV verbunden ist, der ich im folgenden Abschnitt genauer nachgehen möchte.[21]

IV. Charakter der bAV und seine Veränderung

1. Ursprungsidee Betriebsrente

Aus der Perspektive der Arbeitsbeziehung stellt die bAV eine besondere Form „nachgelagerter Lohnzahlung" dar. Der Arbeitnehmer erhält in einem bestimmten Umfang keinen Lohn, den er sofort nach persönlichem Geschmack konsumieren könnte, sondern verzichtet hierauf zugunsten des Versprechens, dass er zu einem späteren Zeitpunkt diesen Lohn und „plus x" erhält. Die traditionelle Bezeichnung Betriebsrente umschreibt dieses Konzept recht treffend, im

---

Beschäftigten) und 50 Mio. Jahresumsatz, vgl. http://www.ifm-bonn.org/statistiken/mittelstand-im-ueberblick/#accordion=0&tab=1.

19 Alterssicherungsbericht, S. 100 f.

20 Vgl. Koalitionsvertrag zwischen CDU, CSU und SPD, 18. Legislaturperiode, S. 72 f. (s. unter https://www.bundesregierung.de/Content/DE/StatischeSeiten/Breg/koalitionsvertrag-inhaltsverzeichnis.html).

21 Vgl. eine detailliertere Darstellung bei *Wallrabenstein*, Soziale Sicherheit 2016, 230; sowie die weiteren Beiträge in diesem Heft von *Schmike* und *Kerschbaumer* jeweils aus Gewerkschaftsperspektive.

internationalen Vergleich handelt es sich um sogenannte defined benefit Modelle, bei denen ursprünglich der Arbeitgeber selbst diese Leistungen zahlt.

2. Von der internen zur externen Durchführung

Freilich hat sich in den vergangenen Jahrzehnten die Umsetzung dieses Betriebsrentenkonzepts verändert. Zahlreiche Unternehmen haben die Rücklage des „nachgelagerten Lohns", seine Investition und schließlich die Auszahlung der Renten aus diesem Investitionsvolumen externalisiert. In Deutschland spricht man treffend von externen versus internen Durchführungswegen der bAV. Letztere haben zunächst den Vorzug, die Rentenverpflichtungen des Unternehmens und die hierfür erforderlichen Kosten, insbesondere Sicherungsrückstellungen sichtbar zu machen.

3. Von defined benefits zu defined contributions

In einem zweiten Schritt erlauben die sogenannten externen Durchführungswege aber auch eine Beschränkung der Haftung des Unternehmens. Anstatt den Arbeitnehmern eine in ihrer Höhe festgelegte Betriebsrente zu garantieren – und hierfür bei externer Durchführung entsprechende Sicherheiten vorzuhalten – versprechen Unternehmen zunehmend nur noch die Zahlung bestimmter Beiträge in eine extern durchgeführte Altersvorsorge. Im internationalen Vergleich ist dies der Wechsel von defined benefit plans zu defined contribution plans. In Deutschland gilt dabei jedenfalls bisher, dass auch bei defined contribution plans der Arbeitgeber zumindest den Bestand der eingezahlten Beiträge garantieren muss, wenn das Konstrukt weiterhin den Titel bAV tragen soll. Vereinfacht gesprochen haftet ein Arbeitgeber dann zwar nicht mehr für eine bestimmte Rendite des externen Kapitalanlegers, aber es bleibt eine Einstandshaftung des Arbeitgebers für den Fall der Insolvenz des Kapitalanlegers. Die Entscheidung für den externen Durchführungsweg soll den Arbeitnehmer nicht schlechter stellen als eine – theoretische – interne Durchführung eines defined contribution plans.

4. Von der betrieblichen Altersversorgung zur Abwicklung privater Altersvorsorge

Hier setzt die aktuelle Reformdiskussion in Deutschland an: Im Bundestag wird gerade ein Gesetzentwurf der Bundesregierung[22] beraten,[23] der die Einstandshaftung

22 Entwurf eines Betriebsrentenstärkungsgesetzes, BT-Drs. 18/11286.
23 Die Beratung des federführenden Ausschusses ist für den 27. März 2017 vorgesehen.

der Arbeitgeber bei defined contribution plans aufheben will, die als „pay and forget" betitelt wird.[24] Der Verzicht auf jegliche Sicherungshaftung für Bestand und Rendite der Kapitalanlage soll die bAV auch für kleine und mittelständische Unternehmen so attraktiv machen, dass diese Form der Altersvorsorge größere Verbreitung findet.

Ob dies tatsächlich der Fall sein wird, wird kontrovers beurteilt.[25] Auch ich bin skeptisch, da meines Wissens der Verwaltungsaufwand ein stärkeres Problem für kleine und mittelständische Unternehmen ist als die Haftungsrisiken und dieser Aufwand wohl erhalten bleibt. Ein Vergleich mit dem automatic enrolement und der Bereitstellung eines staatlich organisierten Auffangfonds (NEST) im Vereinigten Königreich[26] zeigt, dass vermutlich erheblich größere Anstrengungen, organisatorische und rechtliche Veränderungen sowie staatliches Engagement nötig wäre, um bAV für kleine und mittelständische Unternehmen wirklich einfach zu gestalten.

Wichtiger als eine Umsetzungskritik scheint aber die konzeptionelle Veränderung, die mit diesem Reformvorschlag einhergeht: Denn ökonomisch gesprochen handelt es sich dann (endgültig) nicht mehr um eine Betriebsrente - eine Rente des Betriebes - sondern um einen individuellen Sparvorgang des Arbeitnehmers, den der Arbeitgeber durch direkte Lohnabführung an das Kapitalanlageinstitut durchführt. Schlagwortartig ist dies der Wechsel von einer betrieblichen Altersversorgung auf unterschiedlichen Durchführungswegen zu einer über den Betrieb abgewickelten individuellen Altersvorsorge.[27]

V. Nachhaltige Altersvorsorge in einer alternden Gesellschaft?

Bedeuten diese Veränderungen - die Abkehr von Betriebsrenten zugunsten individuellen Sparens - einen Beitrag zur nachhaltigen Altersvorsorge in einer alternden Gesellschaft?

Wie gezeigt, sieht dies die deutsche Rentenpolitik so. Aber Zweifel sind angebracht.

---

24 BT-Drs. 18/11286, S. 72.

25 Kritisch etwa *Fachinger*, http://archiv.wirtschaftsdienst.eu/jahr/2015/4/betriebliche-altersversorgung-pay-and-forget/; mit anderen Argumenten skeptisch etwa der *GDV*, http://www.gdv.de/2017/01/garantieverbot-wuerde-betriebliche-altersversorgung-schwaechen/; grundsätzlich positiv hingegen etwa der *DGB*, http://www.dgb.de/themen/++co++468e37d6-b54d-11e6-990c-525400e5a74a.

26 S. *Department for Work and Pensions*, Automatic Enrolment evaluation report 2015.

27 S. bereits *Wallrabenstein*, Soziale Sicherheit 2016, 230.

Zutreffend ist, dass die nach dem Generationenumlagesystem organisierte gesetzliche Rentenversicherung unter demografischem Druck steht. Wenn man diesem Druck dadurch nachgibt, dass man das Rentenniveau senkt – was ja nicht zwingend die einzige Reaktion ist, wie etwa die Aufstockung der Steuerfinanzierung des Basisrentensystems in Japan, die freilich andere Fragen aufwirft,[28] zeigt – dann lindert der Verweis auf kompensierende Betriebsrenten möglichen Protest. Eine nachhaltige Antwort auf den demografischen Druck ist dieser Verweis aber nur dann, wenn betriebliche Altersvorsorge entweder diesem Druck nicht ausgesetzt ist, oder ihn anders auffangen kann. Beides scheint aber nicht hinreichend klar der Fall zu sein.

1. Kapitaldeckung „druckstabiler" als Generationenvertrag?

Betriebliche Altersvorsorge ist nur dann „druckstabiler", wenn das Verhältnis von Beitragszahlungen und Leistungen weniger von der demografischen Entwicklung beeinflusst wird als bei der gesetzlichen Rentenversicherung. Dies ist allerdings bei der „echten" Betriebsrente mit defined benefits keineswegs der Fall. Gerade weil Unternehmen die „demografische Last" noch schlechter tragen können als die auch steuerfinanzierte gesetzliche Rentenversicherung hat bereits vor längerer Zeit eine Abkehr von defined benefits eingesetzt. Anders ausgedrückt wurde aus der „demografischen Last" ein Kapitalrenditerisiko, so dass geklärt werden müsste, ob und warum dieses andersartige Risiko in einer alternden Gesellschaft geringer oder vorzugswürdiger ist.[29] Tatsächlich herrschte Ende der 1990er Jahre und bis zur Finanzkrise in Deutschland der Glaube vor, dass Kapitalanlage demografiestabil sei. Die wirtschaftliche Stagnation, die sich in alternden Gesellschaften beobachten lässt, deutet aber eher in eine andere Richtung.[30]

---

28 S. *Tezuka*, Die Zukunft der Alterssicherung (in einer älter werdenen Gesellschaft), in: Henssler/Tezuka (Hrsg.), Aktuelle arbeitsrechtliche Herausforderungen in Japan und Deutschland, 2014, S. 135 (136).

29 Kritisch etwa *Bontrup*, Arbeit 2009, 16 ff.

30 Vgl. insoweit zu den japanischen „corporate pensions": *Kubo*, The Restructuring of the Corporate Pension System, in: Coulmas/Conrad/Schad-Seifert/Vogt (ed.), The Demographic Challenge: A Handbook about Japan, 2008, S. 1135 ff.; *Kashiwazaki/Fukuzawa*, Japan Labor Review 2010, 66 ff.

2. Individuelle Altersvorsorge zielführender als kollektive Pflichtsysteme?

Ein zweiter, hiermit gerade nicht zusammenhängender Punkt ist die Frage, warum in einer alternden Gesellschaft die Risikoüberwälzung von den Unternehmen auf die Sparer bzw. zukünftigen Rentner, die mit defined contribution plans verbunden sein können und gerade in Deutschland diskutiert werden, eine nachhaltige Antwort auf die Altersvorsorge einer alternden Gesellschaft darstellen soll. Sind es nicht rein wettbewerbliche Argumente, die Unternehmen für ihre Enthaftung geltend machen? Sie argumentieren mit internationaler Konkurrenz, den hohen Rechnungslegungsanforderungen und daraus resultierenden Schwierigkeiten am Kapitalmarkt. Der Zusammenhang mit den Bedürfnissen und Anforderungen einer alternden Gesellschaft ist hier nicht erkennbar.

Stattdessen scheint ein ganz anderer Paradigmenwechsel ausschlaggebend: Arbeitnehmer oder auch ganz allgemein Bürger werden zunehmend als eigenverantwortliche Individuen angesehen, die ihr gesamtes – statistisch bald 100 Jahre umfassendes – Leben selbst in die Hand nehmen, planen und Konsequenzen ihrer Entscheidungen selbst tragen sollen. Die Vorstellung, dass Arbeitnehmer nur beschränkte ökonomische Möglichkeiten haben und daher schutzbedürftig[31] – vielleicht auch „unselbständig" – sind, so dass die Sozialpolitik den Arbeitnehmern bestimmte Entscheidungen wie etwa die des ob und wie der Altersvorsorge abnimmt, haben immer weniger Durchschlagskraft. Die Frage lautet also, ob in einer alternden Gesellschaft Eigenverantwortung besser gelingt. Unmittelbar spricht nichts dafür. Es sind wohl eher andere Veränderungen, die steigende Mobilität[32] – räumlich wie beruflich, die Flexibilisierung der Arbeits- und allgemein der Lebensbeziehungen etc., die den Individualisierungstrend erklären und vielleicht auch rechtfertigen.

---

31 Zur Schutzbedürftigkeit als der zentralen Rechtfertigungskategorie des deutschen Sozialversicherungsrechts s. etwa *Axer*, in: von Maydell/Ruland/Becker (Hrsg.), Sozialrechtshandbuch, 5. Aufl., 2012, § 14 Rn. 9; *Wallrabenstein*, Versicherung im Sozialstaat, 2009, S. 365 ff.

32 Sie sind der Gegenstand der europäischen Reformbestrebungen, s. Richtlinie 2014/50/EU über Mindestvorschriften zur Erhöhung der Mobilität von Arbeitnehmern zwischen den Mitgliedstaaten durch Verbesserung des Erwerbs und der Wahrung von Zusatzrentenansprüchen, ABl. L 128, 1; hierzu im Überblick *Oppermann*, ZESAR 2016, 64.

3. Betriebsrentenstärkungsgesetz nur Verantwortungsverschiebung auf Tarifpartner

Vor dieser Erklärungsfolie mutet es freilich als überraschend an, dass die betriebliche, also gerade eben nicht individuelle Altersvorsorge gestärkt werden soll. Der Gesetzentwurf der Bundesregierung schreibt hierzu, dass kollektives Sparen Vorteile habe.[33] Aber beißt sich hier nicht die Katze in den Schwanz? Wenn kollektive Altersvorsorge sinnvoll ist, warum dann die Enthaftung der Arbeitgeber? Und wenn umgekehrt auf die Eigenverantwortung des Arbeitnehmers und zukünftigen Rentners abgestellt wird, warum sollen dann die Entscheidungen über das Ob und Wie gerade wieder von anderen – eben dem Arbeitgeber in Abstimmung mit den Gewerkschaften – getroffen werden?[34] Vielleicht ist es so, dass der Staat, der sich mit der Rentenreform 2001 aus seiner Steuerungsverantwortung für die gesamte Gesellschaft ein gutes Stück zurückgezogen hat, zwar mehr und mehr erkennt, dass die dadurch auftretenden Vorsorgelücken nicht „von allein" geschlossen werden, dass er aber nicht den politischen Mut und die Kraft aufbringt, selbst wieder einzutreten, sondern stattdessen dritten Akteuren – den Sozialpartnern (also Arbeitgebern und Gewerkschaften) – das Feld überlässt. Eine echte Antwort auf die Herausforderungen einer alternden Gesellschaft ist dies leider nicht.

VI. Zusammenfassung

Betriebliche Altersversorgung soll als zweite Säule der Altersvorsorge das seit der Rentenreform 2001 vorgesehene Absenken des Rentenniveaus auffangen. Tatsächlich wird die betriebliche Altersvorsorge diesem Anspruch bisher nicht gerecht. Dies beruht aber nicht schlicht auf einer mangelnden Verbreitung. Vielmehr können auch Unternehmen die demografischen Herausforderungen nicht lösen. Die politischen Bemühungen, insbesondere kleine und mittelständische Unternehmen und Arbeitnehmer zum Abschluss von Betriebsrentenvereinbarungen zu ermuntern, gehen daher am Problem vorbei. Stattdessen entwickeln sie die betriebliche Altersversorgung immer mehr zu einer im Betrieb gesteuerten Altersvorsorge, deren Risiken individuell die zukünftigen Rentnerinnen und Rentner tragen. Eine nachhaltige Politik für eine alternde Gesellschaft ist dies nicht.

---

33 BT-Drs. 18/11286, S. 30.

34 Auf dieser Linie liegt die Kritik etwa des *GDV* (http://www.gdv.de/2017/01/garantieverbot-wuerde-betriebliche-altersversorgung-schwaechen/) oder deutlicher des *Verbandes unabhängiger Finanzdienstleistungsunternehmen* (http://www.votum-verband.de/service/meldungen/stellungnahme-betriebsrentenstaerkungsgesetz/) am sogenannten Sozialpartnermodell.

Professorin Yoko Hashimoto

Gakushuin Universität Tokio

Niedriglohnsektor und Mindestlohn in Japan*

Abstract: *In Japan there is no clear image of a low wage sector, because the labor market is not segregated according to qualifications or occupations. The wage in the hotel- and restaurant sector and the retailing sector is relative low, however not the occupation or the content of duty, but the difference of the typical or atypical employment has an important role of the wage amount. If you enter a firm as a typical worker ("sei shain") after graduation of the school or the university, your wage can be automatically increased according to your service. On the contrary, atypical workers (part -time workers, fixed term workers and temporary workers) cannot enjoy this treatment. Their wages are the hourly-wage system and not regularly increased.*

In Japan the number of atypical workers has constantly increased and in 2015 it occupies 37.5 % of all workers. To address this problem, the amount of the minimum wage has been since 2007 yearly increased. In 2016 the amount of the average minimum wage in Japan is 823 Yen and in Tokyo 932 Yen. In 2014 the reverse situation, that the amount of social assistance benefit was higher as the amount of the minimum wage, was settled. On the other hand, special minimum wages ("tokutei saichin"), which guarantee higher minimum wages as normal minimum wages in some industrial sectors, have been obsolete.

The government published the guideline of the equal wage for equal work in December 2016. The guideline aimed to correct the difference of wages between typical and atypical workers. The guideline demand not only strict interpretation of the regulations about the equal treatments between typical and atypical workers as Article 20 of the Labor Contract Law and Article 8 of the Part-time Workers Law, but also a new regulation about the equal treatment between temporary workers and regular employees in the client company.

I. Einleitung

Gegenstand des vorliegenden Beitrags ist die Niedriglohnarbeit in Japan. Ein wichtiges Instrument zur Bekämpfung dieses Problems stellt das Mindestlohngesetz dar. Der Anteil irregulärer Arbeitsverhältnisse lag im Jahr 2015 laut Ministerium für Arbeit und Soziales bei 37,5 % und die Dualisierung des japanischen

---

* Ein Teil dieses Beitrags basiert auf meinem früheren Beitrag „Mindestlohn in Japan" in *Henssler/Tezuka*, „Aktuelle arbeitsrechtliche Herausforderungen in Japan und Deutschland", 2014, S. 95 ff. Ich danke Frau Christina Twick für die sprachliche Korrektur.

Arbeitsmarkts schreitet beständig fort.[1] Die Zunahme solch unsicherer Beschäftigungsverhältnisse stellt seit Jahrzehnten eines der Hauptprobleme der japanischen Arbeitsmarktpolitik dar. Die Regelungen betreffend die Befristung von Arbeitsverträgen wurden im Jahr 2012 verschärft.[2] Auch die Höhe des Mindestlohns wurde in der letzten Zeit angehoben. Seit Oktober 2016 liegt die Höhe des Mindestlohns in Tokio bei 932 Yen (dies entspricht in etwa 7,90 Euro pro Stunde).[3]

Die Regierung strebt weitere Maßnahmen an, um das Auseinanderdriften der Arbeitsbedingungen zwischen regulären und irregulären Arbeitsverhältnissen zu korrigieren bzw. zu verhindern. Ziel ist letztlich die Verwirklichung des Grundsatzes „gleicher Lohn für gleiche Arbeit". Da die bisherige Praxis der Lohn- und Gehaltssysteme in japanischen Unternehmen nicht außer Acht gelassen werden kann, nimmt die Umsetzung des Grundsatzes „gleicher Lohn für gleiche Arbeit" in Japan seine ganz eigene Entwicklung.

Diese Entwicklung soll in diesem Beitrag näher beleuchtet werden.

II. Der japanische Niedriglohnsektor

1. Definition des Niedriglohnsektors

Eine klare Definition des Niedriglohnsektors gibt es in Japan nicht. In letzter Zeit wird oft der Begriff des sog. „working poor" diskutiert. Darunter werden im Allgemeinen Arbeitsverhältnisse verstanden, bei denen das Jahreseinkommen unter 2 Mio. Yen (entspricht etwa 16.600 Euro) liegt. Laut Statistik des Generalministeriums (sōmu shō) zur Lage von Lohn und Gehalt im privaten Sektor (minkan kyūyo jittai chōsa) lag das durchschnittliche Jahreseinkommen bei 4,2 Mio. Yen (entspricht ca. 35.000 Euro) im Jahre 2015.[4] Die Schwelle zum sog. „working poor" liegt somit bei rund 50 % des durchschnittlichen Lohns in Japan. In Deutschland liegt der Schwellenwert des Niedriglohnsektors gemäß Definition bei zwei Dritteln des mittleren Lohns (Median). Die Niedriglohnschwelle lag im Jahr 2012 bei

---

1 http://www.mhlw.go.jp/file/06-Seisakujouhou-11650000-Shokugyouanteikyokuhakenyukiroudoutaisakubu/0000120286.pdf.

2 Zur Befristung von Arbeitsverträgen, s. *Wada*, Gesetzliche Regelungen zum befristeten Arbeitsvertrag in Japan, in: FS für Wank, 2014, S. 617–633.

3 1 Euro entspricht etwa 120 Yen.

4 Die durchschnittliche Lohnhöhe lag bei Männern bei 5,21 Mio. Yen und bei Frauen bei 2,76 Mio. Yen, bei regulären Arbeitnehmern bei 4,85 Mio. Yen und bei irregulären Arbeitnehmern bei 1,71 Mio. Yen.

9,30 Euro pro Stunde.[5] Laut der obigen Statistik soll die mittlere Lohnhöhe (Median) in Japan ca. 3,5 Mio. Yen (entspricht ca. 29.000 Euro) betragen haben. Folglich sollte die Niedriglohnschwelle in Japan (in Anlehnung an die in Deutschland übliche Definition) bei rund 2,36 Mio. Yen (entspricht ca. 19.600 Euro) liegen – und folglich etwas höher als die üblicherweise angenommene Schwelle.

Laut obiger Statistik des Generalministeriums zur Lage von Lohn und Gehalt im privaten Sektor lag im Jahre 2015 der Anteil der Beschäftigten, deren Jahreseinkommen weniger als 2 Mio. Yen betrug, bei 23,6 % und der Anteil der Beschäftigten, deren Jahreseinkommen zwischen 2 Mio. und 3 Mio. Yen (letztgenannter Betrag entspricht ca. 25.000 Euro) betrug, bei 16,3 %. 42,6 % der weiblichen Arbeitnehmer beziehen ein Jahresgehalt von weniger als 2 Mio. Yen.

2. Typische Niedriglohnarbeiter/-innen in Japan

a) Irreguläre Arbeitnehmer

aa) Dualisierung des Arbeitsmarkts in Japan

In Japan findet der Begriff des Niedriglohnsektors nicht so häufig Verwendung. Zwar ist der Lohn im Hotel- und Gastronomiegewerbe[6] sowie im Bereich Groß- und Einzelhandel[7] geringer als in anderen Branchen, aber anders als in Deutschland ist der Arbeitsmarkt in Japan nicht so stark nach Beruf oder Tätigkeit segmentiert. Entscheidend für die Arbeitsbedingungen sind in Japan vor allem die Größe des Anstellungsunternehmens oder der Typus des jeweiligen Arbeitsvertrages. Ein flächendeckendes Tarifvertragssystem wie in Deutschland existiert in Japan nicht. Das Lohn- und Gehaltssystem besteht in Japan auf Ebene des jeweiligen Unternehmens. Die Gehaltsunterschiede zwischen Großunternehmen, mittleren und kleinen Unternehmen sind deshalb traditionell groß. Dieses Phänomen des Lohnunterschiedes nach Unternehmensgröße wurde früher unter dem Schlagwort „Dualisierung des Arbeitsmarktes" in Japan diskutiert. Dieses

---

5 Bundesministerium für Arbeit und Soziales (BMAS), Grünbuch – Arbeiten 4.0, 2015, S. 87; BMAS, Weißbuch – Arbeiten 4.0, 2016, S. 201. 24 % aller Beschäftigten arbeiteten 2012 im Niedriglohnsektor.

6 Laut Statistik des Generalministeriums zur Lage von Lohn und Gehalt im privaten Sektor betrug das durchschnittliche Jahreseinkommen im Bereich Hotel- und Gastronomiegewerbe im Jahr 2015 2,36 Mio. Yen (entspricht ca. 19.600 Euro).

7 Laut Statistik des Generalministeriums (Fn. 6) betrug das durchschnittliche Jahreseinkommen im Groß- und Einzelhandel im Jahr 2015 3,58 Mio. Yen (entspricht ca. 29.800 Euro).

Phänomen existiert immer noch.[8] Seit etwa 20 Jahren wird unter dem Begriff „Dualisierung des Arbeitsmarkts" jedoch üblicherweise der Lohnunterschied zwischen regulären und irregulären Arbeitnehmern verstanden.

bb) Gehaltssystem in japanischen Unternehmen

Für reguläre Arbeitnehmer ist in japanischen Unternehmen ein Gehaltssystem verbreitet, welches im Allgemeinen als „Qualifizierungsorientierungssystem (shokunō shikaku seido)" bezeichnet wird (s. Abbildung 1). Nach dem „Qualifizierungsorientierungssystem" ist die Höhe des Grundgehalts je nach Klasse der Qualifikation festgelegt. Diese Qualifizierungsklassen werden individuell durch jedes Unternehmen bestimmt. Die einzelnen Qualifizierungsbeschreibungen sind dabei abstrakt gehalten und nicht an eine konkrete Tätigkeit gebunden. Ein regulärer Arbeitnehmer tritt direkt nach seinem Schul- oder seinem Studienabschluss in eine Firma ein und wird in eine der unteren Klassen eingestuft, bevor er je nach Dienstdauer befördert wird. Im „Qualifizierungsorientierungssystem" entspricht zwar eine Stelle bzw. Position einer bestimmten Qualifikation, aber diese sind nicht zwingend deckungsgleich. Üblicherweise ist die Anzahl höherer Stellen bzw. Positionen begrenzt. Deshalb können z. B. nicht alle höheren Angestellten Abteilungsleiter werden, obwohl sie in der gleichen Qualifizierungsklasse eingestuft sind. Das Grundgehalt dieser Angestellten ist dann in etwa gleich. Der Abteilungsleiter wird aber mit einem Extra-Zuschlag für seine (herausgehobene) Position entlohnt.

In letzter Zeit lassen sich zwar allmähliche Änderungen an diesem Gehalts- und Beförderungssystem erkennen, jedoch besteht dieses System grundsätzlich fort.

8 Laut Statistik des Generalministeriums (Fn. 6) betrug das durchschnittliche Jahreseinkommen in großen Unternehmen, deren Kapital 1 Billion Yen (entspricht ca. 8,3 Mio. Euro) übersteigt, 5,78 Mio. Yen (entspricht ca. 48.000 Euro) im Jahr 2015, während das durchschnittliche Jahreseinkommen in mittleren und kleineren Unternehmen, deren Kapital unter 0,2 Mio. Yen liegt, 2,57 Mio. Yen (entspricht ca. 21.400 Euro) im Jahr 2015 betrug.

Abbildung 1: Beispiel eines „Qualifizierungsorientierungssystems (shokunō shikaku seido)“ (https://jinjibu.jp/f_ps_system/article/detl/outline/931/)

Rang	**Qualifizierungsklasse**	**Stelle/Position**		**Beschreibung der Qualifizierung**
Leitende Angestellte	Klasse 9		Bereichsvorstände (buchö)	kann als höchster Angestellter aufgrund eines betrieblichen Plans eine Strategie entwerfen und ist zu ausgezeichneten Leistungen in der Lage
	Klasse 8	Stellvertretende Bereichsvorstände		
	Klasse 7			kann aufgrund eines betrieblichen Plans eine Strategie entwerfen und ist zu ausgezeichneten Leistungen in der Lage
Führende Angestellte	Klasse 6 Klasse 5	Unterabteilungsleiter	Teamleiter (kachö)	kann einen betrieblichen Plan verstehen und Untergeordnete führen
	Klasse 4	Teamleiterassisstent		Kann selbst Vorbild sein und Untergeordnete führen
Einfache Angestellte	Klasse 3			kann eigenständig normale Aufgaben erledigen und anderen Mitarbeitern helfen
	Klasse 2		Einfache Angestellte	kann allein oder mit Hilfe eines Mitarbeiters normale Aufgaben erledigen Abschluss eines Studiums
	Klasse 1			kann gemäß Weisung einfache Aufgaben ausführen

Neben dem Grundgehalt und den verschiedenen Zuschlägen stellen Bonus und Ausscheidegeld wichtige Teile des Arbeitsentgelts dar. Boni[9] werden zumeist zweimal jährlich in Form relativ hoher Summen gezahlt. Das Ausscheidegeld[10] wird bei Entlassung oder Ausscheiden aus dem Betrieb gezahlt.

9 Dazu ausführlich *Nishitani*, Vergleichende Einführung in das japanische Arbeitsrecht, 2003, S. 191–193. Die durchschnittliche Höhe der Boni betrug im Jahr 2015 0,65 Mio. Yen (entspricht ca. 5.400 Euro). Dies entspricht 18,2 % des durchschnittlichen Jahreseinkommens (Statistik, Fn. 6).

10 Dazu ausführlich *Nishitani* (Fn. 3), S. 194–197.

Auf irreguläre Arbeitnehmer findet dieses „Qualifizierungsorientierungssystems“ keine Anwendung. Derartige Arbeitsverhältnisse sind nach dem konkreten Bedarf befristet und/oder die Mitarbeiter werden als Teilzeitarbeitnehmer eingestellt. Irreguläre Arbeitnehmer werden auf Stundenlohn-Basis vergütet und es gibt grundsätzlich keine Möglichkeit einer Beförderung. Zumeist erhalten sie weder Boni noch Ausscheidegeld. Falls doch, werden hierfür bei irregulären Arbeitnehmern andere Berechnungsgrundsätze zugrunde gelegt und geringere Beträge gezahlt als bei regulären Arbeitnehmern.

Es entspricht der ganz herrschenden Auffassung, dass die Zunahme der „working poor“ auf den Anstieg irregulärer Arbeitsverhältnisse zurückzuführen ist. Laut einer Untersuchung der „Rengō“ (Gewerkschaftsverbund auf nationaler Ebene) beziehen 70 % der irregulären Arbeitnehmer einen Jahreslohn von weniger als 2 Mio. Yen.[11] In großen Unternehmen, deren Kapital 1 Billion Yen (entspricht ca. 8,3 Mio. Euro) übersteigt, lag die Anzahl irregulärer Arbeitnehmer, deren Jahreseinkommen unter 2 Mio. Yen lag,[12] bei etwa 1,4 Mio. Yen im Jahr 2015. Die Anzahl der „working poor“ ist insgesamt seit 3 Jahren stabil, hat aber bei großen Unternehmen um 20 % zugenommen.[13]

cc) Reguläre Arbeitnehmer als „working poor“?

Junge reguläre Arbeitnehmer bekommen kein hohes Gehalt. Das durchschnittliche Jahresgehalt von 20 bis 24-jährigen Arbeitnehmern betrug im Jahr 2015 2,53 Mio. Yen (entspricht ca. 21.000 Euro) und das von 25 bis 29-jährigen Arbeitnehmern 3,52 Mio. Yen (entspricht ca. 29.300 Euro).[14]

In letzter Zeit wurde außerdem einem Unternehmenstypus große Aufmerksamkeit zuteil, bei dem die jungen Arbeitnehmer/-innen stark überanstrengt werden. Solche Unternehmen werden in der allgemeinen Diskussion als sogenannte „schwarze Firma (black kigyō)“ bezeichnet. In diesen Unternehmen werden neu eingestellten Arbeitnehmern übermäßig viele Aufgaben zugewiesen – einhergehend mit Mobbing der jungen Arbeitnehmer. All dies führt zu starker psychischer Belastung der jungen Arbeitnehmer und zu deren vergleichsweise frühem Wieder-Austritt aus dem Unternehmen. Teilweise kommt es sogar zu

---

11 Mainichi Zeitung vom 20. Januar 2016 (https://mainichi.jp/articles/20160120/k00/00e/040/231000c).

12 Akahata Zeitung vom 4. Dezember 2016 (http://www.jcp.or.jp/akahata/aik16/2016-12-04).

13 Akahata Zeitung vom 4. Dezember 2016 (http://www.jcp.or.jp/akahata/aik16/2016-12-04).

14 Vgl. Statistik aus Fn. 6.

Selbstmorden infolge der psychischen Belastung. Im Herbst 2016 wurde in den Medien groß über den „Dentsū"-Selbstmord berichtet. „Dentsū" ist eine der größten Werbeagenturen in Japan. Eine 23-jährige Angestellte hatte innerhalb eines Jahres nach Eintritt in die Firma ihrem Leben ein Ende gesetzt. Kurz vor ihrem Selbstmord hatte sie monatlich mehr als 100 Überstunden geleistet. Das Amt für Arbeitsinspektion hat den Selbstmord der jungen Mitarbeiterin als Arbeitsunfall eingestuft und anschließend Anzeige gegen das Unternehmen wegen Verstoßes gegen die im Arbeitsstandardgesetz (ASG) geregelten Arbeitszeitbestimmungen erstattet, so dass sich der Unternehmenschef gezwungen sah, von seinem Posten zurückzutreten. Bereits im Vorfeld hatte es eine höchstrichterliche Entscheidung in einem ähnlich gelagerten Fall bei demselben Unternehmen gegeben.[15] Damals hatte ebenfalls ein neuer Mitarbeiter dieses Unternehmens innerhalb von sechs Monaten nach Eintritt in die Firma Selbstmord begangen. Der Supreme Court in Japan urteilte damals, dass die Firma gegen ihre Fürsorgepflicht[16] verstoßen hätte. Diese Fürsorgepflicht wird in der damaligen Entscheidung wie folgt konkretisiert: „Pflicht, übermäßige Erschöpfung und psychische Belastung der Arbeitnehmer/-innen bei Erledigung ihrer Tätigkeit zu vermeiden und ihre physische und psychologische Gesundheit nicht zu beschädigen".

Das Problem der „schwarzen Firma" ist zwar nicht verallgemeinerungsfähig, aber für junge Arbeitnehmer ist sicherlich der Umgang mit dem herrschenden Arbeitsklima immer schwieriger geworden. Hinzukommt, dass selbst der Status als „regulärer Arbeitnehmer" keine lebenslange Wohlfahrt mehr verspricht.

Bei genauerer Betrachtung gilt nicht für alle regulären Arbeitnehmer ein Lohn- und Gehaltssystem, nach dem je nach Dienstdauer die Höhe des Lohns oder Gehalts merklich steigt. Beispiel für diese Ausnahme sind etwa Taxifahrer oder Pfleger. Gründe für die Nichtsteigerung des Lohns dieser Berufsgruppen könnten sein, dass für Taxifahrer grundsätzlich ein Akkordlohnsystem gilt und dass die Dienstdauer eines Pflegers relativ kurz ist. Beide Berufsgruppen werden nicht gut entlohnt, selbst wenn diese Tätigkeiten im Rahmen eines regulären Arbeitsverhältnisses ausgeübt werden.

---

15 Supreme Court, Urteil vom 24.3.2000, Minshū Vol. 54-3, S. 1155.

16 Nach der Rechtsprechung trifft den Arbeitgeber eine Fürsorgepflicht, Leben und Gesundheit seiner Arbeitnehmer/-innen vor Gefahren zu schützen (Supreme Court, Urteil vom 25.2.1975, Minshū Vol. 29-2, S. 143; Supreme Court, Urteil vom 10.4.1984, Minshū Vol. 38-6, S. 557). Diese Fürsorgepflicht (anzen hairyo gimu) ist jetzt in § 5 des Arbeitsvertragsgesetzes geregelt.

b) Ausländische Praktikanten und Praktikantinnen

Im Rahmen des Systems für ausländische Praktikanten (gaikokujin ginō jissyū seido) werden in Japan ausländische Arbeitnehmer für niedrigere oder einfache Tätigkeiten aufgenommen. Die gesamte Praktikumsdauer ist auf maximal 3 Jahre begrenzt. Das erste Jahr läuft unter dem Titel „Praktikum I" und die nächsten zwei Jahre laufen unter dem Begriff „Praktikum II". Um in das „Praktikum II" übergehen zu können, müssen ausländische Praktikanten zunächst eine Fertigkeitsprüfung bestehen. Hintergrund hierfür ist, dass das System für ausländische Praktikanten nicht dazu gedacht ist, die Beschäftigung einfacher, ausländischer Arbeitskräfte zu fördern, sondern dass das Ziel die Förderung bzw. Entwicklung bestimmter Fertigkeiten ist. Dieses System ist daher als „Fertigkeitsprüfungssystem (ginō kentei seido)" etabliert. Eine solche „Fertigkeitsprüfung" gibt es für insgesamt 112 verschiedene Tätigkeiten. Das Bestehen der ersten Praktikumsstufe ist Voraussetzung dafür, um mit dieser Tätigkeit hauptberuflich beginnen zu dürfen. Für ausländische Praktikanten wurden noch zwei untere Stufen gebildet und für einen Abschluss des „Praktikums I" muss man eine Prüfung der untersten Stufe bestehen.

Tatsächlich kommen ausländische Praktikanten nicht nach Japan, um irgendwelche Fertigkeiten zu erwerben, sondern um zu arbeiten und um Geld zusammenzusparen. Für die Praktikanten gelten alle arbeitsrechtlichen Regelungen einschließlich des Mindestlohngesetzes. In den meisten Fällen entspricht die Höhe ihrer Löhne dem Mindestlohn. In 3 Jahren können Praktikanten knapp 1 Mio. Yen (ca. 8.300 Euro) ansparen. Im Jahr 2015 lag die Zahl ausländischer Praktikanten bei 192.655. Ihre Herkunftsländer sind hauptsächlich China, Vietnam und die Philippinen. Ihr Hauptbetätigungsfeld liegt in der Metall-, Maschinen-, Fiber-, Textil- sowie der Bauindustrie.

Betreffend das System für ausländische Praktikanten werden seit Jahren problematische Fälle gemeldet, wie z. B. vom plötzlichen Verschwinden von Arbeitnehmern, der Wegnahme von Reisepässen zwecks Vermeidung des Verschwindens oder von ungerechter Lohnabrechnung usw. In erster Linie fehlt es an einer verbindlichen gesetzlichen Grundlage, die die Durchführung des Praktikums als solches regelt. Meistens nimmt ein Berufsverband als eine Art Annahmeorgan die ausländischen Praktikanten an und teilt sie dann seinen Mitgliedern (Praktikumsorgan) zu. Die Verordnung zur Aus- und Einreisekontrolle sowie zur Anerkennung von Flüchtlingen[17] sieht einige wenige Regelungen hierzu vor, wie z. B. zur Anzahl der Praktikanten je nach Größe des Annahmeorgans. Im

17 »Syutsunyūkoku kanri oyobi nanmin nintei hō« vom 4. Okober 1951, Regierungsverordnung Nr. 319, zuletzt geändert am 6. April 2012, Gesetz Nr. 27.

November 2016 wurde nunmehr das Gesetz zur gerechten Durchführung des Praktikums von Ausländern und zum Schutz von ausländischen Praktikanten und Praktikantinnen[18] eingeführt. Demnach bedarf es für die Annahme von ausländischen Praktikanten einer Erlaubnis durch das Annahmeorgan. Die Gründung eines Aufsichtsinstitutes (Institut für ausländische Praktikanten und Praktikantinnen) ist derzeit in Planung. Unzulässige Maßnahmen wie die Wegnahme von Reisepässen sollten unter Strafe gestellt werden. Die Höchstdauer für Praktika könnte auf 5 Jahre verlängert werden, wenn ein Annahmeorgan und ein Praktikumsorgan nach entsprechender Überprüfung als „ausgezeichnetes" Organ anerkannt werden könnten. Mit Einführung des neuen Gesetzes sollte auch im Pflegebereich die Annahme von ausländischen Praktikanten zulässig werden. Bisher sind ausländische Praktikanten und Praktikantinnen im Pflegebereich unzulässig, weil in diesem Bereich entsprechende Sprachkenntnisse nötig sind. Allerdings wird man künftig wegen der Personalknappheit in der Pflege auf ausländische Praktikanten angewiesen sein.

III. Mindestlohngesetz (MindLG) in Japan

1. Geschichte des Mindestlohns in Japan

a) Entstehung des Mindestlohns

Die erste Mindestlohnregelung ist auf ein Lohnkontrollgesetz aus Kriegszeiten zurückzuführen. Die heutige Regelung bildete sich jedoch erst nach dem Krieg allmählich heraus.[19]

Das Arbeitsstandardgesetz („rōdō kijun hō"; im folgenden ASG),[20] das nach dem Krieg 1947 in Kraft getreten ist und bis heute mit seiner zwingenden und mittelbaren Wirkung (§ 13 ASG) ein wichtiges Gesetz des individuellen Arbeitsrechts in Japan darstellt, sah vor, dass der Staat für bestimmte Branchen bzw. Berufe einen Mindestlohn festsetzen kann (§ 28 ASG a. F.). Das ASG sah weiterhin vor, dass der Mindestlohn nach Prüfung und Beratung einer Kommission festgesetzt werden soll und diese Kommission sich aus Arbeitnehmern, Arbeitgebern und

18 »Gaikokujin no ginōjissyū no tekiseina jisshi oyobi ginōjissyūsei no hogo ni kansuru hōritsu« vom 18. November 2016, Gesetz Nr. 89.

19 Zur Entwicklung der Mindestlohnregelungen s. *Chikako Kanki*, Die Regelungen zu einem Mindestlohn und einer Mindestlebenssicherung (saitei chingin to saitei seikatsu hoshō no hōkisei), 2011, S. 31 ff.

20 Gesetz Nr. 49 vom 7. April 1947, zuletzt geändert durch Gesetz Nr. 89 vom 12. Dezember 2008.

neutralen Dritten zusammensetzen soll (§§ 29–30 ASG a.F.). Die erste Zentralkommission für Mindestlohn wurde im Jahre 1950 einberufen; allerdings war sie wegen des Zusammenbruchs der Volkswirtschaft damals nicht in der Lage, einen zwingenden Mindestlohn festzulegen.

Ein erster Versuch zur Regelung des Mindestlohns wurde im Jahre 1956 in Shizuoka durchgeführt, als der Leiter des dortigen Arbeitsamtes eine Vereinbarung zum Mindestlohn in der Lebensmittelbranche (Bereich Konserven) einleitete. Allerdings war dies kein Tarifvertrag, sondern eine Vereinbarung zwischen einzelnen Unternehmern. Danach hat das Ministerium für Arbeit versucht, den Mindestlohn per Gesetz zu regeln und brachte im Jahre 1959 das Mindestlohngesetz („saitei chingin hō"; nachfolgend das MindLG)[21] auf den Weg. Die Paragraphen §§ 28 ff. ASG a.F. wurden inzwischen abgeschafft.

Nach dem MindLG von 1959 gab es grundsätzlich drei Arten der Mindestlohnbestimmung: (1) aufgrund einer Vereinbarung zwischen Unternehmern, (2) aufgrund eines Tarifvertrags und (3) aufgrund Prüfung und Beratung der Zentralkommission und der Distriktkommissionen für Mindestlohn.

b) Novelle des MindLG 1968

In der Folgezeit wurden die Bestimmungen zum Mindestlohn zumeist je nach Branche aufgrund von Vereinbarungen zwischen Unternehmern getroffen. Allerdings verletzte diese Art der Mindestlohnbestimmung Vertrag Nr. 26 der IAO, der eine Beteiligung der Arbeitnehmervertretung am Verfahren der Mindestlohnbestimmung forderte. Um diesem Problem zu begegnen, wurde durch Novelle des MindLG von 1968[22] die Mindestlohnbestimmung durch Unternehmensvereinbarungen abgeschafft.

Stattdessen breitete sich die Mindestlohnbestimmung im Wege der Prüfung und Beratung durch die Zentralkommission und die Distriktkommissionen aus. Darüber hinaus führte ein Bericht der Zentralkommission für Mindestlohn aus dem Jahre 1970 zu der Idee eines einheitlichen Mindestlohns, der für alle Arbeitnehmer in allen Branchen anwendbar sein sollte. Bis 1976 hat tatsächlich der örtliche Mindestlohn eine große Rolle gespielt, der je Präfektur festgelegt worden ist.

---

21 Gesetz Nr. 137 vom 15. April 1959.

22 Gesetz Nr. 90 vom 3. Juli 1968.

c) *Novelle des MindLG 2007*

Mithilfe der Kommissionen konnte gemäß § 16 MindLG a.F. ein örtlicher oder industrieller Mindestlohn festgesetzt werden. Die Möglichkeit, den Mindestlohn gemäß § 11 MindLG a.F. durch Tarifvertrag zu bestimmen, wurde kaum genutzt, weil Tarifverträge normalerweise auf Ebene der Unternehmen abgeschlossen wurden. Durch die Novelle des MindLG 2007[23] wurde diese Möglichkeit abgeschafft. Fortan war als einziger Weg der Mindestlohnbestimmung derjenige über die Kommissionen vorgesehen. Im Rahmen der 2007er-Reform wurde auch diskutiert, ob ein industrieller Mindestlohn durch Prüfung und Beratung der Kommissionen entbehrlich ist, weil ein örtlicher Mindestlohn für alle Arbeitnehmer vor Ort anzuwenden sei und ein industrieller Mindestlohn nur für die Arbeitnehmer einer bestimmten Branche gelten sollte, soweit er über den örtlichen Mindestlohn hinausging. Von Seiten der Arbeitgeber kam deshalb der Einwand, dass der industrielle Mindestlohn das fünfte Rad am Wagen sei.

Der industrielle Mindestlohn wurde jedoch nicht abgeschafft. Lediglich seine Bezeichnung wurde umgeändert in „spezieller Mindestlohn" (vgl. § 15 MindLG). Darüber hinaus enthielt das MindLG 2007 einen neuen Artikel, der festlegte, dass der örtliche Mindestlohn der prinzipielle und grundlegende Mindestlohn sein sollte (§ 9 Abs. 1 des MindLG).

Eine weitere wichtige Änderung durch die Novelle des Jahres 2007 stellte die Einführung einer Vorschrift dar, nach der bei der Mindestlohnbestimmung deren Vereinbarkeit mit den Sozialhilfesätzen zu berücksichtigen ist (§ 9 Abs. 3 des MindLG).

Seit der Novelle des MindLG 2007 hat sich der Mindestlohn jedes Jahr deutlich erhöht (s. Tabelle 1). Vor dieser Novelle wurde häufig nur über marginale Erhöhungen, z. B. um einen Yen, diskutiert. Solche Diskussionen wurden jedoch als Zeitverschwendung angesehen.

d) *Die Situation seit dem Regierungswechsel im Jahre 2009*

Nach dem Regierungswechsel im Jahre 2009 hat die neue Regierung ihr besonderes Augenmerk u.a. auf Maßnahmen gegen die Erwerbsarmut, die sogenannten „working poor", gerichtet. Aus diesem Grunde hat der damalige Ministerpräsident Yukio Hatoyama am 23. Oktober 2009 eine Kommission für Arbeitsmarktstrategie („koyō senryaku taiwa") eingerichtet. Daran beteiligt waren die Minister für Arbeit und Soziales, für Wirtschaft, Erziehung sowie auch der Präsident der

23 Gesetz Nr. 129 vom 5. Dezember 2007.

Obersten Arbeitnehmervertretung („Rengō"), die Arbeitgebervertretung und andere. Die wichtigsten Themen dieser Kommission waren die Arbeitsmarktstrategie für junge Arbeitnehmer sowie der Mindestlohn.

Diese Kommission hat am 3. Juni 2010 das Ziel einer Mindestlohnerhöhung um mindestens 800 Yen sowie eine durchschnittliche Mindestlohnhöhe von 1.000 Yen bis zum Jahr 2020 ausgegeben. Für das Erreichen dieser Ziele wurde ein durchschnittliches Wirtschaftswachstum von 3 % (nominal) und 2 % (real) pro Jahr vorausgesetzt.

e) Die Situation seit dem Regierungswechsel im Jahre 2012

Im Jahre 2012 kam es zu einem weiteren Regierungswechsel. Die neue Regierung hat am 26. Dezember 2012 ihre Arbeit aufgenommen. Seit diesem Regierungswechsel hat sich die Politik zum Mindestlohn nicht geändert. Die Regierung veröffentlichte am 2. Juni 2016 aufgrund eines Kabinettsbeschlusses einen „Plan für alle 100 Millionen Japaner und Japanerinnen für eine aktive Gesellschaft"[24] und eine „Strategie zur Wiederherstellung Japans 2016 – auf dem Weg zur Vierten Industrie-Revolution".[25] In diesen Berichten steht, dass die durchschnittliche Mindestlohnhöhe unter Berücksichtigung der Wachstumsrate endlich auf 1.000 Yen (entspricht ca. 8,30 Euro pro Stunde) erhöht werden sollte.[26]

24 »nippon ichioku sō katsuyaku plan«.

25 »nihon saikō senryaku 2016 – dai 4ji sangyō kakumei ni mukete«.

26 „Plan für alle 100 Millionen Japaner und Japanerinnen für eine aktive Gesellschaft" »nippon ichioku sō katsuyaku plan«, S. 8.

Tabelle 1: Entwicklung der Höhe des Mindestlohns.

Jahre	**2002**	**2003**	**2004**	**2005**	**2006**	**2007**	**2008**	**2009**	**2010**	**2011**	**2012**	**2013**	**2014**	**2015**	**2016**
Erhöhung in Tokio	-	0	2	4	5	20	27	25	30	16	13	19	19	19	25
Höhe des MindLohns in Tokio	708	708	710	714	719	739	766	791	821	837	850	869	888	907	932
durchschnittl. Erhöhung in Japan	-	1	1	3	5	14	16	10	17	7	12	15	16	18	25
Höhe des durchschnittl. MindLohns in Japan	663	664	665	668	673	687	703	713	730	737	749	764	780	798	823

2. Grundlage des MindLG

a) Inhalt des MindLG

Der Mindestlohn wird als Stundenlohn festgelegt (§ 3 MindLG). Er umfasst weder Boni noch Zuschläge für Mehrarbeit u.a. (§ 4 Abs. 3 MindLG).

§ 4 Abs. 2 MindLG sieht vor, dass die Vereinbarung eines Lohns unterhalb des Mindestlohns nichtig ist. Dann gilt der Mindestlohn als vereinbart. Ferner wird ein Verstoß gegen das MindLG mit einem Bußgeld sanktioniert (§ 39 ff. MindLG).

Der Arbeitnehmerbegriff des MindLG entspricht dem des Arbeitsstandardgesetzes (§ 2 Nr. 1 MindLG). Für einen Leiharbeitnehmer gilt der örtliche oder spezielle Mindestlohn, der in dem Betrieb des Entleihers gilt (§§ 13 und 18 MindLG).

Mit Erlaubnis des Leiters des zuständigen Arbeitsamts können Arbeitgeber folgenden Personen einen reduzierten Mindestlohn bezahlen (vgl. § 7 MindLG):

1. geistig oder körperlich Schwerbehinderten mit verminderter Arbeitsfähigkeit,
2. Personen in Probezeit,
3. Teilnehmern an einer offiziellen Berufsbildungsmaßnahme und
4. Personen mit einer erleichterten oder zeitweiligen Tätigkeit.

Allerdings wird von diesen Reduzierungsmöglichkeiten des Mindestlohns selten Gebrauch gemacht. Die Anzahl der Rechtsstreitigkeiten zum MindLG ist gering. In den letzten Jahren ergingen mehrere Entscheidungen, wonach ausländische Praktikanten („gaikokujin kensyūsei“) als Arbeitnehmer im Sinne des MindLG anzusehen sind.[27] Darüber hinaus wurde durch die Novelle des Gesetzes zur Aus- und Einreisekontrolle sowie zur Anerkennung von Flüchtlingen[28] im Jahre 2009 bereits klargestellt, dass für ausländische Praktikanten als Arbeitnehmer alle arbeitsrechtlichen Regelungen gelten sollten.

b) Rechtfertigung und Zweck des MindLG

In Japan gibt es keine verfassungsrechtliche Verpflichtung zur Einführung eines Mindestlohngesetzes. Deshalb wird nicht so heftig über die Bedeutung und Rechtfertigung des MindLG in Japan diskutiert. Der Bericht des Ausschusses des Ministeriums für Arbeit und Soziales zur Novelle des MindLG 2007 fasst den Zweck der Mindestlohnregelungen wie folgt zusammen: (1) Schutz einer schwachen Arbeitnehmergruppe; zur Ergänzung eines Tarifverhandlungssystems, (2) gerechte Lohnbestimmung zur Vermeidung „schmutziger Konkurrenz“ (social dumping), (3) Schutz gegen unerlaubten Niedriglohn und (4) Stabilisierung der Volkswirtschaft unter Berücksichtigung ihres Wachstums.[29] Diese Erklärungen folgen dem Ansatz des IAO; besonders IAO-Vertrag Nr. 26 basiert auf dem obigen Punkt (1) und IAO-Vertrag Nr. 131 basiert auf Punkt (3). Der Bericht kommt zu dem Ergebnis, dass die unter (1), (2) und (3) genannten Motive dem japanischen Mindestlohngesetz zugrunde liegen.[30]

Kriterien zur Mindestlohnbestimmung ergeben sich aus § 9 Abs. 2 MindLG: „Der örtliche Mindestlohn soll unter Berücksichtigung der Lebenshaltungskosten

---

27 Z. B. Urteil des District Court Tsu (Branch Yotsukaichi) vom 18. 3. 2009, Rōdō Hanrei No. 983, S. 27.

28 „Syutsunyūkoku kanri oyobi nanmin nintei hō“ vom 4. Oktober 1951, Regierungsverordnung Nr. 319, zuletzt geändert am 6. April 2012, Gesetz Nr. 27.

29 Bericht des Ausschusses zur Untersuchung der Mindestlohnbestimmung (saitei chingin seido no arikata ni kansuru kenkyūkai hōkokusho), Ministerium für Arbeit und Soziales, 2005, S. 4–5.

30 *ders.* (Fn. 29), S. 5.

und des Lohns eines Arbeitnehmers vor Ort sowie der Zahlungsfähigkeit eines Betriebs bestimmt werden". Maßgeblich sind folglich die 3 Kriterien:

(1) Lebenshaltungskosten des Arbeitnehmers vor Ort,
(2) Lohn eines Arbeitnehmers vor Ort und
(3) Zahlungsfähigkeit eines Betriebs.

Hinsichtlich der Lohnentwicklung in kleinen Betrieben wurden diese 3 Kriterien tatsächlich bei der Bestimmung eines Maßstabs für die Erhöhung des Mindestlohns („meyasu") von der Zentralkommission (s. dazu unten Ziffer 3) als wichtigste Daten berücksichtigt.[31] Die Lohnentwicklung wird jedes Jahr im Juni vom Ministerium für Arbeit und Soziales untersucht und im Juli von der Zentralkommission geprüft und anschließend darüber beraten. Die Anzahl der untersuchten Betriebe, die als klein gelten (solche mit weniger als 30 Arbeitnehmern), beträgt ca. 4.000. Davon sollten ca. 3.000 Betriebe aus den Hauptstädten einer Präfektur und ca. 1.000 Betriebe aus Städten mit weniger als 50.000 Einwohnern – jeweils aus allen Branchen gleichermaßen – gewählt werden.

Zusammenfassend lässt sich dem entnehmen, dass bisher bei der Bestimmung des Mindestlohns trotz Berücksichtigung der obigen drei Kriterien nur die Lohnentwicklung in kleineren Betrieben mit niedrigen Löhnen berücksichtigt wurde, d.h. der Lohn eines niedrig bezahlten Arbeitnehmers und die Zahlungsfähigkeit des kleineren Unternehmens entscheidend waren.

Durch die Novelle von 2007 wurde § 9 Abs. 3 MindLG eingeführt. Diese Vorschrift sieht vor, dass „unter Berücksichtigung der Lebenshaltungskosten eines Arbeitnehmers im Sinne von Abs. 2 die Vereinbarkeit des Mindestlohns mit einer Sozialhilfemaßnahme überprüft werden soll". Dadurch wurde die Bedeutung des Kriteriums der Lebenshaltungskosten des Arbeitnehmers hervorgehoben und zunehmend berücksichtigt. In der Folgezeit ist der Mindestlohn erheblich gestiegen.

Nach dem Regierungswechsel im Jahre 2013 zeigte sich allerdings eine neue Tendenz. Die Regierung legte Ende Februar 2013 einen Haushaltsplan vor, wonach der Sozialhilfebetrag (genauer gesagt der Lebenshilfebetrag [seikatsu fujohi] der Sozialhilfe) innerhalb von drei Jahren um insgesamt 67 Milliarden Yen reduziert werden sollte.[32] Grund dafür war, dass trotz der lange anhaltenden Deflation das Niveau der Sozialhilfe nicht angepasst worden war. Das bedeutete im Ergebnis, dass ein Sozialhilfeempfänger-Haushalt mehr Geld zur Verfügung hatte als andere Haushalte von Niedrigverdienern. Laut Ministerium für Arbeit

31 *ders.* (Fn. 29), S. 9.
32 Asahi Zeitung vom 28. Februar 2013.

und Soziales sollte sich deshalb für einen Haushalt mit Eltern und zwei Kindern die Sozialhilfe von ca. 222,000 Yen um 20,000 Yen reduzieren.

c) Die im MindLG geregelten Lohnbestandteile

Der Mindestlohn ist als Stundenlohn geregelt (vgl. § 3 MindLG). Er umfasst keinen Bonus und keinen Zuschlag für Mehrarbeit o.ä. (vgl. § 4 Abs. 3 MindLG), weil Gegenstand des Mindestlohns nur Lohnbestandteile sind, die als monatlich gezahlte Grundvergütung gelten. Neben Zuschlägen für Mehrarbeit und Feiertagsarbeit bleiben auch Zuschläge für besonderen Fleiß, Wegekosten und den Familienstand unberücksichtigt, weil diese Zuschläge in keinem direkten Zusammenhang mit einer Arbeitsleistung stehen.

Zu folgenden Beispielen wurde untersucht, ob die Gehaltssysteme gegen das MindLG verstoßen oder nicht.[33]

Beispiel 1: Frau A in Präfektur X, die monatlich bezahlt wird

Grundgehalt	90.000 Yen
Zuschlag für Tätigkeit/Stelle	25.000 Yen
Zuschlag für Wegekosten	5.000 Yen
Zuschlag für Mehrarbeit	35.000 Yen
Summe	155.000 Yen
Vertragliche Arbeitszeiten	7,5 Stunden pro Tag
Arbeitstage im Jahr	250 Tage
Mindestlohn in Präfektur X	695 Yen

(a) Nach MindLG nicht zu berücksichtigende Zuschläge bleiben außen vor, vorliegend also die Zuschläge für Wegekosten und Mehrarbeit, aber nicht der Zuschlag für die Tätigkeit.

155.000 Yen – (5.000 Yen + 35.000 Yen) = 115.000 Yen

(b) Dieser Betrag ist im nächsten Schritt in einen Stundenlohn umzurechnen und mit der Höhe des Mindestlohns zu vergleichen.

(115.000 Yen × 12 Monaten) ÷ 250 Tage ÷ 7.5 Stunden = 736 Yen > 695 Yen

33 Diese Beispiele finden sich auf der Homepage des Ministeriums für Arbeit und Soziales (http://www2.mhlw.go.jp/topics/seido/kijunkyoku/minimum/minimum-13.htm).

Beispiel 2: Taxifahrer B, der im Akkordsystem in Präfektur Y arbeitet

Akkordlohn 136.000 Yen		
Zuschlag für Mehrarbeit	5.100 Yen	
(136.000 Yen ÷ 200 Stunden × 0.25 × 30 Stunden)		
Zuschlag für Nachtarbeit	2.550 Yen	
(136.000 Yen ÷ 200 Stunden × 0.25 × 15 Stunden)		
Summe	143.650 Yen	
Gesamte Arbeitszeiten im Monat		200 Stunden
Durchschnittliche vertragl. Arbeitszeiten pro Monat		170 Stunden
Stunden der Mehrarbeit		30 Stunden
Stunden der Nachtarbeit		15 Stunden
Mindestlohn in Präfektur Y		713 Yen

(a) Nach MindLG nicht zu berücksichtigende Zuschläge bleiben außen vor, vorliegend also die Zuschläge für Mehrarbeit und Nachtarbeit.

143.650 Yen – (5.100 Yen+ 2.550 Yen) = 136.000 Yen

(b) Dieser Betrag ist im nächsten Schritt in einen Stundenlohn umzurechnen und mit der Höhe des Mindestlohns zu vergleichen. Dafür ist dieser Betrag durch die Zahl der gesamten Arbeitsstunden pro Monat zu teilen, um den Betrag pro Stunde zu errechnen.

(136.000 Yen ÷ 200 Stunden) = 680 Yen < 713 Yen

Der Begriff der „Arbeitszeit" (vgl. § 32 ASG) ist gesetzlich nicht definiert. Die Rechtsprechung definiert die Arbeitszeit als eine „Zeit, während der ein Arbeitnehmer den Weisungen seines Arbeitgebers unterliegt".[34] Die Vertragsparteien können nicht frei darüber entscheiden, welche Zeit als Arbeitszeit gelten soll und welche nicht. Die Eigenschaft als Arbeitszeit soll objektiv bestimmt werden. Für die Unterscheidung zwischen Arbeitszeit und Ruhezeit oder Pause hat die Rechtsprechung das Kriterium entwickelt, ob der Arbeitnehmer während dieser Zeit von der Arbeit freigestellt werden könnte oder er verpflichtet ist, irgendeine Arbeit zu leisten/zu übernehmen.[35]

Im „Isogawa Taxi"-Fall[36] ging es um die Frage, ob die Zeit als Arbeitszeit oder Pause anzusehen ist, in der ein Taxifahrer das Auto parkt, um auf Kunden zu

34 Supreme Court, Urteil vom 9.3.2000, Minshū Vol. 54-3, S. 801 [„mitsubishi jūkōgyō"-Fall].

35 Supreme Court, Urteil vom 28.2.2002, Minshū Vol. 56-2, S. 361 [„taisei building"-Fall].

36 Distriktgericht Fukuoka, Urteil vom 19.9.2013, Lex/DB 25501772.

warten. Das Anstellungsunternehmen behandelte diese Zeiten als Pausen, wenn sie über 5 Minuten hinausgingen. Das Distriktgericht Fukuoka entschied, da der Taxifahrer ja jederzeit das Auto fahren musste, wenn ein Kunde kommen würde, dass der Taxifahrer während des Parkens nicht von der Arbeit freigestellt werden könnte. Allerdings räumte das Gericht die Möglichkeit ein, bestimmte Parkzeiten als Pausen zu behandeln, weil der Arbeitgeber des Taxifahrers nicht vollständig kontrollieren könne, was der Arbeitnehmer während seiner Arbeitszeit tut. Das Gericht hält es zudem für entscheidend, ob die Regelung bzw. Weisung des Arbeitgebers vernünftig/angemessen ist und sie dem Arbeitnehmer bekannt ist. Im Ergebnis verneinte das Gericht dies im vorliegenden Fall, weil die Begrenzung jeder Parkzeit auf maximal 5 Minuten unangemessen sei und diese Regelung dem Arbeitnehmer zudem nicht bekannt war. Da der Lohn des Taxifahrers unterhalb des Mindestlohns lag, konnte der Kläger vom Arbeitgeber hier die Zahlung des Betrages verlangen, der dem Produkt aus Mindestlohn (Stundenlohn) und gesamter Arbeitszeit entsprach zuzüglich der Zuschläge für Mehrarbeit und Nachtarbeit.

d) Regelung bei Nichtleistung der Arbeit (§ 4 Abs. 3 MindLG)

§ 4 Abs. 3 MindLG sieht vor, dass der Arbeitgeber einen Lohnabzug vornehmen darf, wenn der Arbeitnehmer aus Gründen, die in seiner Sphäre liegen, während der vertraglichen Arbeitszeit oder an einem vertraglichen Arbeitstag keine Arbeit leistet oder der Arbeitgeber aus berechtigten Gründen den Arbeitnehmer während der vertraglichen Arbeitszeit oder an einem vertraglichen Arbeitstag keine Arbeit leisten lässt und die Lohnkürzung nicht gegen § 4 Abs. 1 und 2 MindLG (Unabdingbarkeit des gesetzlichen Mindestlohns) verstößt.

Gründe für eine Lohnkürzung nach MindLG, die in die Sphäre des Arbeitnehmers fallen, sind persönliche Gründe wie das Fehlen wegen Krankheit oder aufgrund des gesetzlichen Anspruchs auf Freistellung bei Mutterschaftsurlaub, Erholungsurlaub oder bei Arbeitsunfall.[37] Bei Freistellung wegen Erholungsurlaubs muss der Arbeitgeber dem Arbeitnehmer allerdings gemäß § 39 ASG den üblichen Lohn bzw. den durchschnittlichen Lohn zahlen. Ein dennoch erfolgender Lohnabzug stellt somit einen Verstoß gegen das ASG, nicht aber gegen das MindLG dar.[38]

Mit Blick auf § 4 Abs. 3 MindLG stellt sich zudem die Frage, was unter „berechtigten Gründen" des Arbeitgebers zu verstehen ist.

---

37 Rōdō chōsakai syuppankyōku, Kommentar zum MindLG (saitei chinginhō no shōkai), 4. Aufl., 2016, S. 22.

38 Rōdō chōsakai syuppankyōku (Fn. 26), S. 24.

Ein Arbeitnehmer kann trotz Nichtleistung der Arbeit von seinem Arbeitgeber eine Vergütung fordern, wenn der Arbeitgeber die Nichtleistung der Arbeit zu vertreten hat (§ 536 Abs. 2 des japanischen BGB). Bei § 536 Abs. 2 des japanischen BGB handelt es sich um eine Regelung zur Risikotragung bei Unmöglichkeit einer vertraglichen Leistung, die § 615 des deutschen BGB entspricht. Typischerweise kann ein gekündigter Arbeitnehmer nach § 536 Abs. 2 des japanischen BGB von seinem Arbeitgeber den Lohn für den gekündigten Zeitraum beanspruchen, wenn die Kündigung unwirksam ist. Außerdem kann der Arbeitnehmer für den Zeitraum einer Freistellung von der Arbeit den Lohn verlangen, wenn der Arbeitgeber keinen berechtigten Grund für diese Freistellung hatte.[39] In der Praxis ist häufig die Freistellung wegen Krankheit umstritten.

Ein „berechtigter Grund" im Sinne von § 4 Abs. 3 MindLG liegt vor, wenn § 536 Abs. 2 nicht anwendbar ist.[40] Bei mangelnder Auftragslage handelt es sich normalerweise nicht um einen vom Arbeitgeber „zu vertretenden Grund" im Sinne von § 536 Abs. 2 des japanischen BGB. Allerdings kann der Arbeitnehmer hier aufgrund von § 26 ASG von seinem Arbeitgeber eine Entschädigung fordern, die 60 % des durchschnittlichen Lohns beträgt.

3. Gestaltung des Mindestlohns

a) Kommission für Mindestlohn („saichin shingikai")

In Japan wird die Höhe der verschiedenen Mindestlöhne jedes Jahr in Kommissionen behandelt und festgelegt. Solche Kommissionen für Mindestlohn werden auf Staats- und Präfekturebene errichtet. Die Kommission auf Staatsebene heißt Zentralkommission für Mindestlohn („chūo saichin shingikai") und die Kommissionen auf der Ebene der Präfekturen heißen Distriktkommissionen für Mindestlohn („chihō saichin shingikai"). Distriktkommissionen werden in jeder Präfektur in einem Arbeitsamt („Rōdōkyoku") errichtet, welches ein Zweig des Ministeriums für Arbeit und Soziales ist.

Die Zentralkommission für Mindestlohn gehört zu den beratenden Organen des Ministers für Arbeit und Soziales und die Distriktkommissionen für Mindestlohn gehören zu den beratenden Organen des Leiters des jeweiligen Arbeitsamts. Beamte bereiten alle nötigen Unterlagen, Dateien und Materialien für die Kommissionen vor. Die Mitglieder der Kommissionen werden jeweils aus Arbeitnehmern, Arbeitgebern und neutralen Dritten vom Ministerium bzw. dem jeweiligen

39 Supreme Court, Urteil vom 9.4.1998, Rōdō hanrei Vol. 736, S. 15 [„katayamagumi"-Fall].
40 Rōdō chōsakai syuppankyōku (Fn. 26) S. 22.

Arbeitsamt gewählt und ernannt. Zur Zeit setzt sich die Zentralkommission aus jeweils sechs Mitgliedern von Seiten der Arbeitnehmer, der Arbeitgeber und der neutralen Dritten zusammen. Stand Juni 2017 sind für die Arbeitnehmerseite zwei Vorstandsmitglieder der obersten Vereinigung der Gewerkschaft „Rengō" sowie vier Sekretäre/Sekretärinnen bzw. entsprechende Vorstandsmitglieder der folgenden großen Industriegewerkschaften, die einzelne unternehmensbezogene Gewerkschaften einschließen, als Mitglieder ernannt:

- Vereinigung der Gewerkschaften für die Automobil-Industrie („zennihon jidōsya sangyō rōdōkumiai sōrengōkai"),
- Vereinigungen der Gewerkschaften für die Metall- und Maschinen-Industrie („sangyōbetsurōdōkumiai JAM"),
- Vereinigung der Gewerkschaften der Nahrungsmittel-Industrie („nihon syokuhin kanren sangyō rōdōkumiai"),
- Vereinigung der Gewerkschaften der Elektro- und Informationstechnologie („zennihon denki, denshi, jōhō kanren sangyō rōdōkumiai") sowie
- Vereinigung der Gewerkschaften für Textilindustrie u.a. („UA zensen dōmei").

Auf Arbeitgeberseite werden folgende Mitglieder als Vertreter ernannt:

- ein Vorstandsmitglied des Verbands kleiner und mittelständischer Betriebe („zenkoku chūshō kigyō dantai chūōkai"),
- ein Vorstandsmitglied der Industrie- und Handelskammer Tokio (Tokyō syōkō kaigisyo),
- ein Vorstandsmitglied des Verbands der Großunternehmen „Keidanren" („nihon keizen dantai rengōkai") sowie
- drei Präsidenten oder Vorstandsmitglieder einzelner großer oder mittlerer Unternehmen.

Schließlich vertreten sechs Professoren/Professorinnen folgender Fachrichtungen die neutralen Mitglieder:

- zwei aus dem Bereich der Volkswirtschaft,
- drei aus dem Fachbereich Industrielle Beziehungen und
- eine(r) aus dem Bereich Arbeitsrecht.

Den Vorsitz der Zentralkommission hat ein Professor der Volkswirtschaftslehre inne, der sich mit den Problemen im Lohn- und Gehaltssystem auskennt.

Die Zusammensetzung der Distriktkommissionen entspricht der der Zentralkommission.

Das Verfahren der Mindestlohnbestimmung gestaltet sich jedes Jahr gleich: die Zentralkommission beginnt im Juli mit ihrer Untersuchung und verschiedenen

Besprechungen, die sowohl in der Zentral- als auch in den Distriktkommissionen sehr intensiv geführt werden. Bis Ende August wird dann ein neuer Mindestlohn, der ab Herbst gültig ist, in der jeweiligen Präfektur bestimmt. Die Abbildung 2 zeigt das Verfahren der Mindestlohnbestimmung in Japan.

Abbildung 2: Verfahren der Mindestlohnbestimmung in Japan

Anfrage des Ministers für Arbeit und Soziales

↓

Prüfung und Beratung der Zentralkommission für Mindestlohn: Bestimmung eines Maßstabs zur Erhöhung von Mindestlöhnen („meyasu")

↓

Bericht des Ministers für Arbeit und Soziales

↓

Anfrage des Leiters des Arbeitsamts

↓

Prüfung und Beratung der Distriktkommission für Mindestlohn

↓

Bericht des Leiters des Arbeitsamts

↓

Bestimmung der Höhe des Mindestlohns durch den Leiter des Arbeitsamts

b) Die Bestimmung der Höhe des Mindestlohns im Jahre 2016

Wie bereits in der Vergangenheit konnte die zuständige Meyasu-Kommission auch im Jahre 2016 den Maßstab zur Erhöhung des Mindestlohns (»meyasu«) nicht einheitlich festlegen, weil die Arbeitnehmer- und die Arbeitgeberseite zu keinem Kompromiss gelangen konnten. Die Meyasu-Kommission hat daher wie immer nur die Vorschläge der neutralen Mitglieder veröffentlicht.[41] Mit Veröffentlichung dieser Vorschläge wurde darauf hingewiesen, dass mit der letzten Erhöhung des Mindestlohns der Anteil der Arbeitnehmer, deren Lohn unter dem Mindestlohn liegt, angestiegen ist und dass die problematische Umkehrung von Sozialhilfe- und Mindestlohn-Höhe, zu der es in einigen Präfekturen gekommen ist, bereits im Jahre 2014 korrigiert wurde und diese Korrektur weiterhin sicherzustellen ist.

---

41 Die Meinungen der neutralen Mitglieder zum Maßstab des zu erhöhenden Mindestlohns (»meyasu«) vom 26. Juli 2016.

Tabelle 2: Vorschläge der neutralen Mitglieder zur Erhöhung des Mindestlohns („meyasu") im Jahre 2016.

Rang	Präfekturen	Betrag, um den der Mindestlohn („meyasu") erhöht werden sollte
A	Chiba, Tokio, Kanagawa, Aichi, Ōsaka	25 Yen
B	Ibaragi, Tochigi, Saitama, Toyama, Nagano, Shizuoka, Mie, Shiga, Kyoto, Hyōgo, Hiroshima	24 Yen
C	Hokkaido, Miyagi, Gunma, Niigata, Ishikawa, Fukui, Yamanashi, Gifu, Nara, Wakayama, Okayama, Yamaguchi, Kagawa, Fukuoka	22 Yen
D	Aomori, Iwate, Akita, Yamagata, Fukushima, Tottori, Shimane, Tokushima, Ehime, Kōchi, Saga, Nagasaki, Kumamoto, Ōita, Miyazaki, Kagoshima, Okinawa	21 Yen

c) Der Einfluss des Mindestlohns auf den Arbeitsmarkt

Die neutralen Mitglieder der „meyasu"-Kommission haben gemäß obiger Ausführungen im Jahr 2016 darauf hingewiesen, dass mit jeder Mindestlohnerhöhung der Mindestlohn als solcher auf dem Arbeitsmarkt allmählich immer größere Bedeutung erlangt. Nachstehende Tabelle 3 weist für die letzten 10 Jahre jeweils die Anteile der zu Löhnen unterhalb des Mindestlohns beschäftigten Arbeitnehmer vor Mindestlohnanpassung („miman ritsu") und nach Mindestlohnanpassung („eikyo ritsu") aus.

Tabelle 3: Entwicklung von Mindestlohnhöhe, Anteil der zu Löhnen unterhalb des Mindestlohns beschäftigten Arbeitnehmer („miman ritsu") sowie Anteil der zu Löhnen unterhalb des Mindestlohns beschäftigten Arbeitnehmer nach gerade erfolgter Anpassung des Mindestlohns („eikyo ritsu")[42]

Jahr		**2006**	**2007**	**2008**	**2009**	**2010**	**2011**	**2012**	**2013**
durchschnittliche Höhe des Mindestlohns (Unterschied zum vorherigen Mindestlohn)		673 (5)	687 (14)	703 (16)	713 (10)	730 (17)	737 (7)	749 (12)	764 (15)
Rang A	Anteil unterhalb des Mindestlohns beschäftigter Arbeitnehmer (%)	1,0	0,7	0,6	1,1	1,6	1,5	2,5	2,1
	Anteil unterhalb des angepassten Mindestlohns beschäftigter Arbeitnehmer (%)	1,2	1,8	1,9	3,1	4,4	4,0	5,7	10,7
Rang B	Anteil unterhalb des Mindestlohns beschäftigter Arbeitnehmer (%)	1,0	1,2	1,3	1,4	1,7	1,7	1,4	1,5
	Anteil unterhalb des angepassten Mindestlohns beschäftigter Arbeitnehmer (%)	1,3	1,9	2,8	1,9	3,2	2,9	3,1	5,4
Rang C	Anteil unterhalb des Mindestlohns beschäftigter Arbeitnehmer (%)	1,3	1,3	1,6	2,3	1,4	1,8	2,2	2,0
	Anteil unterhalb des angepassten Mindestlohns beschäftigter Arbeitnehmer (%)	1,7	2,6	3,2	3,1	4,3	3,1	5,2	5,5

42 Unterlage 3 der „meyasu-Kommission" vom 14. Juli 2016.

Jahr		2006	2007	2008	2009	2010	2011	2012	2013
Rang	Anteil unterhalb des Mindestlohns beschäftigter Arbeitnehmer (%)	2,1	1,4	1,8	2,0	1,5	2,0	2,0	1,8
D	Anteil unterhalb des angepassten Mindestlohns beschäftigter Arbeitnehmer (%)	2,5	3,1	3,7	2,4	4,6	3,4	5,0	6,0
SUMME	Anteil unterhalb des Mindestlohns beschäftigter Arbeitnehmer (%)	1,2	1,1	1,2	1,6	1,6	1,7	2,1	1,9
	Anteil unterhalb des angepassten Mindestlohns beschäftigter Arbeitnehmer (%)	1,5	2,2	2,7	2,7	4,1	3,4	4,9	7,4

d) Verhältnis zur Höhe des Arbeitslosengelds

Erhöhungen des Mindestlohns haben auch Einfluss auf die Höhe des Arbeitslosengelds. Die Höhe des Arbeitslosengelds ist abhängig von der Höhe des letzten Lohns sowie vom Alter.[43] Im Jahr 2011 wurde die Untergrenze/der Mindestbetrag des Arbeitslosengelds erhöht, weil die aktuelle Höhe des Mindestlohns die Untergrenze des für das Arbeitslosengeld maßgebenden Lohnbetrags überstieg. Im März 2017 wurde die Untergrenze des Arbeitslosengelds erhöht (s. unten Tabelle 4). Zudem wurde eine neue Regelung in das Gesetz zur Arbeitslosenversicherung[44] aufgenommen, wonach die Höhe des durchschnittlichen Mindestlohns künftig als Untergrenze des für das Arbeitslosengeld maßgebenden Lohnbetrags gelten soll, sofern Erstere Letztere übersteigt. Dabei soll die Höhe des durchschnittlichen Mindestlohns pro Tag errechnet werden. Versicherungspflichtige Beschäftigungsverhältnisse setzen eine Tätigkeit voraus, die 20 Stunden pro Woche übersteigt. Daher ist die durchschnittliche Höhe des Mindestlohns

43 Zudem variiert die Anspruchsdauer auf Arbeitslosengeld je nach Grund des Ausscheidens aus dem Arbeitsverhältnis und nach Dauer des Bestehens des versicherungspflichtigen Arbeitsverhältnisses.

44 »Koyō hoken hō« vom 28. Dezember 1974, Gesetz Nr. 116, zuletzt geändert am 3. Juli 2016, Gesetz Nr. 63.

(pro Stunde) mit dem Faktor 20 zu multiplizieren und durch 7 zu teilen. Diese pro Tag errechnete Mindestlohnhöhe ist mit der Höhe des für das Arbeitslosengeld maßgebenden Lohnbetrags abzugleichen.

Tabelle 4: Ober- und Untergrenzen des Arbeitslosengelds (in Yen) ab 1. August 2016. (Der Wert in der Klammer ist der für das Arbeitslosengeld maßgebende Lohnbetrag)

	jünger als 30 Jahre	**30- bis 45-jährige**	**45- bis 60-jährige**	**60- bis 65-jährige**
Obergrenze	6.370 (12.740)	7.075 (14.150)	7.775 (15.550)	6.687 (14.810)
Untergrenze	1.832 (2.290)			

IV. Japanischer Gedanke des „gleichen Lohns für gleiche Arbeit“

1. Die Regierung

Im Januar 2016 hat Kanzler Abe verkündet, das Prinzip gleichen Lohns für gleiche Arbeit nunmehr in die Tat umsetzen zu wollen. Zu diesem Zweck wurde im März 2016 eine entsprechende Regierungs-Kommission gebildet. Nach dem Gewinn der Oberhauswahl im Juni 2016 begann die dritte Abe-Regierungs-Periode. Wie bereits oben erwähnt, hat die Regierung bereits am 2. Juni 2016 „einen Plan für alle 100 Millionen Japaner und Japanerinnen für eine aktive Gesellschaft“[45] sowie eine „Strategie zur Wiederherstellung Japans 2016 – auf dem Weg zur Vierten Industrie-Revolution“[46] vorgestellt, u.a. mit dem Ziel, die Lohnunterschiede zwischen irregulären und regulären Arbeitnehmern zu korrigieren.

2. Entwurf einer Richtlinie für gleichen Lohn bei gleicher Arbeit

Am 20. Dezember 2016 veröffentlichte die Regierung dann den Entwurf einer Richtlinie für gleichen Lohn bei gleicher Arbeit. Ziel dieses Entwurfs ist die Berichtigung ungerechtfertigter/unangemessener Ungleichbehandlung von regulären Beschäftigten (unbefristeten Vollzeitarbeitnehmern) und irregulären Beschäftigten (befristeten Arbeitnehmern, Teilzeit- und Leiharbeitnehmern).[47] Der Entwurf hält dabei grundsätzlich an dem Prinzip fest, dass Arbeitskonditionen wie die Lohnhöhe weiterhin durch Arbeitgeber und Arbeitnehmervertretung

45 »nippon ichioku sō katsuyaku plan«.
46 »nihon saikō senryaku 2016 – dai 4ji sangyō kakumei ni mukete«.
47 Entwurf einer Richtlinie für gleichen Lohn bei gleicher Arbeit, Präambel 1.

autonom vereinbart werden sollten. Er besagt jedoch auch, dass die japanische Regierung die in Japan im Vergleich zu Europa deutlich größeren Gehaltsunterschiede zwischen regulären und irregulären Beschäftigten bekämpfen sollte.[48] Zur Erreichung dieses Ziels schlägt der Entwurf vor, dass zunächst Arbeitgeber und Arbeitnehmervertretung der einzelnen Unternehmen den Tätigkeitsinhalt sowie die Qualifizierungsmerkmale klarstellen und dann deren Verhältnis zur Höhe des Lohnes untersuchen sollten,[49] um schließlich gerechte Lohn- und Gehaltssysteme etablieren zu können.[50]

Der Richtlinien-Entwurf spricht von einem entsprechenden Anpassungsbedarf der Gesetzeslage,[51] zu deren konkretem Inhalt der Entwurf allerdings keine Aussagen trifft. Grundsätzlich soll die Richtlinie dazu dienen, die Anwendung der bereits bestehenden Regelungen betreffend die Gleichbehandlung von regulären und irregulären Arbeitnehmern wie in § 20 des Arbeitsvertragsgesetzes oder in §§ 8 ff. des Teilzeitarbeitsgesetzes zu stärken.

Der Richtlinien-Entwurf enthält Beispiele problematischer und unproblematischer Fälle befristet beschäftigter Arbeitnehmer und Teilzeitarbeitnehmer zu den Themenkomplexen (1) Grundlohn oder Grundgehalt, (2) Zuschläge einschließlich Bonus und (3) betriebliche Fürsorgesysteme wie Kantine, Dienstwohnung, Freistellung von der Arbeit. Nachfolgend sollen einige Beispiele des Entwurfs zu Punkt (1) und (2) kurz dargestellt werden:

a) Grundlohn oder Grundgehalt nach Berufserfahrung oder Qualifizierung

Wenn ein Grundlohn oder Grundgehalt je **nach Berufserfahrung und Qualifizierung** eines Arbeitnehmers bezahlt werden soll, sollte einem befristet beschäftigten Arbeitnehmer oder Teilzeitarbeitnehmer mit der gleichen Berufserfahrung und Qualifizierung auch der gleiche Lohn gezahlt werden wie einem unbefristet beschäftigten Vollzeitarbeitnehmer (beim Teilzeitarbeitnehmer natürlich entsprechend dem Anteil der vereinbarten Arbeitsstunden im Vergleich zu einer Vollzeitstelle). Bei unterschiedlicher Berufserfahrung und/oder Qualifizierung sollten sich die Lohnunterschiede in einem verhältnismäßigen Rahmen bewegen.

---

48 Entwurf einer Richtlinie für gleichen Lohn bei gleicher Arbeit, Präambel 2.
49 Entwurf einer Richtlinie für gleichen Lohn bei gleicher Arbeit, Präambel 3.
50 Entwurf einer Richtlinie für gleichen Lohn bei gleicher Arbeit, Präambel 4.
51 Entwurf einer Richtlinie für gleichen Lohn bei gleicher Arbeit, Präambel 8.

aa) Unproblematisches Beispiel 1

In Unternehmen A besteht ein spezielles Fortbildungsprogramm zur Erlangung einer bestimmten Berufsqualifikation. Der unbefristet beschäftigte Vollzeitarbeitnehmer X hat diesen Kurs erfolgreich absolviert. Dagegen hat Teilzeitarbeitnehmer Y keine solche Berufsqualifizierung erworben. Das Unternehmen A zahlt dem Mitarbeiter X ein entsprechend höheres Gehalt, dem Mitarbeiter Y aber nicht.

bb) Unproblematisches Beispiel 2

In Unternehmen B arbeitet der unbefristet beschäftigte Vollzeitarbeitnehmer X für einige Jahre nach Eintritt in das Unternehmen in einer Geschäftsstelle bzw. Niederlassung des Anstellungsunternehmens. X soll sich nach und nach mit verschiedenen Tätigkeiten in verschiedenen Geschäftsstellen vertraut machen und später leitender Angestellter werden. Seine gegenwärtige Tätigkeit entspricht jedoch der Tätigkeit des Teilzeitarbeitnehmers Y, unter dessen Leitung X momentan arbeitet. Inhalt und Ort der Tätigkeit von Y sollen nicht verändert werden. Das Unternehmen bezahlt X besser als Y.

cc) Unproblematisches Beispiel 3

In Unternehmen C wurde das zunächst befristete Arbeitsverhältnis des Mitarbeiters X in ein unbefristetes Vollzeitarbeitsverhältnis umgewandelt, während das befristete Arbeitsverhältnis des Mitarbeiters Y nicht entsprechend umgewandelt wurde, obwohl beide Mitarbeiter mit der gleichen Tätigkeit in derselben Geschäftsstelle betraut sind. Nach der Umwandlung seines Arbeitsverhältnisses soll X regelmäßig eine Versetzung hinnehmen. Deshalb wird X ein höherer Lohn gezahlt als Y.

dd) Unproblematisches Beispiel 4

In Unternehmen D arbeiten der unbefristet beschäftigte Vollzeitarbeitnehmer X und der Teilzeitarbeitnehmer Y. Ihre Berufserfahrung und Qualifizierung sind identisch, aber die Lage ihrer Arbeitszeiten nicht. Unternehmen D zahlt je nach Lage der Arbeitszeit (Zone der Arbeitszeit oder Möglichkeit von Wochenend- und Feiertagsarbeit) einen unterschiedlichen Stundenlohn.

ee) Problematisches Beispiel

In Unternehmen E erhält der unbefristet beschäftigte Vollzeitarbeitnehmer X einen höheren Lohn als der befristet beschäftigte Arbeitnehmer Y, weil X über eine höhere Berufserfahrung und bessere Qualifizierung als Y verfügt. Allerdings steht die Berufserfahrung von X in keinem Zusammenhang mit der gegenwärtigen Tätigkeit von X.

b) Grundlohn oder Grundgehalt nach Leistung

Wird ein Grundlohn oder Grundgehalt je **nach Leistung** des Arbeitnehmers festgelegt, sollte ein befristet beschäftigter Arbeitnehmer oder Teilzeitarbeitnehmer bei gleicher Leistung wie ein unbefristet beschäftigter Vollzeitarbeitnehmer bezahlt werden. Wenn es Leistungsunterschiede gibt, sollte sich der Lohnunterschied in verhältnismäßigem Rahmen bewegen.

aa) Unproblematisches Beispiel 1

In Unternehmen A erhält der Teilzeitarbeitnehmer X, dessen Arbeitszeit der Hälfte der Arbeitszeit einer Vollzeitkraft entspricht, den halben Lohn gezahlt, wenn X die Hälfte der Umsatzhöhe eines unbefristet beschäftigten Vollzeitarbeitnehmers erreicht.

bb) Unproblematisches Beispiel 2

In Unternehmen B ist der unbefristet beschäftigte Vollzeitarbeitnehmer X mit der gleichen Tätigkeit betraut wie der Teilzeitarbeitnehmer Y. Allerdings unterscheidet sich der Verantwortungsbereich der beiden. Während im Falle des Verfehlens einer vorgegebenen Zielmenge der Produktion Mitarbeiter X sanktioniert werden würde, drohen Y im Falle der Schlechtleistung keine Sanktionen. Das Unternehmen B zahlt dem Mitarbeiter X einen höheren Lohn als dem Mitarbeiter Y. Der Lohnunterschied ist unter Berücksichtigung der unterschiedlichen Verantwortungsbereiche verhältnismäßig.

cc) Problematisches Beispiel

In Unternehmen C wird ein Teil des Grundgehalts leistungsabhängig gezahlt. Ein unbefristet beschäftigter Vollzeitarbeitnehmer erhält diesen Teil des Gehalts, wenn er eine bestimmte Umsatzhöhe erreicht. Andererseits erhält ein Teilzeitarbeitnehmer keine solche Zahlung, wenn die vorgegebene Umsatzhöhe des unbefristet beschäftigten Vollzeitarbeitnehmers nicht erreicht würde.

Anmerkung zum Entwurf der Richtlinie: Im o.g. Beispiel gilt das gleiche, wenn ein Zuschlag leistungsabhängig gezahlt wird.

c) *Grundlohn oder Grundgehalt je nach Dienstdauer*

Soll der Grundlohn oder das Grundgehalt je **nach Dienstdauer** eines Arbeitnehmers bemessen werden, wäre einem befristet beschäftigten Arbeitnehmer oder Teilzeitarbeitnehmer mit der gleichen Dienstdauer der gleiche Lohn zu zahlen wie einem unbefristet beschäftigten Vollzeitarbeitnehmer. Bei unterschiedlicher Dienstdauer sollte sich der Lohnunterschied in verhältnismäßigem Rahmen bewegen.

aa) *Unproblematisches Beispiel*

Das Grundgehalt in Unternehmen A bestimmt sich nach der Dienstdauer der Mitarbeiter. Für den (mehrmals) befristet beschäftigten Arbeitnehmer X wird dabei seine Dienstdauer ab dem ersten Vertragsabschluss zusammengerechnet.

bb) *Problematisches Beispiel*

Das Grundgehalt in Unternehmen B bestimmt sich nach der Dienstdauer der Mitarbeiter. Für den (mehrmals) befristet beschäftigten Arbeitnehmer X wird dabei nicht seine Dienstdauer ab dem ersten Vertragsabschluss zusammengerechnet, sondern nur die Dauer seines letzten Vertrags berücksichtigt.

Wenn Gehalts- oder Lohnerhöhungen **abhängig von der Verbesserung der Qualifizierung des Mitarbeiters** erfolgen sollen und ein befristet beschäftigter Arbeitnehmer oder Teilzeitarbeitnehmer mit der gleichen Dienstdauer wie ein unbefristet beschäftigter Vollzeitarbeitnehmer seine Qualifizierung steigern konnte, sollte auch der gleiche Lohn gezahlt werden. Bei Unterschieden der Qualifizierungsverbesserung sollte sich der Lohnunterschied in verhältnismäßigem Rahmen bewegen.

Anmerkung zum Entwurf der Richtlinie: Wenn Unterschiede des Grundlohns oder -gehalts zwischen unbefristet beschäftigten Vollzeitarbeitnehmern und befristet beschäftigten Arbeitnehmern oder Teilzeitarbeitnehmern existieren und als Grund dafür auf unterschiedliche Maßstäbe zur Gehaltsbestimmung verwiesen wird, muss dieser Unterschied des Maßstabs nachvollziehbar/angemessen sein. Eine abstrakte Erklärung für den Unterschied des Maßstabs ist nicht ausreichend. So gilt beispielsweise folgende Erklärung als unzulänglich: „Der Maßstab für die Bestimmung der Lohn- und Gehaltshöhe ist ein anderer, weil die Erwartungshaltung gegenüber unbefristet beschäftigten Vollzeitarbeitnehmern, befristet beschäftigten Arbeitnehmern oder Teilzeitarbeitnehmern eine andere ist".

d) Zuschläge

Wenn ein Bonus abhängig von der Leistung eines Arbeitnehmers vorgesehen ist, sollte einem befristet beschäftigten Arbeitnehmer oder Teilzeitarbeitnehmer bei gleicher Leistung der gleiche Bonus gezahlt werden wie einem unbefristet beschäftigten Vollzeitarbeitnehmer. Bei Leistungsunterschieden der Mitarbeiter sollte sich der Unterschied der Höhe des Bonus in einem verhältnismäßigen Rahmen bewegen.

aa) Unproblematisches Beispiel 1

In Unternehmen A hat der Teilzeitarbeitnehmer Y die gleiche Leistung erbracht wie der unbefristet beschäftigte Vollzeitarbeitnehmer X. X und Y wurde der gleiche Bonus gezahlt.

bb) Unproblematisches Beispiel 2

In Unternehmen B übernimmt der unbefristet beschäftigte Vollzeitarbeitnehmer X die Verantwortung für das Erreichen einer bestimmten Produktionsmenge. Wenn diese Produktionsmenge nicht erreicht wird, soll X sanktioniert werden. Dagegen würden der unbefristet beschäftigte Teilzeitarbeitnehmer Y oder der befristet beschäftigte Arbeitnehmer Z im Falle einer schlechten Leistung nicht sanktioniert. Unternehmen B zahlt X einen Bonus. Y und Z erhalten keinen Bonus. Dieser Unterschied ist auf den unterschiedlichen Verantwortungsbereich der Mitarbeiter zurückzuführen.

cc) Problematisches Beispiel 1

In Unternehmen C wird leistungsabhängig ein Bonus gezahlt. Der unbefristet beschäftigte Vollzeitarbeitnehmer X und der befristet beschäftigte Arbeitnehmer Y haben die gleiche Leistung erbracht. Trotzdem zahlt Unternehmen C nur dem X einen Bonus, nicht dem Mitarbeiter Y.

dd) Problematisches Beispiel 2

In Unternehmen D wird allen unbefristet beschäftigten Vollzeitarbeitnehmern ohne Rücksicht auf den Inhalt ihrer Tätigkeit oder ihre erbrachten Leistungen ein Bonus gezahlt, den befristet beschäftigten Arbeitnehmern und Teilzeitarbeitnehmern aber nicht.

e) Leiharbeitnehmer

Leiharbeitnehmern, deren Tätigkeitsinhalt (inkl. möglicher inhaltlicher Änderungen der Tätigkeit) und Ort der Tätigkeit den für die Arbeitnehmer eines Entleihers vereinbarten Bedingungen entsprechen, ist vom Verleiher der gleiche Lohn zu zahlen und sind die gleichen Zusatzleistungen und Weiterbildungsmaßnahmen zuzusichern. Bei Unterschieden hinsichtlich Tätigkeitsinhalt, Umfang der Veränderungsmöglichkeit des Inhalts und des Orts der Tätigkeit und anderer relevanter Aspekte sollte die Differenzierung bei Lohnhöhe, zusätzlichen Leistungen und Weiterbildungsmaßnahmen verhältnismäßig bleiben.

3. Kommentar zum Entwurf

Der Richtlinien-Entwurf ist nicht geeignet, das Prinzip „gleicher Lohn für gleiche Arbeit" zu verwirklichen, weil er mit Blick auf Grundlohn bzw. Grundgehalt einen Kompromiss eingeht. Das zeigt sich im unproblematischen Beispiel 2. Lohnunterschiede zwischen einem unbefristet neu eingestellten Vollzeitarbeitnehmer und einem schon lange im Unternehmen beschäftigten irregulären Arbeitnehmer kommen in japanischen Unternehmen häufig vor. Diese Arbeitnehmer arbeiten zusammen und die Inhalte ihrer Tätigkeiten überschneiden sich häufig, so dass der erfahrene irreguläre Arbeitnehmer oft dem unerfahrenen regulären Arbeitnehmer hilft. Das unproblematische Beispiel 2 räumt diese bisherige Praxis ein. Allerdings enthält der Richtlinien-Entwurf auch die obige zweite Anmerkung, wonach Unterschiede im Maßstab zur Bestimmung der Höhe des Grundgehalts oder -lohnes unter Berücksichtigung des Tätigkeitsinhalts, des Umfangs einer möglichen Veränderung von Inhalt oder Ort der Tätigkeit und anderer Umstände nachvollziehbar/angemessen sein müssen. Eine abstrakte Erklärung für den unterschiedlichen Maßstab ist demnach nicht ausreichend. Wenn der Arbeitgeber für alle Differenzierungen konkrete Gründe darlegen müsste, ist unklar, inwieweit dem die bisherige Praxis standhalten könnte. Eine mögliche Rechtfertigung könnte gegebenenfalls dadurch erreicht werden, dass in den Verträgen regulärer Arbeitnehmer (zumindest theoretisch) die Möglichkeit einer Versetzung (also einer Änderung des Inhalts oder Orts der Tätigkeit) vorgesehen wird.

Der Richtlinien-Entwurf enthält keine Aussagen betreffend das Ausscheidegeld. Üblicherweise erhält ein irregulärer Arbeitnehmer kein oder nur wenig Ausscheidegeld, welches dann auf Basis eines gesonderten Maßstabs berechnet wird. Der Richtlinien-Entwurf schweigt vermutlich bewusst zu diesem Thema, weil bzw. obwohl diese Frage in der Praxis große Bedeutung hat.

Große Relevanz könnte der Richtlinien-Entwurf für die bisherige Praxis von Bonuszahlungen entfalten, weil bisher wohl in den meisten Unternehmen das folgende problematische Beispiel an der Tagesordnung sein dürfte: allen unbefristet beschäftigten Vollzeitarbeitnehmern wird in der Regel ein Bonus gezahlt, den befristet beschäftigten Arbeitnehmern und Teilzeitarbeitnehmern aber nicht. Selbst in den Fällen, in denen auch irregulären Arbeitnehmern ein Bonus gezahlt wird, gilt für dessen Berechnung regelmäßig ein anderer Maßstab, so dass dieser Bonus deutlich unter dem der regulären Arbeitnehmer liegt. Viele Firmen sollten daher ihre bisherige Praxis korrigieren.

Außerdem enthält der Richtlinien-Entwurf Ausführungen zur unterschiedlichen Behandlung von Leiharbeitnehmern und Arbeitnehmern des Entleihers. Eine Regelung zur Gleichbehandlung von Leiharbeitnehmern und Arbeitnehmern des Entleihers existiert bislang nicht. Um hier das Prinzip der Gleichbehandlung zu verwirklichen, könnte eine entsprechende gesetzliche Bestimmung empfehlenswert bzw. nötig sein.

Im April 2017 wurde ein neuer Ausschuss im Ministerium für Arbeit und Soziales eingerichtet, um den Inhalt der Richtlinie zu diskutieren. Dieser „Ausschuss für gleichen Lohn bei gleicher Arbeit" setzt sich zusammen aus Arbeitnehmer- und Arbeitgebervertretern sowie aus neutralen Dritten. Er veröffentlichte am 9. Juni 2017 den Bericht über gesetzliche Maßnahmen zur Erreichung des Ziels gleichen Lohns für gleiche Arbeit.

Der Bericht präsentiert zum einen ein Programm, welches die äquivalente Behandlung von Teilzeitarbeitnehmern und befristet beschäftigten Arbeitnehmern anstrebt. Zum anderen stellt der Bericht eine neue Regelung zur Gleichbehandlung von Leiharbeitnehmern und Stammbelegschaft des Entleihers vor. Laut Bericht kann der Verleiher wählen, einem Leiharbeitnehmer entweder die gleiche/äquivalente Behandlung wie der Stammbelegschaft in einem Betrieb des Entleihers zu gewährleisten oder durch betriebliche Vereinbarungen angemessene Arbeitsbedingungen zu bestimmen. Diese zweite Alternative stellt eine Abweichung vom Prinzip der gleichen und äquivalenten Behandlung dar, obwohl der Bericht dies nicht so deutlich als Abweichung benennt. Der Bericht stellt folgende Anforderungen an angemessene Arbeitsbedingungen: (1) ein über allgemeines Lohnniveau für betreffende Tätigkeiten hinausgehendes Lohnniveau, (2) differenzierte Lohnbestimmung nach Inhalt und Erfolg der Tätigkeit sowie unter Berücksichtigung der Fähigkeiten und Erfahrungen des einzelnen Leiharbeitnehmers sowie unter Berücksichtigung von Weiterbildungsmaßnahmen und (3) angemessene Arbeitsbedingungen im Übrigen über das Vergütungsthema hinaus.

V. Fazit

Eine klare Definition des Niedriglohnsektors gibt es in Japan nicht. In letzter Zeit wird oft der Begriff des sog. „working poor“ verwendet, worunter im Allgemeinen ein Arbeitnehmer verstanden wird, dessen Jahreseinkommen unter 2 Mio. Yen (entspricht ca. 16.600 Euro) liegt. Zwar ist das Lohnniveau in einigen Branchen wie z. B. dem Pflegesektor allgemein niedrig, nach herrschendem Verständnis in Japan sind für die Lohnhöhe aber nicht Berufs- oder Tätigkeitstypen, sondern der jeweilige Status innerhalb eines Unternehmens entscheidend. Aus diesem Grunde wurde in Japan inzwischen die Korrektur der Unterscheidung zwischen regulären und irregulären Arbeitnehmern als eine der wichtigsten Aufgaben der jüngeren Arbeitsmarktpolitik identifiziert. In diesem Kontext spielt der Mindestlohn eine wichtige Rolle:

- Nach der Novelle des MindLG 2007 wurde die Höhe des Mindestlohns deutlich gesteigert. Dadurch kam es im Jahr 2014 zur Umkehrung der Höhe der Sozialhilfe und der Höhe des Mindestlohns. Der Mindestlohn sollte weiter gesteigert werden, um das Lohnniveau im Niedriglohnbereich zu verbessern. Die Regierung ließ verlautbaren, dass der durchschnittliche Mindestlohn pro Stunde bei 1.000 Yen (entspricht ca. 8,60 Euro) liegen sollte. Selbst in Tokio dürfte das Erreichen eines Mindestlohns von 1.000 Yen noch über 5 Jahre dauern. Der Versuch der gerichtlichen Durchsetzung eines Mindestlohns von 1.000 Yen scheiterte im Jahre 2016 vor dem Distriktgericht Yokohama.[52] Dieses wies die Klage mit der Begründung ab, dass eine Erhöhung des Mindestlohns durch den Leiter des Arbeitsamts quasi allgemeine Rechtsnormsetzung und keinen bloßen Verwaltungsakt darstelle, so dass ein solches Vorgehen unzulässig ist.
- Mit der Erhöhung des allgemeinen Mindestlohns wird die Bedeutung des speziellen Mindestlohns auf industrieller Ebene immer geringer. In Tokio liegt der allgemeine Mindestlohn seit dem Jahr 2014 über dem speziellen Mindestlohn, in Kanagawa ist dies seit dem Jahr 2015 der Fall. Das System des speziellen Mindestlohns stellt in Japan das einzige System einer über einzelne Unternehmen hinausgehenden Lohnbestimmung innerhalb einer Branche dar. Der Bedeutungsverlust dieses Systems würde zu einer weiteren Schwächung der Gewerkschaften führen.
- Die Regierung strebt weiterhin die Verwirklichung des Prinzips „gleicher Lohn für gleiche Arbeit“ an, um den Lohnunterschied zwischen regulären

52 Distriktgericht Yokohama, Urteil vom 24.2.2016, LEX/DB 25542543.

und irregulären Arbeitnehmern zu beseitigen. Das bedeutet, dass mit dem Gedanken des gleichen Lohns für gleiche Arbeit ein klares Signal zur Stärkung der Anwendung der bisher schon erlassenen Regelungen zur Gleichbehandlung von regulären und irregulären Arbeitnehmern in § 20 des Arbeitsvertragsgesetzes und §§ 8 ff. des Teilzeitarbeitsgesetzes von der Regierung gesandt wird. Zu diesem Zweck wurde Ende 2016 eigens der Entwurf der Richtlinie für gleichen Lohn bei gleicher Arbeit veröffentlicht. Der Entwurf lässt weitere Gesetzgebung in diese Richtung erahnen, die Details bleiben jedoch zunächst unklar. Inhaltlich scheint der Entwurf der Richtlinie (noch) nicht geeignet, das Prinzip „gleicher Lohn für gleiche Arbeit" zu verwirklichen, da er zum Grundlohn bzw. Grundgehalt einen Kompromiss eingeht. Auf die bisherige Praxis von Bonuszahlungen allerdings dürfte der Entwurf großen Einfluss haben und die bisherigen Ungleichbehandlungen künftig zumindest abmildern. Des Weiteren könnte sich hieraus gesetzlicher Regelungsbedarf zur Umsetzung der Gleichbehandlung von Leiharbeitnehmern und Arbeitnehmern des Entleihers ergeben.

Professor Dr. Raimund Waltermann

Rheinische-Friedrich-Wilhelms Universität Bonn

Niedriglohnsektor und Mindestlohn – Nachhaltigkeit im Arbeitsrecht und Sozialrecht

Abstract: *In Germany, in Europe and also in Japan the wages in the low range segment of employment relationships have come under pressure. In the aging societies of the concerned states that will affect the level of retirement provision in the future. In Germany the retirement funds have never been so well-positioned before. Germany and Japan are faced equally with this key issue for the future, which has potential impacts on social peace.*

I. Arbeitsentgelte unter Druck

Weltweit haben sich die Einkommensverhältnisse im Zug der Globalisierung verbessert. In Deutschland, in Europa und auch in Japan sind dagegen die Arbeitsentgelte im unteren Segment der Arbeitsverhältnisse unter Druck geraten. Die Gründe dafür liegen in einem Anpassungsdruck im globalen Wirtschaftsgeschehen, in der Verschiebung von der Industrieproduktion zu einer Dienstleistungsökonomie und auch in einer Fokussierung in Wirtschaft und Politik auf Wettbewerb und auf Wettbewerbsfähigkeit in der Welt. In den früher starken Industrieländern entstanden, durch Rechtsreformen noch gefördert, strukturell verfestigte Niedriglohnsektoren. Das wird sich in den alternden Gesellschaften der betreffenden Staaten in der Zukunft auf das Niveau der – derzeit in Deutschland, insgesamt gesehen, noch gut wie nie zuvor aufgestellten – Altersvorsorge auswirken. Deutschland und Japan haben in dieser Hinsicht gleichermaßen ein Zukunftsproblem mit möglicher Auswirkung auf den sozialen Frieden. Viele Ältere werden mit wenig auskommen müssen. Die Jungen werden in Deutschland niedrige Rentenanwartschaften der Alten aus ihrer Wirtschaftsleistung aufstocken müssen.

II. Gesellschaftliche Bedeutung

1. Um die ungünstigen Auswirkungen auf die Gesellschaft, insbesondere im Hinblick auf die Zukunft, zu erkennen, muss man sich die Größe des Niedriglohnsektors in Deutschland vor Augen halten. Ausweislich der vom Statistischen Bundesamt alle vier Jahre erstellten und im September 2016 zuletzt vorgelegten

Verdienststrukturerhebung[1] arbeiteten im Jahr 2014 20,6 % der Beschäftigten für einen Niedriglohn. Bei der Bewertung dieser Prozentzahl ist zu bedenken, dass die Erhebung nur Betriebe mit zehn und mehr Beschäftigten erfasst und dass sie Betriebe der Landwirtschaft, der Forstwirtschaft, der Fischerei sowie Hauspersonal nicht berücksichtigt, also Bereiche mit niedrigen Entgelten. Der Niedriglohnsektor dürfte in seiner Gesamtheit rund ein Viertel der Arbeitsverhältnisse (25 %) ausmachen. Deutschland hat damit einen besonders großen (relativen) Niedriglohnsektor. Im EU-Durchschnitt liegt der Niedriglohnsektor bei 17 %.[2] Die Niedriglohngrenze liegt bei zwei Dritteln des sog. Median-Verdienstes. Das ist der mittlere Verdienst aller Beschäftigten (nicht der Durchschnittsverdienst). Im Jahr 2014 lag die Grenze zum Niedriglohn in Deutschland bei einem Stundenlohn von 11,09 Euro brutto, bei Annahme einer 40-Stunden-Woche also bei rund 1.920 Euro brutto im Monat.

2. In diesem Kontext hat sich gesellschaftlicher Sprengstoff entwickelt, der sich jetzt zunehmend zeigt. Man liegt vielleicht nicht falsch, wenn man die, auch in Deutschland, entstandene Skepsis gegenüber den etablierten politischen Parteien und die Zuwendung vieler zu populistischer Vereinfachung – auch – damit in Zusammenhang bringt, dass die Personenkreise, die ihre Perspektive aus existenzsichernden Arbeitsentgelten, aus arbeitsrechtlichem Schutz und aus einer die Existenz sichernden sozialen Vorsorge beziehen, bemerken, dass ihre Chancen in den letzten dreißig Jahren wenig gefördert wurden, während andere von deregulierten rechtlichen Rahmenbedingungen profitieren konnten. Es ist zu einer nicht nachhaltigen Entgeltstruktur in Bereichen einfacher Tätigkeiten gekommen, die, durch Tarifautonomie nicht aufgefangen, in Deutschland flächendeckend erst durch den 2015 eingeführten gesetzlichen Mindestlohn am unteren Rand gestoppt wurde.

III. Zusammenhang mit der Altersvorsorge

Der skizzierte Befund wird seine ungünstigen Wirkungen erst in den kommenden Jahren nach und nach entfalten. Die ungünstigen Zukunftswirkungen

---

1 Statistisches Bundesamt, Verdienststrukturerhebung 2014, Begleitmaterial zur Pressekonferenz am 14.9.2016; Pressemitteilung vom 14.9.2016 – 322/16, S. 2 (beides abrufbar unter: www.destatis.de, zuletzt abgerufen am 1.3.2017).

2 Siehe Eurostat, Pressemitteilung 189/2012 vom 20.12.2012 (abrufbar unter www.ec.europa.eu/eurostat/de unter dem Code 3-20122012-AP, zuletzt abgerufen am 1.3.2017).

erschließen sich in der Zusammenschau von Arbeitsrecht und Sozialrecht.[3] Die Zusammenschau von Arbeitsrecht und Sozialrecht spielt in der Rechtswissenschaft in Deutschland und dann zwangsläufig auch in der Politik eine noch zu geringe Rolle.[4]

Zahlen machen das angesprochene Problem schnell deutlich: Wer als Alleinstehender in einer 40-Stunden-Woche den vom 1. Januar 2017 an geltenden gesetzlichen Mindestlohn von 8,84 Euro verdient, hat, mit den Zahlen des ersten Halbjahres 2017 gerechnet, nach 45 lückenlosen Versicherungsjahren (die im Niedriglohnsektor so gut wie nie vorkommen) Ansprüche auf eine Rente von 681,38 Euro. Die bei Bedürftigkeit aus Steuermitteln voraussetzungslos zu leistende Grundsicherung im Alter beträgt bei Annahme gemittelter Kosten für Wohnen und Heizen von (niedrig angesetzten) 336 Euro 745 Euro. Um eine Rente in Höhe der Grundsicherung im Alter zu erreichen, müsste man *ceteris paribus* 9,70 Euro verdienen. Es kann keinem Zweifel unterliegen, dass diese Umstände die Dignität der Altersvorsorge gefährden. Mit niedrigen Erträgen aus Arbeit lässt sich eine existenzsichernde Altersvorsorge nicht erreichen. Im Niedriglohnsektor wird zunehmend die gesetzliche Rente als wertlos wahrgenommen.

Bruttolohn pro Stunde	**8,84 €**	**9,70 €**	**Grundsicherung im Alter**	
Bruttolohn pro Monat	1.537,– €	1.687,– €	**SGB XII-Gesamtbedarf aus**	
Entgeltpunkte pro Jahr	0,4973	0,5456	Regelleistung	**409,– €**
aktueller Netto-Rentenwert	30,45 €	30,45 €	Unterkunftskosten	**336,– €**
Rentenhöhe	681,38 €	747,66 €	**745,– €**	

Grundlage: Zahlen und Rechtslage 1. Halbjahr 2017, Westdeutschland. Angenommen ist eine lückenlose Erwerbsbiographie von 45 Jahren bei einer ständigen 40-Stunden-Woche (die so gut wie nicht vorkommt). Bei den Unterkunftskosten in Höhe von 336,– € handelt es sich um den Durchschnittswert der anerkannten Aufwendungen im September 2016 (Quelle: Statistisches Bundesamt). Nicht berücksichtigt ist dabei, dass Rentner einerseits Wohngeld beanspruchen können (bei Unterkunftskosten von 336,– €: in Abhängigkeit von der Rentenhöhe 200,– € bzw. 157,– €), andererseits in Kranken- und Pflegeversicherung beitragspflichtig sind. Das macht bei einer Rentenhöhe von 681,38 € rund 50,– € Krankenversicherungsbeitrag (seit dem 1.1.2015 7,3 % plus einen etwaigen Zusatzbeitrag) und rund 17,– € Pflegeversicherungsbeitrag (seit dem 1.1.2017 2,55 %) aus; bei einer Rente von 747,66 € rund 55,– € für die Kranken- und 19,– € für die Pflegeversicherung.

3 In diesem Sinn auch *Schlegel*, NZS 2017, 241 (242).
4 Näher *Waltermann*, jM 2017, 21 ff.

Hier wird ein wesentlicher Grund für den gesetzlichen Mindestlohn deutlich. Wir flexibilisieren durch den Mindestlohn im Niedriglohnsektor weniger zu Lasten der nächsten Generation. Der Mindestlohn ist gewissermaßen die Betondecke zum Kellergeschoss der Arbeitsentgelte, die nach der Konzeption der deutschen Arbeits- und Sozialrechtsordnung Bedingung für das Funktionieren der Altersvorsorge ist.

IV. Niedrige Erträge aus Arbeit als Zukunftsproblem

1. Kein Problem der Rentenversicherung

Das zu lösende Problem liegt am wenigsten auf dem Gebiet der gesetzlichen Rentenversicherung. Hier sind im Moment zielführende Reformen bereits verwirklicht. Sieht man von augenfälligen politischen Fehlentscheidungen wie der Mütterrente und der abschlagsfreien Rente mit 63 ab, gibt es im Hinblick auf die demographische Entwicklung und die (in noch unterschätztem Ausmaß) ansteigende Lebenserwartung der Generation der sog. „Baby-Boomer" auf die längere Sicht über das Verwirklichte hinaus im Wesentlichen nur die Option eines verlängerten Arbeitslebens.[5] Dafür muss arbeitsrechtlich ein geeigneter Rechtsrahmen gefunden werden. Das ist mit § 41 Satz 3 SGB VI bisher nicht geschehen.[6]

2. Die Rolle des Arbeitsrechts

In Deutschland beginnt auch die Politik zu erkennen, dass bei der aufgegebenen Gestaltung eines nachhaltigen Rechtsrahmens das Arbeitsrecht und das Sozialrecht in ihrem Zusammenwirken betrachtet werden müssen. Dabei spielt die Höhe des Ertrags der Arbeit langfristig gesehen eine wesentliche Rolle. Niedriglohnbeschäftigung, Mini-Jobs, substituierende Leiharbeitsverhältnisse und Kleine (Solo-)Selbstständigkeit ohne Altersvorsorge, die nicht selten an die Stelle von Arbeitsverhältnissen tritt, haben bei niedriger Vergütung ungünstige Zukunftswirkungen, die sich jetzt zunehmend zeigen werden.[7] Aus ertragsschwachen Arbeitsverhältnissen resultieren zu geringe Beiträge zur Sozialversicherung, insbesondere für die Altersvorsorge. Zugleich fehlen im Niedriglohnsektor die

---

5 Vgl. zu allem *Ruland*, NZS 2016, 721 ff.; *Schlegel*, NZS 2017, 241 (242).

6 Ausführlich *Waltermann*, RdA 2015, 343 (347 ff.).

7 Ausführlich *Waltermann*, Abschied vom Normalarbeitsverhältnis? – Welche arbeits- und sozialrechtlichen Regelungen empfehlen sich im Hinblick auf die Zunahme neuer Beschäftigungsformen und die wachsende Diskontinuität von Erwerbsbiographien?, Verhandlungen des 68. DJT, Bd. I, 2010, S. B 112 ff.

Spielräume für zusätzliche private Altersvorsorge (*Riester*-Rente, betriebliche Altersvorsorge). Und ertragsschwache Arbeitsverhältnisse verbinden sich nicht mit Perspektiven, namentlich bei den Jungen aus schwierigen Verhältnissen, auf deren Leistungsmotivation und Verantwortungsbewusstsein die alternde Gesellschaft und die Wirtschaft angewiesen sind. Wir bedenken zu wenig, dass die bürgerliche Gesellschaft darauf angewiesen ist, sich durch Aufstiegserfolge aus unteren Schichten beständig zu regenerieren, was auf Perspektive, auf Bildung und auf Leistungsmotivation gründet. Dass benötigte Arbeit einen auskömmlichen Ertrag hat und unter zufriedenstellenden Umständen erbracht wird, ist in Demokratien unerlässlich. Es muss deshalb für eine dauerhaft tragfähige Entgeltstruktur und für Perspektive gesorgt sein.

3. Rückblick: Beschäftigungskrise

Es soll dabei nicht vergessen sein, dass zurückliegende Arbeitsmarktreformen, die mit der Konzeption der Rechtsordnung im deutschen Arbeits- und Sozialrecht nicht zu vereinbaren waren[8] und die den im weltweiten Bezug ohnehin bestehenden Druck auf die Erträge aus einfacheren Tätigkeiten noch erhöht haben, dazu dienen sollten, in einer massiven Krise des Arbeitsmarkts Beschäftigung zu fördern.[9] Die dem zugrunde liegenden Empfehlungen aus der Volkswirtschaftslehre waren allerdings nicht nur für den Notfall gedacht, sondern diese sind grundsätzlicher Art. Die Empfehlung zu Flexibilisierung und Deregulierung folgt prinzipiellen Modellüberlegungen, sie war und ist nicht Handlungsempfehlung für die beschäftigungspolitische Akutbehandlung. Dabei blieben und bleiben die Zukunftswirkungen der mit diesen Empfehlungen verbundenen strukturell niedrigen Erträge aus Arbeit offenbar außerhalb des Blickfelds.[10] Man beginnt, vielleicht noch zu langsam, das kritisch zu hinterfragen, während sich in den Gesellschaften die Spaltungstendenzen beschleunigen.

---

8 Zu den Gründen für diesen Befund näher *Waltermann*, Abschied vom Normalarbeitsverhältnis?, S. B 104 ff., 112 ff.

9 Dazu aus grundgesetzlicher Sicht *Steiner*, NZA 2005, 657 ff.

10 Vgl. jeweils die Gutachten des Sachverständigenrats zur Begutachtung der gesamtwirtschaftlichen Entwicklung, z. B. Jahresgutachten 2015/2016 – Zukunftsfähigkeit in den Mittelpunkt, 2015, Rn. 555, 563 ff.; Jahresgutachten 2014/2015 – Mehr Vertrauen in Marktprozesse, 2014, Rn. 521, 538 f., 549 ff., 553 ff.; Jahresgutachten 2009/2010 – Die Zukunft nicht aufs Spiel setzen, 2009, Rn. 420, 437 ff., 445; Jahresgutachten 2005/2006 – Die Chance nutzen – Reformen mutig voranbringen, 2005, Rn. 33 ff., 260, 309 ff., 314; Jahresgutachten 1999/2000 – Wirtschaftspolitik unter Reformdruck, 1999, Rn. 328, 354.

V. Funktionsschwäche der Tarifautonomie

Mit der Frage, ob nicht für eine nachhaltig tragfähige Entgeltstruktur gesorgt sein muss, gelangen wir an den für das deutsche Arbeitsrecht sozusagen springenden Punkt: Den Faktoren, die Druck auf Arbeitsentgelte auslösen, steht seit Jahren eine nicht bestrittene Funktionsschwäche des Tarifvertrags als des wichtigsten überkommenen arbeitsrechtlichen Gestaltungsinstruments im Niedriglohnsektor gegenüber. An sich müssten nach der Konzeption des deutschen Rechts Tarifverträge die Lohnuntergrenzen markieren.

Die Funktionsschwäche hat mehrere Gründe. Tarifverträge bleiben national, in einem globalisierten Wettbewerb ist die Kartellwirkung des nationalen Tarifvertrags bei Arbeitgebern, die mit internationalem Bezug wirtschaften, jedoch neutralisiert. In niedrig entlohnter Dienstleistungsarbeit, bei atypischen Beschäftigungsformen und im Niedriglohnsektor überhaupt fasst die Tarifautonomie in allen Bereichen nicht Fuß. Die Dienstleistungsarbeit und atypische Beschäftigungsformen bieten für den Zusammenschluss erkennbar nicht dieselben günstigen Voraussetzungen wie früher die Industriearbeit. In atypischen Beschäftigungsformen wie Mini-Jobs und Leiharbeit ist die Mitgliedschaft in Gewerkschaften so gut wie nicht verbreitet.

Diese Tendenz wird sich an der Schwelle zu einer „Arbeitswelt 4.0" verstärken. Ohnehin scheinen kollektive Muster, nicht nur die in Deutschland auf Mitgliedschaft beruhende Tarifautonomie, auch die Mitwirkung in Vereinen und Parteien, die Einzelnen heute viel weniger anzusprechen als früher.[11] Die im Arbeitsrecht traditionell vorhandenen gewissermaßen selbstregelnden Systeme, insbesondere die Tarifautonomie, decken, jedenfalls in Deutschland, jenseits der weiterhin gut entwickelten Bereiche in Industrie, öffentlichem Dienst und früheren Staatsunternehmen breite Bereiche der Arbeitsbeziehungen, in denen die niedrigen Entgelte liegen, nicht ab.

11 Bezeichnend ist der Bericht von *Bispinck/Schulten/Möllenberg*, Zukunft der Tarifautonomie, 2010, S. 64, 67 f., s. aber auch S. 68 f.; s. ferner Statistisches Bundesamt (Hrsg.), Demokratie und politische Partizipation, 2013, S. 366 ff., danach haben insbes. seit 1990 auch Freizeitvereine mit Ausnahme der Sportvereine und politische Parteien erheblich an Mitgliedern verloren.

VI. Gesetzliche Mindestlöhne: Gründe und Bedeutung für die Architektur des Arbeitsrechts

Das Dargelegte lässt erkennen, welche Gründe es erforderten, auch in Deutschland[12] den gesetzlichen Mindestlohn einzuführen. Es sind Gründe, die sich aus der Perspektive des Rechts erschließen und die nicht mit den im Vorfeld politisch vor allem diskutierten Gegengründen übereinstimmen.[13]

1. Die Perspektive des Rechts

Aus der Perspektive des Rechts fällt auf, dass die Flexibilisierungsratschläge aus dem Bereich der Volkswirtschaftslehre an die Politik den konzeptionellen Rahmen der Rechtsordnung im Zusammenspiel von Arbeitsrecht und Sozialrecht wenig in Betracht ziehen. Das Recht wird, etwas zugespitzt formuliert, nicht selten als eine Art Baukasten mit Stellschrauben angesehen, deren richtige Justierung man vor dem Hintergrund von Denkmodellen (in sehr unterschiedlicher Weise) empfiehlt.

Die historisch gewachsene Konzeption der Rechtsordnung ist jedoch mehr als ein Baukasten mit Stellschrauben. Sie öffnet den Blick auf verfassungsrechtlich verbürgte Werte, auf durch Gesetzgebung konkretisierte Wertungen und auf zielführende Sachgesichtspunkte, die auch bei Entscheidungen für oder gegen Flexibilisierung und bei Überlegungen zu einer Agenda der Nachhaltigkeit im Arbeits- und Sozialrecht eine Rolle spielen. Diese Werte, Wertungen und Sachgesichtspunkte können auch zur Beantwortung der Frage erheblich beitragen, ob man nicht das Normalarbeitsverhältnis stärken und atypische Beschäftigungsformen mit dem Blick auf das Normalarbeitsverhältnis in ihrem rechtlichen Rahmen anpassen sollte (und nicht umgekehrt). Das Normalarbeitsverhältnis ist der konzeptionelle Bezugspunkt des auf der Versicherung beruhenden Systems der sozialen Sicherheit in Deutschland.[14] Der Deutsche Juristentag hat 2010 zu Recht mit 305:0 Stimmen bei einer Enthaltung die Stärkung des Normalarbeitsverhältnisses empfohlen.[15]

---

12 Zu Japan siehe *Yoko Hashimoto,* Mindestlohn in Japan, in: Henssler/Tezuka (Hrsg.), Aktuelle arbeitsrechtliche Herausforderungen in Japan und Deutschland, 2014, S. 95 ff.

13 Näher *Waltermann,* jM 2017, 21 ff.

14 Zu Japan siehe *Hajime Wada,* Abschied vom Normalarbeitsverhältnis?, in: Nagoya University Journal of Law and politics, Nr. 251 (Sept. 2013), S. 578 (557, 549).

15 Vgl. Verhandlungen des 68. Deutschen Juristentags, Beschlüsse, 2010, Beschluss I. (1) a), S. 5 (abrufbar unter www.djt.de/die-tagungen/beschluesse-frueherer-juristentage, zuletzt abgerufen am 1.3.2017).

2. Gründe für den Mindestlohn

Wenn man von diesem Ausgangspunkt an die Sache herangeht, streiten für den gesetzlichen Mindestlohn[16] mehrere Gründe, die aus der Perspektive des Rechts deutlich werden und die, falls das Bundesverfassungsgericht über den Mindestlohn zu entscheiden haben sollte, die wesentliche Rolle im Hinblick auf die Frage der Rechtfertigung des Mindestlohns[17] spielen werden:

a) Erstens das Funktionsdefizit der Tarifautonomie im Niedriglohnsektor. Der gesetzliche Mindestlohn gleicht notgedrungen aus, was die Tarifautonomie nicht zu gestalten vermag. An sich müssten nach der Konzeption des deutschen Arbeitsrechts Tarifverträge die Lohnuntergrenzen autonom gestalten.

b) Der gesetzliche Mindestlohn antwortet zweitens auf eine mit sozialrechtlichen Aufstockungsleistungen (§§ 9 ff. SGB II, § 6a BKGG) unweigerlich verbundene Verzerrung der Marktsituation am Arbeitsmarkt im Niedriglohnsektor.[18] Die verfassungsrechtlich gebotene[19] Aufstockung durch Grundsicherungsleistungen fördert die Vereinbarung niedriger Arbeitsentgelte. Die sozialrechtlichen Transferleistungen haben zur Folge, dass diese Leistungen – offenkundig – mit Auswirkung auf den Bruttolohn beim Vertragsschluss einkalkuliert werden. Es entsteht damit eine ökonomische Subventionswirkung, die das Marktgeschehen am Arbeitsmarkt im Niedriglohnsektor ungünstig beeinflusst. Der Arbeitsmarkt ist im Niedriglohnbereich kein Markt. Eventuelle Unklarheiten hinsichtlich der Wertschöpfung der betreffenden Arbeitsplätze gehen zulasten der Allgemeinheit, und Mitnahmeeffekte sind evident. Hier zeigt sich, wie sehr die Betrachtung des Zusammenspiels von Arbeitsrecht und Sozialrecht im Hinblick auf ökonomische Folgewirkungen zu Erkenntnisgewinn führt. Im Zusammenspiel der beiden Rechtsgebiete zeigt sich vielfach und auch hier, wie falsche Anreize entstehen können. Aus dem Blickwinkel des Sozialrechts kommt noch hinzu, dass nach der Rechtsprechung ein zumutbarer Arbeitsplatz zur Vermeidung von Arbeitslosengeldbezug[20] und Grundsicherungsleistungen (vgl. §§ 2, 10 SGB II) angenommen werden muss.

---

16 Zum Gesetzgebungsverfahren *Schubert/Jerchel/Düwell*, Das neue Mindestlohngesetz, 2015, S. 52 ff.

17 Zu der dazu hier vertretenen Einschätzung *Waltermann*, Abschied vom Normalarbeitsverhältnis?, S. B 96 ff.

18 Näher *Waltermann*, NJW 2010, 801 (803); *ders.*, NZA 2013, 1041 (1045 f.); siehe auch *Chr. Picker*, RdA 2014, 25 (29 f.).

19 *BVerfG*, 9.2.2010 – 1BvL 1/09 u.a., BVerfGE 125, 175 ff.

20 *BSG*, 8.11.2001 – B 11 AL 31/01 R, NZA-RR 2002, 657 ff.

c) Drittens muss, wie schon angeklungen ist, aus der Perspektive des Rechts darauf geachtet werden, dass Arbeit (sowohl in Arbeitsverhältnissen als auch in Selbstständigkeit) einen dauerhaft existenzsichernden Ertrag unter Einschluss der Altersvorsorge abwirft. Geschieht das nicht, werden Lasten, die heute entstehen und für die wir heute aufkommen müssten, in die Zukunft weitergeschoben, und das in der alternden Gesellschaft. Der Arbeitsmarkt darf nicht zu Lasten der Entgeltstruktur mit negativen Auswirkungen für die zahlenmäßig viel kleinere nächste Generation flexibilisiert werden, wenn wir Nachhaltigkeit wollen. Es ist erforderlich, dass die Struktur für nachhaltige Arbeitsbeziehungen mit existenzsicherndem Ertrag gewährleistet ist. Anderenfalls kann eine auf der Versicherung beruhende und also auf Ertrag angewiesene Altersvorsorge nicht funktionieren. Das gilt sowohl für die umlagefinanzierte gesetzliche Rentenversicherung als auch für die als Ergänzung gedachte geförderte private Altersvorsorge durch *Riester*-Renten und für die ergänzende betriebliche Altersvorsorge (über die im Niedriglohnsektor Beschäftigte selten verfügen). Die Versicherung, auch wenn sie umlagefinanziert ist, verdeutlicht, dass es ein Niveau gibt, unter das man nicht absinken darf, wenn man mit einer stabilen Gesellschaft die Herausforderungen der Zukunft meistern möchte. Diese Anforderung kann man durch Flexibilisierung und Personalkostensenkung, trotz aller Empfehlungen, nicht erfüllen, was evident erscheint, wenn man nicht steuerfinanziert erheblich umverteilen möchte. Zu Recht begründet der Gesetzgeber den gesetzlichen Mindestlohn auch mit dem Gesichtspunkt der finanziellen Stabilität der sozialen Sicherungssysteme.[21]

3. Verschiebung der Architektur des Arbeitsrechts

Mit der Einführung des gesetzlichen Mindestlohns hat sich die Architektur des deutschen Arbeitsrechts weiter verändert. Seit geraumer Zeit kommt es zu Verschiebungen des Gestaltens von der kollektivarbeitsrechtlichen autonomen Regelung durch Tarifvertrag, die das „alte Arbeitsrecht" verkörpert, zu stabilisierenden Gestaltungen des Gesetzgebers im Arbeitsverhältnisrecht und im Arbeitsschutzrecht. Der gesetzliche Mindestlohn bildet das prominenteste Beispiel dieser Entwicklungstendenz. Der Gesetzgeber füllt mit dem Mindestlohngesetz im Rahmen seiner Zuständigkeit (Art. 74 Abs. 1 Nr. 12 GG) eine Lücke, die in Bereichen niedriger Arbeitsentgelte durch die Tarifautonomie nicht geschlossen werden kann. Das MiLoG regelt dabei nicht nur arbeitsverhältnisrechtlich die Entgelthöhe, sondern verbindet dies mit arbeitsschutzrechtlichen Regelungen zur Kontrolle und Durchsetzung durch staatliche Behörden (§§ 14–21 MiLoG).

21 BT-Drs. 18/1558, S. 2.

Arbeitsverhältnisrechtliche Schrankenziehung und arbeitsschutzrechtliche Flankierung schließen also die Lücke, die sich in der auf gesellschaftliche Teilhabe aufbauenden kollektivarbeitsrechtlichen Selbstgestaltung auftut.

4. Fazit

Wenn das Dargelegte zutrifft, zeigt sich, dass der Denkprozess aus der Perspektive des Rechts anders verläuft als die politische Debatte verlaufen ist, und dass in der Perspektive des Rechts andere Gesichtspunkte im Vordergrund stehen als in den Empfehlungen der vorherrschenden Volkswirtschaftslehre. Dort konzentriert man sich, wie die alljährlichen Empfehlungen des Sachverständigenrats zur Begutachtung der gesamtwirtschaftlichen Entwicklung belegen, auf angenommene, in der Volkswirtschaftslehre wiederum disparat beurteilte, erhebliche negative Beschäftigungseffekte des gesetzlichen Mindestlohns,[22] die jedoch eher in Modellen der Volkswirtschaftslehre als in der Praxis realistisch erscheinen und die, bislang auch in Deutschland, nicht eintreten.[23] Diesen engen Blickwinkel konnte der Gesetzgeber nicht einnehmen. Der Gesetzgeber hat die Aufgabe, unter Berücksichtigung der verfassungsrechtlichen Wertungen der Art. 12 Abs. 1, 20 Abs. 3 GG einen geeigneten Rechtsrahmen für die Existenzsicherung durch Berufsarbeit

---

22 Sachverständigenrat zur Begutachtung der gesamtwirtschaftlichen Entwicklung, Jahresgutachten 2014/2015 – Mehr Vertrauen in Marktprozesse, 2014, Rn. 540 ff. (abw. Auffassung Rn. 77 f.); Jahresgutachten 2013/2014 – Gegen eine rückwärtsgewandte Wirtschaftspolitik, 2013, Rn. 483 ff., 515 ff. (abw. Auffassung Rn. 531 ff.); Jahresgutachten 2012/2013 – Stabile Architektur für Europa – Handlungsbedarf im Inland, 2012, Rn. 18, 544 (abw. Auffassung Rn. 588); Jahresgutachten 2011/2012 – Verantwortung für Europa wahrnehmen, 2011, Rn. 467 (abw. Auffassung Rn. 508); Jahresgutachten 2010/2011 – Chancen für einen stabilen Aufschwung, 2010, Rn. 496 (abw. Auffassung Rn. 497); Jahresgutachten 2009/2010 – Die Zukunft nicht aufs Spiel setzen, 2009, Rn. 43, 419, 439 (abw. Auffassung Rn. 479); Jahresgutachten 2008/2009 – Die Finanzkrise meistern – Wachstumskräfte stärken, 2008, Rn. 563, 576 ff. (abw. Auffassung Rn. 581 ff.); Jahresgutachten 2006/2007 – Widerstreitende Interessen – Ungenutzte Chancen, 2006, Rn. 44, 52, 547 ff. (abw. Auffassung Rn. 576 ff.).

23 Vgl. Mindestlohnkommission, Erster Bericht zu den Auswirkungen des gesetzlichen Mindestlohns, Bericht der Mindestlohnkommission an die Bundesregierung nach § 9 Abs. 4 Mindestlohngesetz, Berlin 2016, Rn. 17 ff., 109 ff.; *Bellmann/Bossler/Dütsch/Gerner/Ohlert*, Folgen des Mindestlohns in Deutschland – Betriebe reagieren nur selten mit Entlassungen, IAB-Kurzbericht 18/2016, Institut für Arbeitsmarkt- und Berufsforschung, Nürnberg 2016.

unter Einschluss eines funktionierenden und dauerhaft stabilen Systems der sozialen Sicherheit zu schaffen.[24]

VII. Stiller Wandel im Tarifwesen ohne Prinzipienorientierung

Es ist nicht nur so, dass der allgemeine gesetzliche Mindestlohn des MiLoG seit 2015 Lücken schließt, die der Tarifvertrag nicht schließen kann. Oberhalb des im MiLoG geregelten allgemeinen gesetzlichen Mindestlohns vollzieht sich ein stiller Wandel im deutschen Tarifwesen, ohne dass dem eine politische und wissenschaftliche Debatte oder eine übergreifende Konzeption zugrunde läge. Mit der Weiterentwicklung des Arbeitnehmer-Entsendegesetzes (insb. §§ 3, 4, 7, 7a AEntG) und der Allgemeinverbindlicherklärung (§ 5 TVG) durch das Tarifautonomiestärkungsgesetz 2014 wird der schon einige Jahre zuvor eingeschlagene Weg einer Verbreiterung von Tarifinhalten mit staatlicher Hilfe notgedrungen weiter vertieft. Dies ist Teil einer pragmatischen Anpassung des auf Mitgliedschaft gründenden deutschen Tarifwesens im Spannungsfeld von Tarifautonomie und staatlichen Mindestlöhnen durch Indienstnahme der Tarifautonomie. Durch Rechtsverordnung (§§ 7, 7a AEntG) kommt es oberhalb des allgemeinen Mindestlohns zu „tarifgestützten Mindestlöhnen".[25] Man kann fragen, ob wir bei der Weiterentwicklung des Tarifwesens nicht im Begriff sind, auf leisen Sohlen die in Deutschland gemäß Art. 9 Abs. 3 GG auf Mitgliedschaft gründende Tarifautonomie aus dem Blick zu verlieren und die Koalitionen in die Richtung von Verbraucherschutzverbänden zu entwickeln. Anreize zur Stärkung der gemäß Art. 9 Abs. 3 GG an Mitgliedschaft anknüpfenden deutschen Tarifautonomie an sich spielen in den rechtspolitischen Überlegungen, auch in der deutschen Arbeitsrechtswissenschaft, derzeit so gut wie keine Rolle.[26]

---

24 Vgl. *BVerfG*, 29.12.2004 – 1 BvR 2283/03, NZA 2005, 153 (154); *Schlegel*, NZS 2017, 241.

25 Siehe Bieback/Dieterich/Hanau/Kocher/Schäfer (Hrsg.), Tarifgestützte Mindestlöhne, 2007.

26 Siehe das vorbereitende Gutachten zum 70. DJT von *Bepler*, Stärkung der Tarifautonomie – Welche Änderungen des Tarifvertragsrechts empfehlen sich?, Verhandlungen des 70. DJT, Bd. I, 2014, insb. S. B 13 ff., 38 ff. m. Nachw. Kritisch *Waltermann*, NZA 2014, 874 (877 ff.); *ders.*, RdA 2014, 86 ff.

VIII. Nachhaltige Entwicklung im Niedriglohnsektor

Im Hinblick auf das Ziel einer nachhaltigen Entwicklung im Niedriglohnsektor können im Spannungsfeld von Arbeitsrecht und Sozialrecht einige Gesichtspunkte festgehalten werden.

1. Normalarbeitsverhältnis als Bezugspunkt der Rechtskonzeption

Den gedanklichen Bezugspunkt der rechtlichen Konzeption der sozialen Sicherung bildet eine Erwerbsbiographie, die in einem dauerhaft existenzsichernden Arbeitsverhältnis zurückgelegt wird. Nur dann funktioniert ein auf die Arbeit bezogenes Sicherungssystem. Vor allem die gesetzliche Rentenversicherung vermittelt ihr Sicherungsniveau in Anknüpfung an Erwerbsbiographien, die in einem Normalarbeitsverhältnis zurückgelegt werden. Man kann sagen, dass konzeptionell, aber auch praktisch, das Normalarbeitsverhältnis im geltenden Sicherungssystem Modellcharakter hat.[27]

2. Ertragsschwache Arbeit als Zukunftsproblem

Ertragsschwache Arbeitsverhältnisse sind für den Einzelnen und, wenn sie in größerer Zahl vorkommen, für die Gesellschaft auf die Dauer problematisch. Hier liegt ein beachtliches Zukunftsproblem für den gesellschaftlichen Zusammenhalt, nicht nur in Japan und Deutschland. Die Frage ist, ob die alternden Gesellschaften die Kraft aufbringen werden, im globalen Geschehen wirtschaftlich zu bestehen und ob nicht die stärkere Verwirklichung internationaler Arbeitsstandards politisch angestrebt werden müsste.

3. „Leistungsfähigkeit“ des Mindestlohns

Der gesetzliche Mindestlohn stabilisiert die Entgeltstruktur im Niedriglohnsektor. Allerdings zeigt die eingangs angesprochene Berechnung, dass man auch bei einem langjährigen Erwerbsleben mit dem gesetzlichen Mindestlohn das in der Grundsicherung ausgedrückte Existenzminimum im Alter nicht erreicht. Dies verdeutlicht, dass die Zukunftswirkungen ertragsschwacher Arbeitsverhältnisse bei unserer (in unterschätztem Ausmaß) steigenden Lebenserwartung und bei einer kleiner werdenden Zahl Junger bedeutsamer sind als die Auswirkungen heute.

---

27 Siehe für Japan *Hajime Wada,* Abschied vom Normalarbeitsverhältnis?, S. 578 (549, 544, 557).

4. Lebensleistungsrente als Lösung?

Die Bundesregierung plant unter dem Begriff der Lebensleistungsrente in ihrem Koalitionsvertrag die Aufstockung niedriger Renten bei langen Erwerbsbiographien unter bestimmten Voraussetzungen auf rund 850 Euro im Monat.[28] In der 17. Legislaturperiode war Ähnliches unter dem Begriff der Zuschussrente vorgesehen.[29] Dass die Umsetzung auch in dieser Legislaturperiode nicht gelingen dürfte, könnte daran liegen, dass die angestrebte Lösung mit der Konzeption der Rechtsordnung nicht in Einklang steht und man deshalb in der Frage des Finanzierungswegs kein politisches Einvernehmen erzielt.

Man strebt mit einer solchen „Lebensleistungs"-, „Zuschuss"- oder „Solidarrente"[30] eine sozialrechtliche Lösung an. Aus der Perspektive des Rechts betrachtet muss man sagen, dass die angestrebte Lösung, so sehr sie in der Sache ohne Alternative sein könnte, mit der Konzeption der Rechtsordnung nicht in Einklang steht. Derartige Pläne setzen, ganz gleich ob die Rente steuerfinanziert oder, ganz oder teilweise, systemwidrig aus Rentenversicherungsbeiträgen abgezweigt wird, nicht auf Vorsorge durch Versicherung, die der Konzeption des geltenden Rechts folgt. Man beschließt vielmehr eine neben die Versicherung tretende versorgungsstaatliche Parallellösung zulasten der nächsten Generation, die (morgen) die Mittel aufbringen müsste – wenn sie an dem festhält, was die Generation vor ihr beschließt; anders als Rentenanwartschaften aus der gesetzlichen Rentenversicherung, die auf Eigenleistung durch Beitragszahlung beruhen, dürfte eine Aufstockungsleistung nach Art der „Lebensleistungs"-, „Zuschuss"- oder „Solidarrente" keinen Grundrechtsschutz gemäß Art. 14 Abs. 1 GG genießen.[31]

IX. Ausblick

Die Frage ist, ob die alternden Gesellschaften in Japan und Deutschland mit ihren ungünstigen Altenquotienten im globalen Geschehen wirtschaftlich mithalten werden. Das ist offen. Erfolgversprechende Sozialpolitik ist auf eine leistungsfähige Wirtschaft als notwendige Bedingung angewiesen.[32] Davon werden die Möglichkeiten einer nachhaltigen Gestaltung des Arbeitsrechts und der sozialen

---

28 Deutschlands Zukunft gestalten, Koalitionsvertrag zwischen CDU, CSU und SPD für die 18. Legislaturperiode, S. 52.

29 Kritisch *Waltermann*, JZ 2012, 553 ff.

30 Durch alle Begriffe wird ähnliches bezeichnet.

31 Vgl. *BVerfG*, 28.2.1980 – 1 BvL 17/77 u.a., NJW 1980, 692 ff.

32 Vgl. *Schlegel*, NZS 2017, 241 (243).

Sicherheit abhängen. Zugleich steht die wirtschaftliche Leistungsfähigkeit einer Volkswirtschaft aber auch in einem Abhängigkeitsverhältnis zum Niveau des sozialpolitisch Erreichten; nicht durch Zufall sind nachhaltiger wirtschaftlicher Aufstieg und nachhaltige Verbesserung der sozialen Verhältnisse stets miteinander verknüpft, wie die Geschichte der Industrienationen und der Blick auf die weltweiten wirtschaftlichen und sozialen Verhältnisse belegen.

1. Anpassung durch die Mindestlohnkommission

Wie weit das Arbeitsrecht durch den gesetzlichen Mindestlohn bei anhaltender wirtschaftlicher Prosperität zur Sicherung nachhaltiger Arbeitsverhältnisse mit Ertrag und Perspektive am unteren Rand der legalen Vergütung beitragen kann, wird im Hinblick auf die Höhe des gesetzlichen Mindestlohns in Deutschland regelmäßig auf die Tagesordnung kommen, wenn der in Deutschland im europäischen Vergleich relativ moderate gesetzliche Mindestlohn angepasst wird (§§ 4–10 MiLoG). Auch wenn unter Berücksichtigung der Zahlen und der Rechtslage des ersten Halbjahres 2017 erst ein Stundenlohn von 9,70 Euro bei (in der Praxis im Niedriglohnsektor so gut wie nie vorkommenden) 45 Versicherungsjahren und Annahme einer 40-Stunden-Woche eine Rente in Höhe der Grundsicherung einbringt, wird man bei der Bestimmung der Höhe des gesetzlichen Mindestlohns zu berücksichtigen haben, dass die Rechtsordnung davon ausgeht, dass die Einzelnen vor dem Hintergrund eines Chancen gewährenden Rechts, unterstützt durch Hilfe zur Selbsthilfe, Anstrengungen unternehmen, um über einen gesetzlichen Mindestlohn hinauszukommen und im Verlauf ihres Arbeitslebens eine am Ende über der Grundsicherung liegende Altersvorsorge aus eigener Kraft zu erarbeiten. Dann muss die Rechtsordnung vor dem Hintergrund der zukünftigen tatsächlichen Verhältnisse aber auch Chancen gewährleisten.

2. Tarifautonomie und Mindestlohn

Angesprochen ist auch das Verhältnis von staatlicher Gesetzgebung und Tarifautonomie. Ein allgemeiner gesetzlicher Mindestlohn soll nur das Notwendige von Staats wegen sichern, während das Angemessene zu gestalten Sache der Tarifautonomie bleibt[33] und aus der Gesellschaft kommende Vitalität voraussetzt.

---

33 *Wiedemann*, Das Arbeitsverhältnis als Austausch- und Gemeinschaftsverhältnis, 1966, S. 21 f.

3. Familien

Das Dilemma niedriger Einkünfte oberhalb eines Mindestlohns für die Existenzsicherung der Familien lässt sich auf der Ebene arbeitsrechtlicher Lohnregulierung nicht beheben. Die Existenzsicherung der Familien erfordert eine über den arbeitsrechtlichen Mindestlohn hinausgehende sozialrechtliche Gestaltung.

4. Wettbewerb und Wettbewerbsfähigkeit

Ergebnis der Überlegungen war, dass in den alternden Gesellschaften für stabile Arbeitsbeziehungen mit Ertrag und Perspektive gesorgt sein muss. Der Ertrag muss die soziale Sicherung mitfinanzieren können. Dazu trägt der gesetzliche Mindestlohn bei, der die Lohnverteilung verbessert und die Entgeltstruktur nach unten absichert. Diese Folgerungen scheinen der verbreiteten Annahme zu widersprechen, dass Wettbewerb und Wettbewerbsfähigkeit zu allgemeiner Wohlfahrt führen. Es ist aber die Frage, ob eine Gesellschaft im globalen Geschehen bestehen kann, weil sie ihre Wettbewerbsfähigkeit dadurch erhöht, dass sie zu Lasten der nächsten, weniger zahlreichen Generation Personalkosten senkt und mit einer nicht nachhaltigen Entgeltstruktur voranschreitet. Ohnehin ergeben ja nicht Wettbewerb und Wettbewerbsfähigkeit, sondern Produktivität (von Unternehmen und Arbeitskräften) und Innovation unbestritten die Leistungsfähigkeit einer Volkswirtschaft und damit die dauerhafte Prosperität einer Gesellschaft ohne innere Spaltung. Die Rechtsordnung im Arbeits- und Sozialrecht hat dafür die zukunftsfähige Konzeption. Diese setzt auf Leistungskraft und Anreiz in Wirtschaft und Arbeit, verbunden mit Solidarität, sie setzt nicht auf den Versorgungsstaat.[34] Versorgungsstaatliche Versprechungen werden angesichts der Spreizung des Wohlstands in der Gesellschaft nun allerdings zu dem Pfund, mit dem populistische Parteien operieren, ohne zu fragen, wie versorgungsstaatliche Wohlfahrt auf die Dauer finanziert werden könnte. Durch ökonomisch motivierte Flexibilisierung ohne den Blick auf gesellschaftliche Wirkungen und auf konzeptionelle Vorzüge der Rechtsordnung ist hier eine ungeschützte Flanke entstanden.

---

34 Näher zum hier vertretenen Standpunkt *Waltermann*, Abschied vom Normalarbeitsverhältnis?, S. B 112 ff.

Bonner Schriften zum deutschen und europäischen Recht der Arbeit und der Sozialen Sicherheit

Herausgegeben von Gregor Thüsing und Raimund Waltermann

Band 1 Sven Kürvers: Betriebliche Altersversorgung in Deutschland und den USA im Rechtsvergleich. Unverfallbarkeit, Portabilität und Unisex-Tarife. 2008.

Band 2 Alexandra Geißler: Der Lohnanspruch des Arbeitnehmers bei Nichterbringung der Arbeit. Ein Vergleich des deutschen und polnischen Arbeitsrechts. 2008.

Band 3 Daniela Fink-Jamann: Das Antidiskriminierungsrecht und seine Folgen für die kirchliche Dienstgemeinschaft. Eine Bestandsaufnahme nach Erlass der Richtlinie 2000/78/EG und ihrer Umsetzung durch das deutsche Allgemeine Gleichbehandlungsgesetz (AGG) unter besonderer Berücksichtigung der Loyalitätsobliegenheiten im kirchlichen Dienst. 2009.

Band 4 Jens Sebastian Groh: Einstellungs- und Kündigungskriterien kirchlicher Arbeitgeber vor dem Hintergrund des § 9 AGG. 2009.

Band 5 Thomas Gerdom: Gemeinschaftsrechtliche Unterrichtungs- und Anhörungspflichten und ihre Auswirkungen auf das Betriebsverfassungs-, Personalvertretungs- und Mitarbeitervertretungsrecht. Zum Umsetzungsbedarf der Richtlinie 2002/14/EG. 2009.

Band 6 Daniel Stolz: Der beurlaubte Beamte im Angestelltenverhältnis. Eine Darstellung der Doppelrechtsstellung am Beispiel der Postnachfolgeunternehmen. 2010.

Band 7 Kristina Ruch: Dreiseitige Vereinbarungen. Vereinbarungen zwischen Arbeitgeber, Gewerkschaft und Betriebsrat. 2010.

Band 8 Manuel Schwering: Das Allgemeine Gleichbehandlungsgesetz als Aufgabe und Instrument des Betriebsrates. 2010.

Band 9 Julia Bietmann: Gesetzliche Wege zu einem systemkonformen Mindestlohn. 2010.

Band 10 Wolfgang Schorn: Die Unklarheitenregel des § 305c Abs. 2 BGB - insbesondere im Arbeitsrecht. 2011.

Band 11 Jan Kraus: Regulierung von Pensionsfonds. Eine rechtsvergleichende Untersuchung einer neuen Einrichtung der betrieblichen Altersversorgung in Deutschland. 2011.

Band 12 Gregor Thüsing: Scheinselbständigkeit im internationalen Vergleich. 2011.

Band 13 Marc Tobias Rosenau: Die Koalitionsbetätigungsfreiheit im gewandelten Kontext. 2013.

Band 14 Martin Kalf: Die Änderungskündigung im Lichte des Verhältnismäßigkeitsprinzips. Tatsächliches Potential und rechtliche Grenzen. 2013.

Band 15 Franz Josef Düwell / Manfred Löwisch / Raimund Waltermann / Rolf Wank (Hrsg.): Das Verhältnis von Arbeitsrecht und Zivilrecht in Japan und Deutschland. 2013.

Ab Band 16 läuft die Reihe unter einem neuen Reihentitel

Schriften zum deutschen und europäischen Recht der Arbeit und der Sozialen Sicherheit

Herausgegeben von Stefan Greiner, Gregor Thüsing und Raimund Waltermann

Band 16 Luca Rawe: Auslegung von Zusagen der betrieblichen Altersversorgung. Zugleich ein Beitrag zu den Entwicklungen im Betriebsrentenrecht anhand einer Rechtsprechungsanalyse. 2017.

Band 17 Florian Göhner: Die betriebsverfassungsrechtliche Stellung der Leiharbeitnehmer im Entleiherbetrieb. 2017.

Band 18 Mathias Benedix: Die besonderen Therapierichtungen und der Neutralitäts- und Objektivitätsanspruch des Staates. 2017.

Band 19 Stephan Picht: Haftung des Betriebsrats und seiner Mitglieder bei rechtsgeschäftlichen Verbindlichkeiten. 2018.

Band 20

www.peterlang.de

www.ingramcontent.com/pod-product-compliance
Ingram Content Group UK Ltd.
Pitfield, Milton Keynes, MK11 3LW, UK
UKHW021126041026
8980IPUK00026B/827

9 783631 760697